本书受国家自然科学基金青年项目（71302113）和安徽省高校优秀青年人才基金重点项目（2013SQRW005ZD）资助

# 女性高管、会计行为与投资决策

周泽将　等著

经济科学出版社

**图书在版编目（CIP）数据**

女性高管、会计行为与投资决策／周泽将等著.
—北京：经济科学出版社，2016.3
ISBN 978 - 7 - 5141 - 6512 - 8

Ⅰ.①女…　Ⅱ.①周…　Ⅲ.①女性 - 企业领导 -
关系 - 会计行为 - 研究 - 中国②女性 - 企业领导 -
关系 - 投资决策 - 研究 - 中国　Ⅳ.①F279.23

中国版本图书馆 CIP 数据核字（2016）第 012393 号

责任编辑：王长廷　袁　溦
责任校对：隗立娜
责任印制：邱　天

**女性高管、会计行为与投资决策**
周泽将　等著
经济科学出版社出版、发行　新华书店经销
社址：北京市海淀区阜成路甲 28 号　邮编：100142
总编部电话：010 - 88191217　发行部电话：010 - 88191522
网址：www. esp. com. cn
电子邮件：esp@ esp. com. cn
天猫网店：经济科学出版社旗舰店
网址：http: //jjkxcbs. tmall. com
北京密兴印刷厂印装
710 × 1000　16 开　16.5 印张　300000 字
2016 年 3 月第 1 版　2016 年 3 月第 1 次印刷
ISBN 978 - 7 - 5141 - 6512 - 8　定价：66.00 元
**（图书出现印装问题，本社负责调换。电话：010 - 88191502）**
**（版权所有　侵权必究　举报电话：010 - 88191586**
**电子邮箱：dbts@ esp. com. cn）**

# 前　　言

　　女性高管在世界范围内日益增多，各国纷纷出台政策和法规鼓励大力发展女性高管群体，甚至个别国家强制规定了最低比例限制，如 2003 年挪威要求公司中至少包括 40% 的女性董事。为什么会出现上述女性高管蓬勃发展势头，其背后最为可能的原因在于女性高管的决策优势所致。世界银行在 2011 年 9 月发布的《世界发展报告——社会性别与发展》中指出，增强性别平等有助于发展，提高生产效率，改善发展结果。已有众多的研究揭示，女性加入高管团队将有利于改变和克服传统决策模式下男性一统天下的观点狭隘局面，充分发挥其风险规避、更为注重道德伦理等女性特有优势，且这些决策方式已经对企业行为产生了较大影响。国外的相关学术研究中已经有大量文献关注到女性高管这一领域，相关成果广泛见诸《管理科学》（Management Science）、《金融经济学杂志》（Quarterly Journal of Economics）、《战略管理杂志》（Strategic Management Journal）、《经济学季刊》（Journal of Financial Economics）、《会计与经济学杂志》（Journal of Accounting and Economics）、《当代会计研究》（Contemporary Accounting Research）等顶级经济学和管理学期刊。中国制度背景显著区别于成熟发达的西方国家，女性（包括女性高管在内）受到传统的诸如 "女子无才便是德"、"男尊女卑" 等思想的影响较深，女性实质性参与企业管理的历史相对较短，因此，如何考察中国情境下女性高管对企业决策行为的影响已经成为一个亟须解决且具有重要理论和现实意义的话题。本书正是基于上述考虑，以会计行为和投资决策为切入点展开的。

2013 年，本书的主要作者周泽将博士以女性高管为研究主题，先后申请并获批国家自然科学基金青年项目"女性高管、会计行为与投资决策"（批准号：71302113）和安徽省高校优秀青年人才基金重点项目"中国情境下女性董事对公司财务行为及绩效的影响研究"（批准号：2013SQRW005ZD），受此鼓舞，周泽将博士及合作者围绕女性高管对会计稳健性、审计努力程度、经营多元化、财务舞弊等一系列行为的影响，展开深入的实证研究，已经形成了多篇学术论文和工作论文，公开发表于《管理评论》、《上海财经大学学报》、《财经理论与实践》、《中南财经政法大学学报》、《经济经纬》、《山西财经大学学报》、《审计与经济研究》等 CSSCI 来源期刊。为了更好地推动中国的女性高管问题研究，同时也是作为近些年来个人及团队研究工作的总结和未来研究的起点，我们决定将上述成果加以梳理，汇集成《女性高管、会计行为与投资决策》一书，作为国家自然科学基金青年项目（71302113）和安徽省高校优秀青年人才基金重点项目（2013SQRW005ZD）的最终成果之一，借此希望可以引起学术界关于女性高管问题的更为广泛地关注和探索。

本书共分为六章，除第一章"导论"和第六章"结论、启示和未来进一步的研究方向"外，第二章到第五章的研究内容依次为"女性高管对会计行为与投资决策的影响研究述评"、"女性高管与会计行为"、"女性高管与投资决策"和"女性高管与公司业绩"，其中第二章的文献综述是第三章到第五章的理论研究基础，第三章到第五章是结合中国独特的制度背景对第二章的相关内容展开实证检验的进一步深化。在第三章到第五章中，每一章均由若干既相对独立但又彼此联系的节组成，包括引言、理论基础和文献综述、研究设计、实证结果分析及研究结论与启示等内容。值得注意的是，基于论述问题的考虑，部分章节可能存在些许重复之处，但我们相信重复是为了更好地理解和陈述这些问题。此外，由于论文写作是一个循序渐进的过程，书中的不同章节成文时间存在一定的差异，将会导致不同章节之间样本观测值难以保持一致，但这不会影响到文章的理解和阅读。

本书是集体智慧的结晶，其中周泽将博士承担了书稿的整体设计和大部分研究工作。具体而言，第一章、第三章第一节和第四节、第四章第二节、第五章第三节、第六章由周泽将独立完成；第二章由周泽将、刘文惠和刘中燕合作完成；第三章第二节由周泽将和修宗峰合作完成，第三节由周泽将、刘中燕和胡瑞合作完成，第五节由黄荷署和周泽将合作完成；第四章第一节由周泽将、胡琴和修宗峰合作完成，第三节由周泽将和修宗峰合作完成，第四节由王清和周泽将合作完成；第五章第一节由周泽将、刘中燕和王清合作完成，第五章第二节由周泽将和修宗峰合作完成。在本书的出版过程中，感谢胡瑞和方曙艳为本书清样校对所付出的大量艰辛劳动。

本书在写作过程中，参考了大量的中外文文献，在这里向这些文献的作者们表示诚挚的感谢。同时，感谢厦门大学杜兴强教授、加拿大约克大学吉瑞（Giri）教授、安徽大学周亚娜教授和李晓玲教授、吉林财经大学曹晓雪教授等诸位师长在写作过程中给予的关心和指导。本书尚存在较多缺陷和不足，有待于未来进一步展开研究，但是如若本书可以引起一些学术界的争鸣，那么写作本书的目的则已经达到。

周泽将

2016 年 2 月于多伦多

# 目　录

# 第一章

# 导　论

## 第一节　问题的缘起及女性高管的范围界定

在中国几千年的历史文化沉淀中，女性往往承担的更多是家庭角色，其社会角色通常被忽略不计或者难以受到重视，这一点可以从"贤妻良母"、"三从四德"等传统女性的认定标准中窥见一斑。随着经济社会的发展，尤其是近些年来，党和政府充分调动和发挥女性参与经济建设的积极性，女性地位逐步得到提高。《中国妇女发展纲要（2001~2010）》要求"结合建立现代企业制度的实践，注意培养和发现高层次的女性管理人才。国有企业要积极探索在企业董事会、监事会、经理等决策、管理层发挥妇女民主参与的新形式，提高企业领导班子成员中的女性比例"。2011年7月30日，国务院印发的《中国妇女发展纲要（2010~2020）》更是进一步要求"企业董事会、监事会成员及管理层中的女性比例逐步提高"。任颋和王峥（2010）的研究表明在中国民营上市公司中女性高管所占比例中位数已经达到15.4%，最高比例更是64.7%。在中国，数据显示，女性企业家占企业家总数的20%，但她们所控制的企业中98%处于盈利状态，远低于工业企业的平均亏损率（王旭和邓胜梁，2011）。2012年胡润女富豪榜显示，中国女富豪上榜的比例已经达到13%，其中在全球22位拥有10亿美元的白手起家女富豪中，有11位来自中国，所占比例达到了一半，甚至连胡润百富创始人兼首席调研员胡润都表示："中国女企业家在全球的地位类似于中国乒乓球队，绝对的世界第一。"女性在国家经济建设中发挥着越来越重要的作用，依据我们针对中国资本市场 A 股上市公司（2001 ~ 2011 年）的统计，如表 1 - 1 所示，上市公司中至少拥有 1 位女性高管和女性董事的比例分别为 89.89% 和 67.09%，拥有女性董事长、女性 CEO 和女性 CFO 的公司所占比例分别达到 4.17%、5.08% 和 24.12%（当进一步观察女性高管人数后发现在拥有女性高管的公司内部，接近 80% 的企业女性高管总人数达到或超过 2 人），高管团队中包含女性高管和女性董事的公司比例均呈现出逐年上升的发展势头。

**表 1 - 1　　　　拥有女性高管上市公司分布（2001 ~ 2011 年）**

| 类别 | 2001 年 | 2002 年 | 2003 年 | 2004 年 | 2005 年 | 2006 年 | 2007 年 | 2008 年 | 2009 年 | 2010 年 | 2011 年 | 总体 |
|---|---|---|---|---|---|---|---|---|---|---|---|---|
| Obs | 1163 | 1229 | 1288 | 1377 | 1375 | 1456 | 1572 | 1626 | 1774 | 2129 | 2363 | 17352 |
| MF | 990 | 1085 | 1149 | 1235 | 1239 | 1297 | 1409 | 1468 | 1603 | 1949 | 2174 | 15598 |
| MF% | 85.12 | 88.28 | 89.21 | 89.69 | 90.11 | 89.08 | 89.63 | 90.28 | 90.36 | 91.55 | 92.00 | 89.89 |
| DF | 666 | 771 | 831 | 898 | 897 | 974 | 1056 | 1117 | 1211 | 1510 | 1710 | 11641 |
| DF% | 57.27 | 62.73 | 64.52 | 65.21 | 65.2 | 66.90 | 67.18 | 68.70 | 68.26 | 70.93 | 72.37 | 67.09 |
| PF | 53 | 56 | 51 | 53 | 57 | 59 | 62 | 65 | 71 | 91 | 105 | 723 |
| PF% | 4.56 | 4.56 | 3.96 | 3.85 | 4.15 | 4.05 | 3.94 | 4.00 | 4.00 | 4.27 | 4.44 | 4.17 |
| CF | 47 | 48 | 51 | 56 | 58 | 68 | 78 | 88 | 101 | 129 | 157 | 881 |
| CF% | 4.04 | 3.91 | 3.96 | 4.07 | 4.22 | 4.67 | 4.96 | 5.41 | 5.69 | 6.06 | 6.64 | 5.08 |
| FF | 245 | 267 | 290 | 314 | 318 | 336 | 368 | 380 | 440 | 566 | 661 | 4185 |
| FF% | 21.07 | 21.72 | 22.52 | 22.80 | 23.13 | 23.08 | 23.41 | 23.37 | 24.80 | 26.59 | 27.97 | 24.12 |

注：MF—女性高管人员，DF—女性董事，PF—女性董事长，CF—女性 CEO，FF—女性 CFO，Obs - 观测值个数，% 代表所占百分比。

在这一形势背景下，国内已经开始有部分学者尝试将女性高管作为研究对象展开实证研究，贾和张（Jia and Zhang，2011）、杜兴强和冯文滔（2012）关注于女性高管对企业捐赠行为的影响，任颋和王峥（2010）、况学文等（2012）研究了女性高管与企业业绩之间的关系，祝继高等（2012）以金融危机为背景，实证考察了女性高管（董事）是否影响企业投资行为，曾萍和邬绮虹（2012）分析了女性高管对于企业创新的影响，而张会丽等（2010）、叶等（Ye et al.，2010）、瓦迪和黄瑟（Thiruvadi and Huang，2011）则将研究领域拓展至盈余质量，况学文和陈俊（2011）进一步实证分析了女性董事对于审计需求的影响，刘绪光和李维安（2010）、曾萍和邬绮虹（2012）分别从公司治理和企业绩效角度对女性高管这一领域的相关问题进行了精彩的综述。

尽管已经有相当数量文献针对中国情景下的女性高管问题展开专门探讨，但是值得注意的是，系统全面深入地分析女性高管与会计行为及投资决策的文献仍然较少，大多呈现零散式的片状分布，难以形成完善的理论体系。在女性高管内部，不同层级和类型的女性高管在作用发挥方面又存在较大差异，这一点较少地为文献所关注。中国的女性高管相对于其他国家而言，具有鲜明的自身特色：（1）深受数千年传统文化的影响，女性高管的发展时间相对较为短暂，在这种情况下即使包含女性高管，其实际作用发挥如何值得关注，更多的人怀疑女性高管的存在仅仅是流于形式、装点门面而已。（2）在女性高管内部，自愿产生和政府推动并存。具体而言，民营企业中的女性高管更可能是为了满足企业经营管理的实际需要而产生，而在国有企业中则同政府的鼓励和要求不无关系。鉴于上述两点考虑，本书尝试结合中国独特的制度背景，手工搜集数据、构建上市公司女性高管数据库，旨在为女性高管影响会计行为和投资决策提供一份较为系统的经验证据，同时试图以此为基础，引起学术界更加关注女性高管这一研究主题，为改进中国的高管遴选机制建设、提升上市公司的治理质量提供有益的政策参考。

在本书中，女性高管通常指上市公司年报中所披露的全部高管，包括董事会成员、监事会成员及其他类型高管，但是在具体行文过程中，依据研究主题的需要，可能会将女性高管的范围有所聚焦，如仅关注女性 CFO 群体、女性董事群体等，也有可能进一步将女性高管区分为女性关键高管和女性非关键高管、女性独立董事和女性非独立董事等，这些处理方法都是为了使某个专题的论述和研究更加深入。从广义角度而言，这些度量方法将会使我们的研究更加深入和丰富多彩，同时也是前人研究基础上的进一步细化和深入。具体的女性高管对象将会在本书的每一章节中给出具体定义。

## 第二节 本书的主要内容及各章节安排

按照行文逻辑，本书共分为六章，其中第一章和第二章是全书的理论基础，给出全书的写作缘由、框架安排和已有文献回顾，第三章和第四章依次给出女性高管影响会计行为、女性高管影响投资决策的系统性经验证据，第五章则从公司业绩的角度报告女性高管影响会计行为和投资决策的经济后果，第六章是研究结论、政策启示和未来进一步的研究方向。详细的结构框架如图1－1所示。

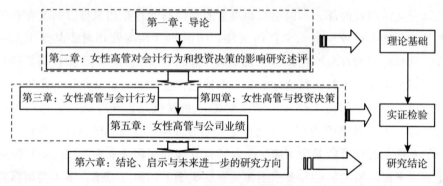

图1－1　本书章节的结构框架

具体而言，本书各章节详细的内容列示如下：

第一章：导论。本章主要涉及本书的写作缘由及女性高管的界定问题，简单介绍书中各章节将要阐述的内容，并进一步总结本书的主要研究贡献。

第二章：女性高管对会计行为和投资决策的影响研究述评。本章首先将厘清女性高管在国内外文献中的度量问题，在此基础上剖析女性高管影响会计行为和投资决策的相关文献，并进一步评述女性高管与公司业绩之间的文献，最后结合中国情境阐述如何进一步展开深入研究。

第三章：女性高管与会计行为。本章将精选会计稳健性、盈余管理、财务舞弊、审计努力程度和社会责任信息披露五种典型会计行为，从女性高管的角度展开实证研究，主要内容包括：

第一节"女性财务高管与会计稳健性"以负责日常财务工作的高管群体为关注对象，实证分析这一类人员中女性的有无和数目同会计稳健性之间的关系，并进一步依据女性财务高管的形成路径差异，考查女性财务高管在国有企业和民营企业中对会计稳健性的影响有何不同。

第二节"女性高管与盈余管理"着重分析女性高管和应计项目盈余管理之间的关系，其中应计项目盈余管理的估计采用修正的琼斯模型。进一步地，鉴于关键高管与非关键高管在企业决策中发挥的作用差异明显，本节将进一步考察女性关键高管在女性高管与盈余管理之间发挥的调节作用及这一调节作用将会因产权性质不同表现出何种差异。

第三节"CEO vs CFO：女性高管能否抑制财务舞弊行为"将研究视角从女性高管的同质性延伸至女性高管内部的利益冲突，重点关注女性 CEO 与女性 CFO 之间在遏制财务舞弊行为过程中的功能差异。准则变迁作为企业会计信息质量的重要外部影响因素，这一环境变化将会对女性高管与财务舞弊之间的关系造成何种影响也是本节的研究核心问题之一。

第四节"女性董事、法律环境与审计努力程度"以内部治理机制和外部治理机制之间的关系分析为着眼点，研究女性董事对于外部审计师投入的影响，并且进一步注意到女性独立董事和女性非独立董事间的差异及外部法律环境的潜在影响，这些分析将有助于理解女性董事在公司治理过程中所发挥的作用和同外部环境之间的互动关系。

第五节"女性高管、信任环境与社会责任信息披露"以女性道德伦理和社会角色理论为基础，力图从社会责任信息披露视角分析女性高管在其中所发挥的积极作用，深入考察女性高管的作用将随信任环境变化而呈现出何种变化。

第四章：女性高管与投资决策。依据高阶理论，企业投资行为将会受到高管性别的影响，本章将选择经营多元化、慈善捐赠、现金持有和 R&D 投资四种投资决策为突破口，分析女性高管的决策风格将会如何影响投资决策。

第一节"女性董事与经营多元化"以女性董事风险厌恶和改善公司治理作为理论基础，研究女性董事对经营多元化的影响，并将女性董事区分为女性独立董事和女性非独立董事、女性关键职位董事和女性非关键职位董事，深入剖析不同类型女性董事对经营多元化的影响程度差异。为了减弱自选择效应的可能影响，书中进一步采用倾向得分匹配法进行敏感性测试。

第二节"女性董事、企业性质与慈善捐赠"选择中国资本市场女性董事日益普遍这一自然实验机会，分析女性关怀主义伦理将会如何影响到企业慈善捐赠。在更深层次上，国有企业的经济理性将如何约束女性董事的关怀主义伦理发挥也是本节的研究重点之一。这些问题的分析将有助于女性学相关理论的进一步拓展和深化。

第三节"女性高管、宏观经济环境与现金持有决策"着重从风险厌恶的视角分析女性高管对现金持有决策的影响，在此基础上，进一步借鉴宏观经济环境与微观企业行为的互动关系视角，考察宏观经济环境在其中所发挥的调节作用。

第四节"女性高管与 R&D 投入"则将研究视角拓展至未来具有重大不确定性的 R&D 投入领域，分析女性高管的决策特点如何影响 R&D 投入及女性 CEO 在其中表现出的差异。

第五章：女性高管与公司业绩。公司业绩是女性高管行为的最终经济后果，会计行为和投资决策是其中重要的传导路径。本章将分别从市场业绩（托宾 Q）、会计业绩和代理成本三个角度对女性高管与公司业绩之间的关系展开探讨。

第一节"女性董事、制度环境与民营企业价值"以民营上市企业为研究对象，探讨女性董事和不同类型的女性董事在价值提升方面的积极作用，以及这一作用发挥与外部制度环境之间的互动关系。民营企业中女性董事的形成过程是更接近市场化的主动需求，这样可以一定程度排除政府外在推动的影响。

第二节"女性董事与企业经营业绩：内生性视角"注意到董事会结构与企业业绩之间内生性关系，因此采用两阶段最小二乘法试图尽量减弱内生性关系的影响。本节还进一步考察女性独立董事和女性非独立董事在对企业经营业绩影响上的差异，从而为女性董事的分类扶持政策提供经验证据支持。

第三节"女性董事、企业性质与代理成本"选择股东和经理人之间的股权代理成本为切入点，从公司业绩的反向维度进一步研究女性董事对代理成本的影响以及企业性质的调节作用。从代理成本的视角展开分析将有助于直接评价女性董事在公司治理体系中的作用。

第六章：结论、启示和未来进一步的研究方向。本章将给出本书的基本研究结论以及以此为基础的政策启示，并结合国内外最新动态和本书存在的不足之处提出未来进一步的研究方向。

# 第三节　本书的主要研究贡献

本书专注于分析女性高管对会计行为和投资决策的影响及其经济后果，相对于之前的研究文献而言，可能的主要研究贡献体现在以下 4 点：

1. 将女性高管作为重要影响因素导入会计行为和投资决策的研究当中

在已有研究中，高管性别通常仅仅作为高管特征的一个度量维度或者控制变量被加以分析，这显然不足以突出性别差异在决策行为中的重要性。本书以女性的决策特征为立足点，将女性高管系统性地导入经验会计和财务的研究当中，丰富了会计学科和女性学科的交叉研究文献，拓展了女性学尤其是女性经济学的研究领域。

2. 多种女性高管度量方式的综合应用和不同女性高管类别的细致分析

依据研究的需要，本书综合采用虚拟变量法、比例法和赋值法，将女性高管或精确至某一类群体，如女性董事、女性财务高管、女性 CEO 和女性 CFO；或按照女性高管的作用路径，详细区分为不同类型的女性高管，如女性独立董事和女性非独立董事、女性关键高管（包括 CEO 和董事长）和女性非关键高管等，这些均使得研究更加深入和细致。

3. 结合中国的具体情境进行研究，丰富了女性高管的经济后果研究

中国的女性高管起步时间较晚，快速发展的背后离不开政府的积极推动，同时不同地区之间发展极度不平衡，本书在不同章节分别将上述因素细化为制度环境、信任环境、企业性质等众多方面，这些显著有别于国外成熟资本市场，因此，本书的内容将会为目前的相关文献提供增量的经验证据和有益的必要补充。

4. 有助于科学评价女性高管的作用和为制定相关政策提供理论依据

中国政府积极推动和鼓励女性高管发展，但这一政策的实际影响如何，长期以来缺乏直接的经验证据检验。本书可以从会计行为、投资决策和经济后果三个维度为女性高管如何影响企业决策行为提供注解，同时将为科学评价女性高管的作用提供证据支持，也有助于政策制定者出台相应的政策法规。

| 第二章 |

# 女性高管对会计行为和投资
# 决策的影响研究述评

## 第一节　女性高管的度量

目前关于女性高管的度量，基本可以归纳为两个层面的问题：高管范围的界定和度量方法。其中，高管范围的界定方面，最宽泛的范围包括董事会、监事会和高层管理人员在内的全部高管，最狭窄的范围仅包括 CEO 或者 CFO；在度量方法上，一般可以分为比例法、虚拟变量法和赋值法。其中，比例法以女性高管占高管总人数的比例表示；虚拟变量法对应两种形式，一是是否有女性高管，二是指女性高管比例的高低，高时赋值 1，低时赋值 0（如 Krishnan and Parsons，2008；张会丽等，2010）；赋值法主要是指女性董事（高管）人数的简单加总。下面对各种文献中涉及的女性高管度量加以介绍，具体如表 2 - 1 所示。

表 2 - 1　　　　　　　　　　女性高管的度量

| 高管范围 | 度量方法 | 涉及文献 |
|---|---|---|
| CEO | 虚拟变量法 | Mohan and Chen（2004）、Peng and Wei（2007）、Levi et al.（2008）、Gul et al.（2009） |
| CFO | 虚拟变量法 | Francis et al.（2009）、王霞等（2011） |
| 董事会 | 虚拟变量法 | Rose（2007）、Adams and Ferreira（2009）、Gul et al.（2007，2009） |
| 董事会 | 比例法 | Carter et al.（2003）、Williams（2003）、Rose（2007）、Adams and Ferreira（2009）、Gul et al.（2009）、Nielsen and Huse（2010）、祝继高等（2012） |
| 董事会 | 赋值法 | Gul et al.（2009）、Farrell and Hersch（2005）、Carter et al.（2010） |

续表

| 高管范围 | 度量方法 | 涉及文献 |
|---|---|---|
| 全部高管 | 虚拟变量法 | Bertrand and Hallock（2001）、Krishnan and Parsons（2008）、张会丽等（2010）、Francoeur et al.（2008） |
| | 比例法 | Dwyer et al.（2003）、任颋和王峥（2010）、何威风和刘启亮（2010）、Dezso and Ross（2012）、杜兴强和冯文滔（2012） |

资料来源：依据相关文献自行整理。

由表 2-1 可以看出，在高管范围界定上，文献中通常有四种界定方法，分别对应 CEO、CFO、董事会①和全部高管。其中，在将高管范围限定在董事会时，有文献（如 Gul et al.，2009 等）的女性高管指标限定在董事会成员中的独立董事（Independent Non-executive Directors）；将高管范围限定在全部高管时，有文献在考察女性高管时，没有将董事包括在内（如 Francoeur et al.，2008）。当女性高管仅指 CFO 时，大多数时候涉及的是会计相关问题，如弗郎西斯等（Francis et al.，2009）研究的是会计稳健性，而王霞等（2011）则是关注于财务重述问题，主要原因在于 CFO 负责公司的会计问题，是会计信息生产过程中的重要参与方和影响者。

在度量方法上，涉及虚拟变量法、比例法和赋值法，其中由于将高管范围限定在 CEO 或 CFO 时，高管人数仅 1 人，此时仅能使用虚拟变量法。当高管范围扩大至董事会甚至全部高管时，多种度量方法在文献中经常被综合加以应用。当用虚拟变量法考察女性高管存在与否对企业行为的影响时，存在的缺陷是没有对不同级别的女性高管加以区分对待，显而易见的是，CEO 和普通高管之间的影响差异是较大的。应用比例法和赋值法时同样存在上述缺陷。哈里根（Harrigan，1981）指出在研究高管人员的性别时，区别执行和非执行经理人员（Effective and Ineffective Managers）和不同职位（Different Occupational Specialties）的经理人员显得尤为必要。特简森等（Terjesen et al.，2009）更是一针见血地指出，研究女性董事应分为五个层次：个人、董事会、公司以及行业与环境。因此，在具体的研究过程中，可以考虑针对不同高管层级分别进行研究，或者将各种方法加以综合应用。

---

① 审计委员会是董事会的重要下设委员会之一，部分研究进一步关注到女性审计委员会成员对于企业行为的影响（如 Ittonen et al.，2010；Thiruvadi and Huang，2011 等）。

由上述分析可知，在高管范围和度量方法上不同的文献之间存在着较大差异，造成这一现象的原因主要是由于研究主题上的差异和研究过程的需要，不同文献关注的高管范围存在较大不同。如将高管范围限定在董事会时，主要关注董事会在公司治理体系中的监督功能，而 CEO 负责企业的日常经营管理，因此研究企业风险水平、过度投资等问题时大多数文献涉及的高管范围仅包含 CEO。

## 第二节　女性高管对会计行为和投资决策的影响

在现代企业管理中，女性高管逐渐被引入且引起重视，主要原因在于女性高管的管理方法和风格与男性高管存在系统性的差异，女性高管的加入可以在一定程度上克服由领导层的同质性而导致的视野狭隘问题，这将会影响盈余质量、风险厌恶、过度自信、并购决策等一系列公司行为，国外的大量文献已经关注到这一领域。尽管不同的文献之间关注点不同，但是在其背后，基本的逻辑出发点是一致的，即在普通女性中存在的有关特质是否会存在于女性高管中，并进而影响到公司会计行为和投资决策。

### 一、盈余质量

先前的大多数研究发现，女性高管比例越高，公司的账面收益率和市场收益率越高。那么女性高管提升了公司业绩是否由盈余管理引发而非企业真实业绩的提升呢？克里希南和帕森斯（Krishnan and Parsons，2008）采用配对研究发现这一关系并不是由于女性高管导致的盈余管理抑或低质量盈余所致，相反，女性高管显著提高了盈余质量。弗朗西斯等（Francis et al.，2009）以 1988～2007 年标准普尔 1500 中从男性 CFO 转变为女性 CFO 的公司为样本，从会计稳健性的视角研究了 CFO 更换前后会计信息质量的变化，结论显示女性 CFO 报告公司业绩时更加稳健。进一步的经验证据表明，当 CFO 从女性变为男性时，会计稳健性水平下降，这与前面的研究发现是一致的。作者的研究结论支持了女性 CFO 更加厌恶风险，因此女性 CFO 采取了更加稳健的财务报告策略。古尔等（Gul et al.，2007）以 2001～2002 年

2576 个公司年数据为样本检验了女性董事会成员和盈余质量之间的关系。在控制了选择性偏差、董事会特征、公司特征和行业变量后，研究发现当公司至少有一位女性董事会成员时，盈余管理程度显著较低，应计质量显著较高；当至少有一位女性非执行董事（Non-executive Female Director on the Board）和女性审计委员会委员董事时结论仍然成立；这一关系随女性（非执行）董事比例的提高而得以增强，但是并非由女性董事的少数地位（Minority Status）和（法律和财务）专家才能而导致。张会丽等（2010）以1998~2006 年我国上市公司的数据实证检验了公司高层中女性比例的高低对上市公司盈余质量（含盈余反应系数、稳健性、平滑度及持续性）的影响，实证结果表明各个方面的盈余质量并未由于女性高管的存在而呈现显著差异。叶等（Ye et al. , 2010）同样采用中国上市公司为样本，研究发现女性高管对盈余质量无显著影响。何威风和刘启亮（2010）研究发现高管团队中男性比例越高，发生财务重述的概率越大，且高管团队与董事长之间的性别差异显著提高了财务重述的发生概率。王霞等（2011）从财务重述的角度研究了女性 CFO 对会计信息质量的影响，研究发现 CFO 是女性的企业会计信息质量更高。克莱克曼等（Clikeman et al. , 2001）以美国和五个亚洲国家的会计专业男女学生为被试对象，研究了男女之间和不同国籍之间学生对盈余管理是否存在态度上的差异。研究发现男女之间以及不同国家之间的学生对盈余管理的态度无重大差异。瑟瓦迪和黄（Thiruvadi and Huang, 2011）进一步将研究视角深入至审计委员会，研究发现当审计委员会成员中拥有女性董事时，将会通过显著增加负向可操纵性应计项目限制盈余管理程度（Constrain Earnings Management）。格威斯等（Gavious et al. , 2012）研究发现在高新技术行业女性董事与盈余管理之间呈现负相关关系，且当 CEO 或 CFO 为女性时，盈余管理程度也显著降低。

## 二、风险厌恶

过去的研究表明性别差异会导致投资者的两项重要投资战略差异：在相同的环境下女性投资者较男性投资者而言在投资决策中显得更加厌恶风险（Risk Averse）和不自信，但是很少有研究试图揭示背后的原因。格雷姆等（Graham et al. , 2002）认为性格差异所导致的信息处理风格是导致投资决策差异的原因之一。具体而言，依据选择模型（Selectivity Model），男性并不是处理可以得到的全部信息线索，相反，他们在信息处理中具有高度的选择性，且他们通常选择支持自己一贯行为的信息线索。而女性投资者则更加善于处理综合性的信息。

有大量研究围绕女性是否在投资决策中表现出风险厌恶特征展开了实证检验。贾纳科普罗斯和伯纳赛克（Jianakoplos and Bernasek，1998）以美国家庭持有的风险资产调查数据为样本，检验了男女之间是否在承担财务风险上有显著差异。研究发现，单身女性较单身男性而言在财务决策中显示出更多的风险厌恶，表现在随着财富的增加，与男性相比较，更少的女性增加了风险资产所占比例；进一步的经验证据表明风险承担上的性别差异受到了年龄、民族和子女数目的影响。作者认为女性厌恶风险可能是女性财富较少的重要原因之一。斯库倍特等（Schubert et al.，1999）应用实验研究方法发现女性和男性之间的风险偏好差别高度依赖于财务决策环境（Financial Decision Setting），更重要的是当被试对象面临情境决策（Contextual Decision）时，男女之间没有表现出差异。巴伯和欧丁（Barber and Odean，2001）以1991年2月~1997年1月来自一个大规模的贴现票经纪公司（A Large Discount Brokerage）的超过35000户家庭的账户交易为研究对象，分析了男人和女人在普通股交易上的差异。研究发现男性普通股的换手率接近女性的1.5倍；当交易收益率为负时，男性收益率较女性而言大约低0.94个百分点；当用单身男性（Single Man）和单身女性进行比较时，换手率和收益率差异表现得更加明显，具体而言，男性换手率高67%，收益率低1.44个百分点。上述经验证据支持了心理学上男性较女性显得更为过度自信（Lundeberg et al.，1994），从而进行了过度交易（Trade Excessively）。艾特金森（Atkinson et al.，2003）研究比较了女性和男性固定收入共同基金经理在业绩和投资行为上的差异，结论表明在业绩、风险和其他基金特征上二者之间无显著差异，作者认为通常归结于性别上的投资行为差异可能是由于投资知识和财富约束所致。但是作者进一步研究发现共同基金经理的性别影响了共同基金投资者的决策制定，具体而言，流向女性共同基金经理的净资产较少，对于经理首次管理基金当年这一现象更加明显。马丁等（Martin et al.，2009）以1992~2007年70例女性CEO任命公告和70例男性CEO任命公告进行配对研究，结果显示两组间在任命公告发布所引起的超额累计收益率上无显著差异，表明了性别偏见（Gender Bias）没有为资本市场所反映；任命女性 CEO 后风险显著降低，支持了市场认为女性 CEO 更风险厌恶的特征。进一步的经验证据显示，公司的风险越高（包括总风险和特质风险），越有可能任命女性 CEO 以降低风险。亚当斯和范克（Adams and Funk，2012）应用大量的董事调查数据，研究发现与预期相反，女性董事更不传统和保守，甚至她们相较于男性董事而言更加偏好风险，作者据此认为女性董事并不必然导致更多的风险厌恶型决策。

## 三、过度自信

很多研究发现通常而言在制定决策时男人过度自信的程度更高（Lundeberg et al.，1994；Bengtsson et al.，2005），那么在投资决策中是否也表现出这一特征呢？普林斯（Prince，1993）研究表明男性在财务决策中倾向于感觉更加良好（More Competent），换言之，男性在财务决策中被认为表现得更加自信。卢埃林等（Lewellen et al.，1977）分析 1964 ~ 1970 年 972 位个人投资者问卷调查和经纪人记录发现，男性在证券分析上花费了更多的时间和金钱、更少依赖经纪人、交易更加频繁、更加相信收益的可预测性和期望更高的收益。彭和韦（Peng and Wei，2007）以 1998 ~ 2003 年 S&P 1500 的公司（121 位女性 CEO）为样本，应用配对研究考察高管人员（Top Executive）性别对于投资决策的影响。结果显示女性高管人员的投资决策对现金流更不敏感，尤其在权益主导公司，作者将原因归结于男性在投资中往往更为过度自信。

## 四、公司治理

董事会的下设委员会是相关决策的执行机构，不同的下设委员会对于男女委员的需求特点可能是不一致的，即存在性别差异。克斯纳（Kesner，1988）研究发现仅在提名委员会和经理委员会中存在性别差异，且女性董事更多的来自于外部组织、占据非经理职位（Hold Nonbusiness Position）、任期更短。比利莫里亚和皮德里特（Bilimoria and Piderit，1994）检验了是否男女董事在成为董事会下设委员会成员（Board Committee Membership）上存在系统的性别偏见。以财富 300 的公司为样本，在控制了工作经历特征后研究发现性别偏见确实存在，具体而言，男性更受薪酬委员会、经理层和财务委员会（Compensation, Manager and Finance Committee）的青睐，而女性则往往更易于被公共事务委员会接受。

女性高管会对企业的公司治理行为乃至有效性产生何种影响同样是值得关注的重要理论问题。亚当斯和费雷拉（Adams and Ferreira, 2004）以 1998 年 1024 家美国上市公司为对象，研究发现女性董事提升了薪酬业绩敏感性，且董事会的多元化（女性董事比例）与董事会议次数显著正相关。作者将原因归结为董事会的多元化影响董事间的合作动机所致，同时，女性更少缺席董事会会议，这间接地支持了多元化董事会比同质化董事会更为有效的观点。亚当斯和费雷拉（2009）以 1996～2003 年 1939 家美国上市公司 8253 个观测值为样本，研究发现较男性董事而言，女性董事出席会议的记录更加良好，且当董事会性别多样性/异质性（Gender-Diversity）越强时，男性董事出席会议的问题记录（Attendance Problem）越少。进一步研究发现女性董事加入专门的监督委员会（审计委员会、提名委员会和公司治理委员会）概率更高，这一现象表明性别异质性强的董事会在监督中投入了更多的精力（监督力度更强）。且性别异质性提高了 CEO 更换业绩敏感性和董事会权益性激励薪酬（Equity-based Compensation）的比例。如果公司仅仅为了改善形象而拥有女性董事，不注重女性董事的潜在贡献，那么她们被安排在有权力且有影响力的董事会下设委员会的可能性较小（Stultz, 1979）。尼尔森和胡斯（Nielsen and Huse, 2010）以 201 家挪威公司的调查数据为对象，试图打开女性董事影响董事会行为的"黑匣子"。研究表明女性董事比例（文中的度量方法）与公司战略控制显著正相关，此外女性董事通过增强董事会的开发活动和减少冲突提高了董事会的有效性。但是研究没有发现女性董事与开放的讨论（Open Debate）呈现出正相关关系，而开放的讨论则有助于提高董事会的战略和运作控制。

## 五、股价信息含量

董事会的性别多样性会提高董事会讨论的质量（带入新的观点和信息），进而提高了董事会监督公司信息披露和报告的能力，与此同时，可能也会由于性别多样性而增加了内部分歧、限制了董事会的执行力从而降低了董事会的有效性。古尔等（Gul et al.，2011）对这一问题展开实证检验，研究发现女性董事比例高的上市公司股价反映了更多的公司特征信息，即增进了股价的信息含量。进一步的研究发现弱公司治理强化了上述关系，且女性董事提高了股价信息含量在大公司中主要依靠增加公开披露（Public Disclosure）实现，而在小公司则主要通过鼓励搜集私有信息实现。

## 六、其他财务行为

女性高管数目对公司参加与社会责任相关活动的水平产生了一定的影响（Stanwick and Stanwick，1998；Wang and Coffey，1992），在慈善事业领域，女性正在逐渐超越男性，尤其是在公司捐赠上。威廉姆斯（Williams，2003）以1991～1994年的185家财富500公司为样本，研究了女性董事比例和公司慈善捐赠行为之间的关系，结果表明女性董事比例与公司的慈善捐赠程度显著正相关，且这一关系仅存在于社区服务和艺术上的捐赠，而在教育或公共政策问题上的捐赠行为则不存在。而与上述文章的研究发现相反，贾和张（Jia and Zhang，2011）以2008年汶川大地震为背景，作者研究发现监事会性别多样化减弱了代理成本与慈善捐赠之间的关系，而董事会性别多元化则没有表现出上述效应。杜兴强和冯文滔（2012）以2004～2009年的中国上市公司日常捐赠为分析对象，研究结果表明女性高管与慈善捐赠显著正相关，但政府干预调和了正相关关系。

此外，还有部分学者研究了女性高管对于IPO折价、公司并购、资本成本、投资行为和股利支付等财务行为的影响。莫汉和陈（Mohan and Chen，2004）以1999～2001年（1999年前基本没有女性CEO的IPO公司）1005例IPO公司为样本，研究了女性领导（Female-led，即女性CEO）公司和男性领导公司在IPO折价上的差异，结论发现两种类型的公司在IPO折价上无显著差异。莱维（Levi，2008）以1997～2006年超过400例的企业并购为研究对象，作者分析了CEO或董事的性别在并购定价和并购形式中发挥的作用。结论显示如果并购公司的CEO是女性，并购溢价（Bid Premium）无论是统计上还是经济上均会显著较小（降低幅度超过70%）。且目标公司女性董事比例越高，并购溢价越小；且当女性董事是独立董事时（Independent Appointees），女性独立董事比例每上升 10%，并购溢价降低 15%。性别对并购溢价的影响机理在于公布期间的超额累计报酬率（CAR）较小所致。目标公司的女性 CEO 和并购公司的高比例女性内部董事均显著提高了并购采用要约收购（Tender Offer）形式的可能性。古尔等（Gul et al.，2008）以 2001~2002 年美国上市公司为样本，研究发现女性董事显著降低了资本成本，作者认为这一发现与女性董事改进了公司治理、更加风险厌恶等研究结论是一致的。祝继高等（2012）利用 2008 年金融危机提供的自然实验机会，实证分析女性董事的风险规避特征是否会影响到企业投资行为。结果表明在金融危机时期，女性董事比例高的上市公司投资水平下降更快，且女性董事比例高的公司倾向于通过减少长期借款规避债务风险，上述研究结论支持了女性更加风险厌恶的特征。比恩等（Byoun et al.，2011）着眼于女性董事对于股利支付政策的影响，研究发现拥有女性董事的公司更倾向于发放股利且股利支付率更高，上述效应在自由现金流代理问题严重的公司表现得更为突出。

# 第三节　女性高管与公司业绩：发现与争议

贯穿女性高管研究领域的两大核心问题：一是女性高管是否影响了公司业绩；二是如果有影响，是正面影响抑或负面影响。针对这些问题，目前主要有两种研究方法：一是采用事件研究法，即分析女性高管任职公告或离职公告所引起的市场反应；二是建立长时间的大样本计量模型，分析女性高管对公司市值和财务业绩的影响。事件研究法由于往往涉及的样本较少，如康恩等（Kang et al.，2010）的研究样本仅 45 家，且受到其他同时发生事件的"噪声"干扰，因此大多数研究采用了第二种方法。

对于第一个问题，大多数研究支持了女性高管会影响到公司业绩，只有极少数研究发现女性高管对于公司业绩无显著影响。对于第二个问题，研究发现女性高管对公司业绩产生正面影响的文献较为多见。具体来说包括：

## 一、女性高管的正面影响

资源依赖理论（Resource Dependence Theory）认为多元化的董事会能为企业提供更为有价值的资源，尤其在环境日益复杂、快速变化的今天，由异质性团体带来的知识、观点、创造性和判断会优于单一性群体平静的交流和合作，因此女性高管可以促进企业绩效的提升。艾德勒（Adler，2001）以1980~1998年（合计19年）的215家财富500公司为样本，研究发现提升女性至经理层的记录与高盈利呈现显著的相关性，具体而言，拥有良好提升女性记录公司的盈利性高于财富500同行业公司中位数的比例在18%~69%。卡特等（Carter et al.，2003）的研究是直接对女性高管与公司业绩关系展开研究的开山之作，在控制了规模、行业和其他公司治理因素后，女性董事比例与公司业绩呈现显著的正相关关系。埃哈特等（Erhardt et al.，2003）研究了女性且少数民族董事比例（董事会多样性）对财务绩效的影响。相关性分析和实证研究结果表明董事会多样性对财务绩效起到了显著的促进作用。康恩等（Kang et al.，2010）以45家新加坡公司的53例女性董事任命为事件，研究发现投资者给予任命女性董事正面的市场反应，且进一步的经验证据表明当为女性独立董事任命事件时市场反应最强，当女性董事同时被任命为CEO时市场反应最弱（下降了1.3%）。亚当斯等（Adams et al.，2011）应用事件研究法分析了投资者对于强制要求增加女性董事的市场反应，结果显示，相对于男性董事而言，投资者给予任命女性董事的市场反应显著为正，且促进工作机会平等（Promote Workplace Equality）的公司受益最深。弗朗科尔等（Francoeur et al.，2008）应用卡特里斯特（Catalyst）的2001~2004年的调查数据检验了女性加入公司董事会和高管层（Senior Management）是否和如何提高了企业的财务绩效。研究结果表明在复杂环境下经营的公司，当拥有高比例的女性经理人员时确实产生了显著为正的超额收益（月度超额收益0.17%，三年期的超额收益6%）。当将女性董事单独或将女性董事和女性高管联合进行考查时，研究发现并没有产生超额收益，表明了女性董事并没有对经济绩效产生显著的促进作用，原因可能在于经理层和治理系统中的女性比例已经产生了足够的价值而使得女性董事难以对财务绩效发挥作用。任颋和王峥（2010）以2008年中国民营上市公司为研究对象，研究了女性参与高管团队对企业绩效的影响。结果表明女性参与高管团队可以显著提高企业绩效，且女性参与高管团队对企业绩效的提升作用随着女性高管的人力资本和社会资本提高而增强。卡特里斯特（2010）研究发现在财富500公司中女性董事同良好的公司业绩紧密联系，其中较多的女性董事所在公司净资产收益率（ROE）上升53%，销售收益率（ROS）上升42%，投资收益率（ROI）上升66%。德若和罗斯（Dezso and Ross，2012）认为女性高管可以为管理层带来信息多元化和社会多元化的益处，丰富了经理层的行为选择，同时激励了中层女性管理人员。作者应用S&P1500公司的面板数据为样本，研究发现女性高管改善了企业业绩，但仅限于进行战略创新的公司。

## 二、女性高管的负面影响

关注女性高管的负面影响文献较为少见。李和詹姆斯（Lee and James，2007）研究了美国资本市场任命女性CEO对于股票价格的影响，结论显示与任命男性CEO和女性高管人员相比，任命女性CEO的负面市场反应更加显著，但内部提拔任命的女性CEO较外部聘任的CEO负面市场反应相对较弱。亚当斯和弗雷拉（Adams and Ferreira，2009）研究发现女性董事对业绩产生了负面影响，且公司治理的不完善降低了女性对于公司业绩的负面影响，作者解释到可能是由于女性董事的过度监管所致（Almazan and Suarez，2003）。埃亨和迪特玛（Ahern and Dittmar，2012）研究了在2003年挪威强制规定公司至少包括40%的女性董事这一背景下女性董事对公司业绩的影响。研究发现，女性董事的强制规定颁布时，股票价格显著下降，且在随后的年度里托宾Q大幅下降，作者认为强制规定破坏了公司董事会结构的自我最优选择，从而不利于公司业绩最大化。进一步的经验证据显示这一强制规定会导致董事会成员更年轻、缺乏经验、负债和并购增加及经营业绩下降。况学文等（2012）应用2006～2010年的A股上市公司数据研究发现，在我国女性董事损害了公司财务绩效。

## 三、女性高管对业绩无影响

女性高管经常被认为是用来装点门面（Tokenism）的，部分文献研究发现支持了这一观点。韦斯特法尔和弥尔顿（Westphal and Milton，2000）指出董事会中少数者（Demographic Minorities，当然包括女性董事）的出现会受到公司利益相关者的欢迎，但是学者对少数者会在多大程度上影响团体决策表现出悲观，且他们的研究表明人口差异（Demographic Difference）会降低团体凝聚力，由于社会隔阂（Social Barriers）的存在，少数者影响团体决策的可能性降低，因此女性高管难以影响到公司业绩。罗斯（Rose，2007）以 1998~2001 年丹麦上市公司为样本，实证结果表明女性董事（比例和哑变量两种度量方法）与企业的经营业绩（托宾 Q）没有呈现出显著关系。卡特等（Carter et al.，2010）以 1998~2002 年标准普尔 500 的公司为样本，研究了女性董事数目和少数民族董事（Ethnic Minorities Birectors）对公司绩效的影响（ROA 和托宾 Q 度量）。结果没有发现女性董事和少数民族董事（抑或董事会的下设委员会委员）与公司绩效之间呈现显著的相关性，同时研究证据表明二者之间的关系具有内生性。

除了上述观点外，也有部分学者认为女性高管对于公司业绩的影响是一种状态依存关系，如克拉维茨（Kravitz，2003）认为当团队任务复杂且富于创造性时，性别多样性是有益的，而当任务简单、结构化时，性别多样性阻碍了业绩的提升。阿里等（Ali et al.，2009）注意到行业可能是导致女性高管对公司业绩影响研究结论不一致的重要因素，作者选择澳大利亚公司为样本，比较分析了服务业和制造业公司之间女性高管对公司经营业绩的影响差异，结论显示在制造业女性高管损害了公司业绩，而在服务业则显著提升了经营业绩。

关于女性高管对公司业绩的影响研究，目前尚没有取得较为一致的研究结论，不同国家之间的制度背景差异可能是其中的重要原因。如罗斯（Rose，2007）的研究样本是丹麦上市公司，在丹麦，女性董事更多地体现为政府积极推动的结果，而在大多数研究中所采用的美国上市公司样本则不然，女性董事（高管）可能更多地体现为企业自身发展的需要，而非政府强加，这两种不同的女性董事（高管）形成路径显然会对研究产生较大的影响。未来可以考虑借鉴拉波特等（La Portal et al.，1998）的国别研究分析框架，对不同国家之间的女性高管与公司业绩关系进行比较，寻找差异背后的制度原因。

## 第四节　中国情景下开展女性高管研究的路径选择

综上所述，有关女性高管的文献大多从会计行为、投资决策和公司业绩等角度展开和分析，根据研究的需要，不同文献在度量女性高管时所采用的方法和范围是不一样的。就女性高管的影响因素而言，公司规模、所处行业、股权集中度、已有女性高管人数、家庭关系等均会影响到女性高管的形成；就女性高管对会计行为和投资决策的影响而言，女性高管通常会提高盈余质量和股价信息含量、降低企业风险和高管人员的过度自信等；就女性高管与公司价值而言，不同学者所得出的研究结论并不完全一致，正面影响、负面影响、无影响抑或状态依存兼而有之。

尽管女性高管研究领域已经取得了大量的成果，无论是在研究内容还是在研究方法上，均具有很大的启发性。但是不可否认的是，女性高管研究领域仍然存在较多不足，有待在以后的研究中进行改进和完善。总结起来，主要体现在以下 3 个方面：

（1）关于女性高管，目前尽管有多种界定范围和度量方式，但各自都存在缺陷。在进行实证研究时，可以考虑将女性高管的各种度量方法综合应用，以增强论文研究结论的稳健性。在国外，由于两权分离，董事会主要履行监督经理层的职能，而在我国，董事会尤其是董事长可能在经营决策中拥有一定的话语权，我们可以考虑结合中国的现实情况，将考察女性 CEO 的研究进一步拓展至女性董事长或女性关键高管（包括 CEO 和董事长）。

（2）在研究样本上，目前国内的研究要么是全样本的研究，要么是民营上市公司为样本，实际上在不同性质企业中，女性高管的作用发挥路径可能是不一致的。在国有企业，国家相关法律法规通常要求在企业高管中拥有一定比例的女性，更可能体现出的是一种形式主义；而在民营企业可能截然不同，女性高管通常是自身努力甚至是自身创业的结果，女性高管发挥作用的可能性更大，更有可能影响到企业的管理决策和财务行为。因此，在未来的研究中，我们可能需要进一步区分不同企业性质可能带来的影响。

（3）在研究内容上，大多数研究仅仅关注到女性高管对公司行为的影响，但是不可避免的问题是，二者之间可能存在一种相互促进的内生性关系。未来可以考虑在研究中观察女性高管的动态变化所引起的公司行为变化，以减弱内生性问题带来的噪声干扰。此外，在国内关于女性高管的研究显得相对较少，而女性在经济管理和国家建设中发挥着越来越重要的作用，因此，大规模展开关于女性高管的实证研究显得很有必要。

总之，现有女性高管文献主要是以欧美等发达国家资本市场为研究对象展开的，专门研究新兴市场尤其是关于我国的研究显得相对不足。而我国无论是制度背景还是市场环境与国外均存在较大差异，国外的研究框架和研究结论可能并不完全适合我国的现实国情，未来可以开展基于我国资本市场数据的本土化研究。

| 第三章 |

# 女性高管与会计行为

## 第一节 女性财务高管与会计稳健性

本节以 2001～2010 年深沪两市 A 股上市公司为样本，实证研究了女性财务高管是否有助于提高会计稳健性水平。结果表明与没有女性财务高管的上市公司相比，女性财务高管的存在显著促进了会计稳健性的提升。进一步按照最终控制人性质分组测试的经验证据显示，女性财务高管对于会计稳健性的提升作用主要存在于国有企业，而在民营企业女性财务高管对会计稳健性无显著影响。本节研究丰富和拓展了会计稳健性影响因素和女性高管经济后果的相关文献。

### 一、引言

近些年来，经济迅速发展、女性地位日益提高，无论是在学术界还是流行媒体中，劳动力多元化已经成为引起持续关注的重要问题（Farrell and Hersch, 2005）。由于会计工作的性质和特点，女性在这一职业中发挥着无可替代的作用。据统计，国际四大中平均而言大约有 47.5% 的女性雇员[①]，而在美国公司中，女性会计和审计人员占比为 60.1%，女性 CFO 占到 8.7% 的比例（Catalyst, 2011）。CFO 作为会计政策的制定者和会计信息生产的重

---

① 其中安永、普华永道、毕马威和德勤女性雇员的比例分别为 49.2%、48.6%、48.3% 和 44.0%。

要参与方，对会计信息质量产生了重要影响（王霞等，2011）。女性相对于男性而言，对道德标准要求更高（Glover et al.，1997；Reiss and Mitra，1998）、更加厌恶风险（Jianakoplos and Bernasek，1998；Barber and Odean，2001），那么女性的这一行为特征会对会计信息产生什么样的影响呢？

弗朗西斯等（Francis et al.，2009）从 CFO 更换视角研究发现当 CFO 从男性变为女性时，会计稳健性水平显著上升，当 CFO 从女性变为男性时，会计稳健性水平显著下降，这一现象反映出女性 CFO 报告了更加稳健的会计信息。王霞等（2011）从财务重述的角度研究了女性 CFO 对会计信息质量的影响，研究发现 CFO 是女性的企业会计信息质量更高。

上述研究基本上支持了女性财务高管①会对会计信息质量的提升产生显著的促进作用，而会计信息（盈余）质量在已有的研究中包含持续性、应计质量、SEC 处罚公告、财务重述和稳健性等在内的众多度量方式（Dechow et al.，2010）。会计稳健性作为最为重要的会计信息质量特征之一，可以在一定程度上保护投资者的利益、维持公司的契约均衡（Watts，2003），因此从稳健性视角出发分析女性财务高管对于会计信息质量的影响显得很有意义和尤为必要。本节以 2001~2010 年的中国资本市场 A 股上市公司作为样本，应用 BS 模型实证分析了女性财务高管对会计稳健性的影响。研究结果表明女性财务高管提供的财务报告更加稳健，当进一步将上市公司按照最终控制人性质划分为国有企业和民营企业后，结论显示女性财务高管对于会计稳健性的提升作用存在于国有企业，而在民营企业则无显著影响，T 检验表明在国有企业和民营企业之间女性财务高管对会计稳健性的影响差异是显著的。本节的研究相较于以往的文献而言，可能的贡献之处在于：女性和男性之间的处事风格和方式差异历来为相关的行为研究者所关注，本节从会计行为视角拓展了相关文献，丰富了稳健性的影响因素研究。

## 二、理论分析与研究假设

首先，瓦茨（Watts，2003）指出契约因素和诉讼风险是形成会计稳健

---

① 财务高管包括分管财务工作的副总经理、财务总监、财务副总监和财务经理等上市公司年报中披露的高管成员，是手工对高管成员的职位加以分析而得，在下面统一称之为财务高管。

性的两个重要原因，而经理人和股东之间的契约是公司中最重要的契约因素之一（Fama and Jensen，1983），先前的研究表明女性高管更加厌恶风险（Jianakoplos and Bernasek，1998；Bernasek and Shwiff，2001；Martin et al.，2009），当然，这些风险包含了信息风险、诉讼风险和解聘风险，因此女性财务高管在确认和计量收入、资产时会更加谨慎，确认好消息时要求的标准更高以减少潜在的高估风险。

其次，亚当斯和弗雷拉（Adams and Ferreira，2004，2009）研究发现女性董事在监督中投入了更多的精力，有效地改进了公司治理。尼尔森和胡斯（Nielsen and Huse，2010）研究表明女性董事通过增强董事会的开发活动和减少冲突提高了董事会的有效性。因此，我们可以预期女性财务高管的存在同样可以在一定程度上改进公司治理水平，而良好的公司治理体系又会对会计稳健性的提升产生显著的促进作用（Lara et al.，2007；赵莹等，2007）。综上所述，我们提出如下的假设 H3 - 1：

H3 - 1：限定其他条件，女性财务高管显著提高了会计稳健性。

在国有企业和民营企业，由于制度规定和政府监管上的差异，两者之间女性财务高管的形成路径是不一样的。在国有企业，各级政府及相关监管机构积极履行监督职能，财务高管作为政府加强监管的重要环节，关系到国有资产的保值增值甚至国企改革的顺利进行与否。近些年来，政府通过向海内外公开招聘①、委派财务总监等方式不断提高财务高管的独立性和监督力，财务高管的权限受制于企业的程度逐步降低。当国有企业的财务高管为女性时，承接假设 H3 - 1 的分析，我们可以合理预期国有企业的会计稳健性得以显著增强。

而在民营企业，由于财务高管的特殊性和重要性，其更多地体现为大股东的意志。一般而言，财务高管的形成通常有两种渠道：一是让可靠的人员甚至在家族企业是企业家的亲戚或具有血缘关系的人士担任；二是面向市场招聘。第一种情形下财务高管难以发挥实质性财务监督作用显然符合逻辑，即使是由市场招聘产生财务高管时，由于大股东掌握着财务高管的聘任权，如果财务高管不服从大股东的需要，那么大股东可以对其施加压力甚至解聘。

---

① 据网易财经报道，2001 年以来，面向海内外公开招聘央企高管已开展 8 次，共招聘 128 名高管和 12 名海外高层次人才（资料来源：http://money.163.com/11/0516/05/745EK38300252G50.html）。

综上所述，我们提出如下的假设 H3 - 2：

H3 - 2：限定其他条件，国有企业的女性财务高管显著提高了会计稳健性，而民营企业的女性财务高管对会计稳健性无显著影响。

## 三、样本选择与研究设计

我们以 2001 ~ 2010 年的全部 A 股上市公司为初始样本，并遵循研究惯例进行了如下筛选：（1）删除了金融行业上市公司；（2）删除了 ST、*ST 等非正常交易状态上市公司；（3）删除了数据缺失的上市公司。最终我们得到 13125 个观测值，其中 2001 ~ 2010 年的观测值个数分别为 1037、1091、1117、1211、1232、1264、1339、1406、1555 和 1873。书中使用的交易状态数据来源于 CCER 和色诺芬公司联合开发的中国经济金融数据库，其余数据来自深圳国泰安公司的 CSMAR 系统。

为了检验女性财务高管对于会计稳健性的影响，借鉴鲍尔和西瓦库玛（Ball and Shivakumar，2005）、陈等（Chen et al.，2010）的研究设计，构建如下研究模型（3 - 1）：

$$ACC = \alpha_0 + \alpha_1 + \alpha_2 CFO + \alpha_3 DCFO + \alpha_4 CFO \times DCFO + \alpha_5 GF + \alpha_6 GF \times$$
$$CFO + \alpha_7 GF \times DCFO + \alpha_8 GF \times CFO \times DCFO + \varepsilon \qquad (3-1)$$

之所以选用 BS 模型而没有选用 Basu 稳健型测度模型的原因在于以下两点：（1）Basu 模型需要计算个股市场收益率，而在本节的研究区间内，个股市场收益率受到了牛熊市的显著影响，使得个股收益率难以真实反映股票的市场业绩状况；（2）我国从 2005 年开始启动股权分置改革，历时达三年之久，股权分置改革不可避免的会带来股票停牌等问题，造成了个股市场收益率的大量缺失，从而会导致样本观测值大量缺失。在模型（3 - 1）中，$ACC$ 指应计项目，等于（营业利润 - 经营现金净流量）/期初总资产，$CFO$ 等于期初总资产平减后的经营现金净流量，若 $CFO$ 小于 0，则赋值 $DCFO$ 为 1，否则赋值为 0。$GF$ 指女性财务高管，我们采用如下两种度量方式：（1）有无女性财务高管 $GFDUM$，若财务高管中有女性成员，赋值为 1，否则为 0；（2）女性财务高管人数 $GFNUM$。若女性财务高管降低了会计稳健性水平，我们预期 $GF \times CFO \times DCFO$ 项回归系数 $\alpha_8$ 显著小于 0。

## 四、实证研究结果

### (一) 描述性统计与相关性分析

表 3 - 1 报告了相关变量的描述性统计和相关性分析结果。

**表 3 - 1**                      **描述性统计和相关性分析结果**

Panel A：变量的描述性统计

| 变量 | 观测值 | 平均数 | 标准差 | 最小值 | 25% 分位 | 中位数 | 75% 分位 | 最大值 |
|---|---|---|---|---|---|---|---|---|
| ACC | 13125 | - 0.0032 | 0.1178 | - 1.6533 | - 0.0598 | - 0.0131 | 0.0394 | 2.2386 |
| CFO | 13125 | 0.0610 | 0.1166 | - 1.9774 | 0.0112 | 0.0584 | 0.1141 | 1.7516 |
| DCFO | 13125 | 0.2027 | 0.4021 | 0.0000 | 0.0000 | 0.0000 | 0.0000 | 1.0000 |
| GFDUM | 13125 | 0.2349 | 0.4240 | 0.0000 | 0.0000 | 0.0000 | 0.0000 | 1.0000 |
| GFNUM | 13125 | 0.2373 | 0.4312 | 0.0000 | 0.0000 | 0.0000 | 0.0000 | 2.0000 |

Panel B：女性财务高管的详细描述性统计

| 年度 | 2001 | 2002 | 2003 | 2004 | 2005 | 2006 | 2007 | 2008 | 2009 | 2010 |
|---|---|---|---|---|---|---|---|---|---|---|
| 观测值 | 1037 | 1091 | 1117 | 1211 | 1232 | 1264 | 1339 | 1406 | 1555 | 1873 |
| GFDUM = 1 | 217 | 239 | 252 | 273 | 286 | 289 | 314 | 322 | 388 | 503 |
| % ( GFDUM = 1) | 20.93 | 21.91 | 22.56 | 22.54 | 23.21 | 22.86 | 23.45 | 22.90 | 24.95 | 26.86 |
| GFNUM = 1 | 217 | 237 | 251 | 271 | 282 | 287 | 310 | 317 | 382 | 497 |
| % ( GFNUM = 1) | 20.93 | 21.72 | 22.47 | 22.38 | 22.89 | 22.71 | 23.15 | 22.55 | 24.57 | 26.53 |
| GFNUM = 2 | 0 | 2 | 1 | 2 | 4 | 2 | 4 | 5 | 6 | 6 |
| % ( GFNUM = 2) | 0.00 | 0.19 | 0.09 | 0.16 | 0.32 | 0.15 | 0.30 | 0.35 | 0.38 | 0.33 |

Panel C：变量间相关系数

| 变量 | ACC | CFO | DCFO | GFDUM | GFNUM |
|---|---|---|---|---|---|
| ACC | 1 | - 0.6965 *** | 0.4751 *** | 0.0151 * | 0.0157 * |
| CFO | - 0.5948 *** | 1 | - 0.6205 *** | 0.0132 | 0.0115 |
| DCFO | 0.4832 *** | - 0.6964 *** | 1 | - 0.0228 *** | - 0.0213 ** |
| GFDUM | 0.0074 | 0.0263 *** | - 0.0228 *** | 1 | 0.9935 *** |
| GFNUM | 0.0076 | 0.0258 *** | - 0.0225 *** | 0.9996 *** | 1 |

注：Panel C 中上半角为 Pearson 相关系数，下半角为 Spearman 相关系数，*** 、** 、* 分别代表在 1% 、5% 、10% 水平上显著（双尾）。

在 Panel A 中，应计项目 ACC 的平均值为 - 0.0032，相应的标准差（为 0.1178）是其平均值的 36.81 倍，不同公司之间应计项目波动明显。经营现金流 CFO 的 25% 分位数大于 0，表明超过 25% 的上市公司经营现金流入超过支出，*DCFO* 的平均值为 0.2027，进一步表明经营现金流为负的上市公司仅占到全部样本的 20.27%。此外，所有样本中拥有女性财务高管的上市公司大约占到 23.49% 的比例，平均每家公司有 0.2373 个女性财务高管。Panel B 报告了女性财务高管分年度的详细描述性统计结果。每年拥有女性财务高管的上市公司比例均超过了 20%，基本上呈现逐年增加的趋势，表现为从 2001 年的 20.93% 逐步上升到 2010 年的 26.86%，且拥有女性财务高管的上市公司家数也从 217 家上升至 503 家。女性财务高管人数 *GFNUM* 绝大多数情况下仅有 1 人（对应样本观测值个数为 3051），女性财务高管有 2 人的上市公司观测值仅有 32 个，仅约占 *GFDUM* = 1 观测值总数的 1%。Panel C 列示了主要变量间的相关系数，应计项目 *ACC* 与经营现金流 *CFO* 的 Pearson 和 Spearman 相关系数分别为 −0.6965 和 −0.5948，均在 1% 水平上显著，显然这一现象符合常理，营业利润通常由经营现金流和应计项目两部分组成，当营业利润基本一定时，二者之间表现为此增彼减的互补关系。女性财务高管（包括 *GFDUM* 和 *GFNUM*）与 *DCFO* 均显著负相关，一定程度上折射出女性财务高管更不偏好财务业绩较差的上市公司，这也从侧面支持了女性更加风险厌恶的特征。

## （二）多元回归结果分析

表 3−2 列示了女性财务高管与会计稳健性的 OLS 多元回归分析结果，其中 Panel A 和 Panel B 对应的测试变量分别为女性财务高管哑变量 *GFDUM* 和女性财务高管人数 *GFNUM*。由于我们的研究区间包含了 2001~2010 年，而在 2006 年 2 月 15 日，我国颁布了"立足国情、国际趋同"的新会计准则（刘玉廷，2007），并从 2007 年开始在我国上市公司全面实施，会计制度的变迁无疑会对某些会计项目产生较大影响，为了使得本节的研究结论更加稳健，我们进一步按照新会计准则实施前后将样本划分为 2001~2006 年和 2007~2010 年两个阶段。

表 3−2 女性财务高管与会计稳健性回归结果

| 变量 | Panel A：测试变量 = *GFDUM* | | | Panel B：测试变量 = *GFNUM* | | |
|---|---|---|---|---|---|---|
| | （1）2001 − 2010 | （2）2001 − 2006 | （3）2007 − 2010 | （4）2001 − 2010 | （5）2001 − 2006 | （6）2007 − 2010 |
| *C* | 0.0080 *** (5.9233) | 0.0093 *** (5.5110) | 0.0091 *** (4.2819) | 0.0081 *** (5.9841) | 0.0092 *** (5.5159) | 0.0092 *** (4.3657) |

| 变量 | Panel A：测试变量 = GFDUM | | | Panel B：测试变量 = GFNUM | | |
|---|---|---|---|---|---|---|
| | (1) 2001 - 2010 | (2) 2001 - 2006 | (3) 2007 - 2010 | (4) 2001 - 2010 | (5) 2001 - 2006 | (6) 2007 - 2010 |
| CFO | - 0.4158 *** ( - 39.0947) | - 0.5055 *** ( - 36.1336) | - 0.3449 *** ( - 22.0869) | - 0.4160 *** ( - 39.1362) | - 0.5053 *** ( - 36.1355) | - 0.3454 *** ( - 22.1299) |
| DCFO | 0.00065 (0.2512) | - 0.0142 *** ( - 4.4382) | 0.0147 *** (3.6488) | 0.0005 (0.1879) | - 0.0143 *** ( - 4.4566) | 0.0145 *** (3.6191) |
| CFO × DCFO | - 0.7694 *** ( - 37.6715) | - 0.6131 *** ( - 23.5282) | - 0.8952 *** ( - 28.9841) | - 0.7697 *** ( - 37.7200) | - 0.6133 *** ( - 23.5398) | - 0.8955 *** ( - 29.0413) |
| GF | 0.0102 *** (3.7599) | 0.0148 *** (4.4357) | 0.0066 (1.5639) | 0.0098 *** (3.6703) | 0.0148 *** (4.4749) | 0.0058 (1.4001) |
| GF × CFO | - 0.0576 *** ( - 2.8292) | - 0.1826 *** ( - 6.6976) | 0.0225 (0.7585) | - 0.0564 *** ( - 2.7810) | - 0.1830 *** ( - 6.7306) | 0.0247 (0.8386) |
| GF × DCFO | 0.0043 (0.8268) | - 0.0077 ( - 1.1427) | 0.0119 (1.5417) | 0.0048 (0.9532) | - 0.0074 ( - 1.1055) | 0.0122 (1.6337) |
| GF × CFO × DCFO | 0.1402 *** (4.1446) | 0.2103 *** (4.3908) | 0.1186 ** (2.4742) | 0.1401 *** (4.1633) | 0.2110 *** (4.4087) | 0.1171 ** (2.4608) |
| No(Obs) | 13125 | 6952 | 6173 | 13125 | 6952 | 6173 |
| Adj R² | 0.5566 | 0.5615 | | 0.5566 | 0.5615 | 0.5746 |
| P Value | 0.0000 | 0.0000 | | 0.0000 | 0.0000 | 0.0000 |

注：*** 、** 、* 分别代表在 1%、5%、10% 水平上显著（双尾）。

Panel A 中第（1）列报告了整个样本区间的女性财务高管存在与否 GF-DUM 对于会计稳健性的影响，其中 GFDUM × CFO × DCFO 项在 1% 水平上显著大于 0（对应系数 = 0.1402，T 值 = 4.1446），说明了拥有女性财务高管的上市公司会计稳健性水平显著大于没有女性财务高管的上市公司。当我们将样本区间划分为 2001 ~ 2006 年和 2007 ~ 2010 年两个阶段后，如第（2）列和第（3）列所示，GFDUM × CFO × DCFO 项分别在 1%（对应系数 = 0.2103，T 值 = 4.3908，P 值 = 0.0000）和 5%（系数 = 0.1186，T 值 = 2.4742，P 值 = 0.0134）水平上显著为正，反映出无论是在新会计准则实施前还是在新会计准则实施后，女性财务高管均显著促进了会计稳健性的提升，换言之，女性财务高管影响会计稳健性并没有受到新会计准则实施的影响，我们的研究结论是稳健的。上述经验证据均表明假设 H3 - 1 得到了支持，女性相较于男性而言，通常更为谨慎小心，这一典型行为特征会反映到会计政策制定和执行上，即会对好消息（相对于坏消息）的确认要求更为严格，从而使得会计信息呈现稳健性特征。Panel B 的结果与 Panel A 基本保持了一致，不再赘述。

表 3-3 按照最终控制人性质的不同，将所有样本观测值区分为国有企业和民营企业两组。在 CCER 和色诺芬联合开发的中国经济金融数据库中，将最终控制人分为国有控股（国有企业）、民营控股（民营企业）、外资控股、集体控股、社会团体控股、职工持股会控股和不能识别 7 类，我们选取国有控股和民营控股两类典型企业进行对比分析，删除了产权界定介于国有控股和民营控股之间（包括外资控股、集体控股、社会团体控股和职工持股会控股）及不能识别最终控制人的上市公司，最后剩下 8579 个国有企业观测值和 3966 个民营企业观测值，占到全部样本观测值个数的 95.58%。

表 3-3　　　女性财务高管与会计稳健性：基于企业性质的分组检验

| 变量 | Panel A：测试变量 = GFDUM | | | | Panel B：测试变量 = GFNUM | | | |
|---|---|---|---|---|---|---|---|---|
| | （1）国有企业 | | （2）民营企业 | | （3）国有企业 | | （4）民营企业 | |
| | 系数 | T 值 | 系数 | T 值 | 系数 | T 值 | 系数 | T 值 |
| $C$ | 0.0059 *** | 4.1318 | 0.0169 *** | 5.5302 | 0.0059 *** | 4.1437 | 0.0169 *** | 5.5669 |
| $CFO$ | -0.4595 *** | -39.8374 | -0.3566 *** | -15.9019 | -0.4597 *** | -39.8744 | -0.3564 *** | -15.9041 |
| $DCFO$ | -0.0053 * | -1.8802 | 0.0062 | 1.1330 | -0.0055 ** | -1.9659 | 0.0062 | 1.1349 |
| $CFO \times DCFO$ | -0.6825 *** | -29.2615 | -0.8642 *** | -21.6892 | -0.6834 *** | -29.3279 | -0.8643 *** | -21.7059 |
| $GF$ | 0.0135 *** | 4.5780 | 0.0014 | 0.2420 | 0.0134 *** | 4.5998 | 0.0010 | 0.1778 |
| $GF \times CFO$ | -0.1656 *** | -7.1699 | 0.0729 * | 1.8348 | -0.1642 *** | -7.1366 | 0.0726 * | 1.8388 |
| $GF \times DCFO$ | -0.0064 | -1.0833 | 0.0190 * | 1.8807 | -0.0055 | -0.9488 | 0.0189 * | 1.9115 |
| $GF \times CFO \times DCFO$ | 0.1793 *** | 4.5308 | 0.0910 | 1.4462 | 0.1808 *** | 4.5981 | 0.0906 | 1.4468 |
| No(Obs) | 8579 | | 3966 | | 8579 | | 3966 | |
| Adj $R^2$ | 0.5842 | | 0.5438 | | 0.5842 | | 0.5437 | |
| P Value | 0.0000 | | 0.0000 | | 0.0000 | | 0.0000 | |

注：***、**、* 分别代表在 1%、5%、10% 水平上显著（双尾）。

在 Panel A 中报告了国有企业和民营企业的女性财务高管哑变量对于会计稳健性的影响，在国有企业中（对应第（1）列），$GFDUM \times CFO \times DCFO$ 项系数等于 0.1793，T 值等于 4.5308，在 1% 水平上显著大于 0；在第（2）列民营企业样本回归结果中，$GFDUM \times CFO \times DCFO$ 项系数尽管大于 0，但不显著

（系数 = 0.0910，T 值 = 1.4462，P 值 = 0.1482）；上述经验证据支持了假设 H3 - 2，女性财务高管提高了国有企业的会计稳健性，而对民营企业的会计稳健性则无显著影响。我们进一步采用 T 检验对组间系数差异予以测试，结果显示 T 值 = 4.6860，在 1% 水平上显著，表明在国有企业中女性财务高管对会计稳健性的影响显著大于民营企业。Panel B 的发现与 Panel A 基本一致，不再赘述。

我们进一步采用与表 3 - 2 相类似的处理方法，将样本区间划分为 2001 ~ 2006 年和 2007 ~ 2010 年两个阶段（限于篇幅未予以相告，备索），重复表 3 - 3 的回归分析，结果显示在 2001 ~ 2006 年国有企业样本的 *GFDUM* × *CFO* × *DCFO* 项系数 = 0.1632，T 值 = 2.4881，P 值 = 0.0129，民营企业样本的 *GFDUM* × *CFO* × *DCFO* 项系数 = - 0.0109，T 值 = - 0.0982，P 值 = 0.9218；2007 ~ 2010 年国有企业样本的 *GFDUM* × *CFO* × *DCFO* 项系数 = 0.1143，T 值 = 1.8815，P 值 = 0.0600，民营企业样本的 *GFDUM* × *CFO* × *DCFO* 项系数 = 0.0873，T 值 = 1.1261，P 值 = 0.2602；上述经验证据进一步支持了假设 H3 - 2。当采用 *GFNUM* 测试时，*GFNUM* × *CFO* × *DCFO* 的发现与前述结果基本一致，不再赘述。

### （三） 敏感性测试

为了使得本节的研究结论更加稳健，我们进行了以下敏感性测试：

（1）应计项目的计算通常对应两种计算方法（杜兴强等，2010），分别等于（营业利润 - 经营现金净流量）/期初总资产（对应表 3 - 2 和 3 - 3 测试所采用的方法）和（净利润 - 经营现金净流量）/期初总资产，我们进一步采用应计项目的第二种计算方法进行回归分析，结论没有改变。

（2）由于监管环境和会计准则上的差异，删除同时发行 B/H/N 股的交叉上市公司，剩余 12007 个样本观测值，重复表 3 - 2 和表 3 - 3 的回归分析，除显著性略有变化外，研究结论基本保持一致。

## 五、研究结论与进一步研究方向

女性行为特征会对包括财务报告在内的企业经济活动产生重要的影响，本节以财务高管为切入点，实证分析了女性财务高管对会计稳健性的影响。研究结果表明女性财务高管显著提高了会计稳健性水平，且这一关系受到企业性质的影响，表现为国有企业的女性财务高管对稳健性产生了显著为正的影响，而在民营企业女性高管对稳健性则无显著影响，且在国有企业中女性财务高管对会计稳健性的影响程度显著高于民营企业。我们的实证分析有助于深入理解女性行为特征的经济后果研究，并为会计稳健性的影响因素提供了增量的经验证据。

近些年来，国家的相关层面一直重视发展女性人才、培养女性高管，这是现代社会文明进步的重要特征之一，反映在本节上，女性（财务）高管会产生提高会计信息质量（稳健性）、保护投资者利益的积极效果。女性高管相对于男性高管而言，通常体现出更为谨慎、细致和风险规避等特征，这些行为特征无疑会影响到一系列企业行为，而会计稳健性仅是其中的一方面。未来研究可以考虑女性高管对盈余管理、信息透明度甚至企业投资行为的影响，这也是本节未来进一步的研究方向。

## 第二节　女性高管与盈余管理

女性高管与会计行为之间的关系问题已成为理论界和实务界关注的焦点之一。本节以中国资本市场 2007～2012 年的 A 股上市公司为样本，实证分析了女性高管对盈余管理程度的影响。研究发现：（1）总体而言，女性高管显著增加了盈余管理程度；（2）女性关键高管（董事长和总经理）调节了女性高管与盈余管理之间的正相关关系；（3）在国有企业中，女性关键高管的调节作用显著增强。研究结果表明，中国情境下女性高管抑制盈余管理的积极作用受到限制，但当存在女性关键高管尤其在国有企业中，女性高管的受限程度会减弱。

## 一、引言

女性高管广泛存在，致同会计师事务所（Grant Thornton）发布的报告《女性高管：增长的阶段》[①] 显示，全球范围内女性高管比例在 2013 年已达

---

① 详见 http：//www. internationalbusinessreport. com/files/ibr2013_wib_report_final. pdf，英文报告名称为 "Women in Senior Management：Setting the Stage for Growth"。

24%，相对于 2012 年而言增长了 3%。女性在风险偏好、社会偏好和竞争行为等方面与男性之间表现出明显的差异（Croson and Gneezy, 2009），具体表现为女性更加厌恶风险（Bernasek and Shwiff, 2001）、道德标准要求更高（Reiss and Mitra, 1998）、更加乐于助人（Eagly and Crowley, 1986）、更多从社会问题角度进行投票（Goertzel, 1983），且在廉政测试中得分更高（Ones and Viswesvaran, 1998），跨国的经验研究发现女性议员占比越多，腐败越少（Dollar et al., 2001）。上述女性特征已经对会计行为产生了广泛的影响，如古尔等（Gul et al., 2011）研究发现女性董事显著提升了股价信息含量，弗朗西斯等（Francis et al., 2009）的分析揭示女性 CFO 报告经营业绩信息时更加稳健。盈余管理是典型的会计行为之一，长期以来一直是理论界的重点研究领域之一，而关于女性高管与盈余管理之间的关系目前受到的关注程度略显不足，仅瑟瓦迪和黄（Thiruvadi and Huang, 2011）、格威斯等（Gavious et al., 2012）等少数文献围绕这一主题展开研究，且上述研究大多是以欧美等发达国家的资本市场为背景，国内外制度环境和政策法规的较大差异导致国外的研究结论未必适合中国的现实国情，因此很有必要结合中国的女性高管实际发展状况展开深入分析。

基于中国资本市场的女性高管发展历程和现实，本节深入分析女性高管对盈余管理程度的影响，在此基础上进一步检验女性关键高管（包括董事长和总经理）的调节作用及其在不同性质企业中的差异。相较于先前的国内外文献而言，本节可能的贡献之处体现在：（1）在中国，女性高管的发展路径、所处环境和现实状况与国外呈现出明显不同，根据路径依赖理论，上述差异将会对女性高管的作用发挥产生深远影响。与国外文献的研究结论相反（Thiruvadi and Huang, 2011；Gavious et al., 2012），本节的研究结论揭示女性高管非但没有降低盈余管理程度，反而导致了盈余管理程度的显著提升。因此本节尝试结合中国的独特制度背景和环境展开分析，为新兴经济体中女性高管与盈余管理之间关系研究提供了增量的经验证据。（2）先前关于女性高管的文献大多认为不同女性高管之间不存在差异（任颋和王峥，2010；杜兴强和冯文滔，2012），这显然难以同现实状况相吻合，本节拓展了女性高管的度量方法，将女性高管区分为女性（普通）高管和女性关键高管（董事长和总经理）两个层级，并进一步注意到二者之间的差异，有助于增进对中国情境中女性高管行为的理解。（3）企业性质差异会在一定程度上直接影响到高管决策行为，如菲恩等（Firth et al.，2010）发现在股权分置改革中国有股权为了尽快完成股权分置改革会显著提升对价支付比率，陆正飞等（2012）发现国有企业支付了更高的职工工资。本节的研究揭示女性关键高管在国有企业中的调节作用更高，因此本节从女性高管视角丰富了关于企业产权性质经济后果这一领域的相关文献。

## 二、文献综述、理论分析与研究假设

### （一）文献综述

布什曼和史密斯（Bushman and Smith，2001）指出会计盈余在企业一系列契约形成过程中发挥着重要作用，高管人员会利用自身信息优势对会计盈余进行有目的性地操纵、从而满足会计盈余数据的契约动机（蔡祥等，2003），早期基于高管人员视角的盈余管理影响因素研究大多围绕这一维度展开。如高管人员为了获得薪酬利益最大化而平滑前后期会计盈余（Healy，1985；Holthausen et al.，1995），在股票行权前进行负向盈余管理以降低股票价格（Bartov and Mohanram，2004；肖淑芳等，2009），在发生高管变更时新任 CEO 通过相机盈余管理来美化企业经营业绩（杜兴强和周泽将，2010；林永坚等，2013）。

近些年来，随着行为科学的兴起，以心理学理论为基础、基于高管性别视角的盈余管理研究文献正在逐渐增多。通常认为女性在决策过程中风险厌恶程度和道德要求层次更高（Reiss and Mitra，1998；Bernasek and Shwiff，2001），提高了公司治理水平（Adams and Ferreira，2009），因此女性董事会导致更低的盈余管理水平，大多数经验证据支持了上述观点。克里希南和帕森斯（Krishnan and Parsons，2007）分析女性高管是否通过盈余管理影响了公司业绩，结果表明女性高管不仅改善了业绩，而且提升了盈余质量；斯里尼迪等（Srinidhi et al.，2011）发现女性董事显著降低了应计盈余管理程度，王霞等（2011）发现当公司 CFO 是女性时财务重述概率更低，瑟瓦迪和黄（Thiruvadi and Huang，2011）的研究揭示女性审计委员会成员会显著增加负向盈余管理程度，格威斯等（Gavious et al.，2012）的研究则表明在高新技术行业女性董事与盈余管理程度之间呈现负相关关系。

## （二）理论分析与研究假设

与国外发达的市场经济相比，在我国女性高管所处的文化传统、发展历程和现实状况均呈现出较大差异，这将在一定程度上制约女性高管抑制盈余管理作用的发挥。具体而言，在中国历史上，长期以来不重视女性在经济发展中的作用，往往将女性的角色更多地定位于家庭，这一点从"贤妻良母"、"女子无才便是德"等习惯用语可窥见一斑。在男尊女卑的文化传统影响下，女性的社会地位无法得到提升，因此难以在经济建设中发挥"半边天"的作用。新中国成立后，尽管这一状况在党的方针、政策推动下有所改变，但不可忽视的是，女性参与实际经济运作的时间不长，决策经验有待进一步丰富。目前，女性高管在上市公司中仍然较为匮乏。依据表 3 - 4 中国上市公司女性高管分布基本情况的统计分析，尽管从 2007 ~ 2012 年平均女性高管数目、比例和女性关键高管比例均呈现出逐年增加的趋势，但是平均女性高管数目、比例和女性关键高管比例仅分别为 2.6773、15.27% 和 8.94%，相对于男性高管而言微不足道。

表 3 - 4　　　　中国上市公司女性高管分布基本情况 (2007 ~ 2012 年)

| 变量 | 2007 年 | 2008 年 | 2009 年 | 2010 年 | 2011 年 | 2012 年 | 合计 |
|---|---|---|---|---|---|---|---|
| $N$ | 1033 | 1134 | 1222 | 1247 | 1392 | 1772 | 7800 |
| $FEMN$ | 2.4724 | 2.5441 | 2.5925 | 2.5613 | 2.6624 | 3.0339 | 2.6773 |
| $FEMR$ | 14.13% | 14.31% | 14.79% | 15.28% | 15.89% | 16.40% | 15.27% |
| $FEM\_KEY$ | 7.65% | 7.50% | 8.27% | 9.06% | 9.70% | 10.38% | 8.94% |

注：$FEMN$ 为女性高管数目，$FEMR$ 为女性高管比例，$FEM\_KEY$ 为女性关键高管（董事长或总经理）比例。

为了便于理解，依据中国现实合理地假定：（1）高管人员数目 N 是外生变量，N 由除女性高管外的公司规模、企业性质、经营业务复杂程度等因素决定；（2）女性高管数目等于 A，当 A 增多时，男性高管数目 N - A 会相应减少；（3）所有决策均是由全体高管做出，按照多数同意规则进行决策。当高管性别相同时，由于社会隔阂减少、思维方式同质性将会使得人员之间交流更加顺畅，从而意见达成一致的可能性大幅增加（Westphal and Milton，2000）。承接上文的分析，通常女性高管数目难以超过男性高管数目，此时，女性高管的合理决策方式是采用"用脚投票"，因为即使女性高管内部达成一致，如若和男性高管的意见存在冲突时，则难以最终通过，在这种情况下，企业的会计政策选择往往为男性高管所控制；此时，女性高管增加时，男性高管会减少，男性高管内部达成一致的可能性上升，而男性相对而言更加偏好经济利益、权力上升和个人外在表现（Betz et al.，1989），进而采取盈余管理行为以牟取上述私利的可能性上升。此外，少数女性高管的加入可能会增大内部分歧、降低内部决策效率（Gul et al.，2011），使公司治理水平相应降低，从而盈余管理程度得以增加。综上所述，本节提出假设 H3 - 3：

H3 - 3：限定其他条件，女性高管与盈余管理程度显著正相关。

在企业中，不同类型、不同层级的高管人员在会计信息生产过程中的权力存在着较大差异，董事长和总经理（关键高管）通常拥有更多的话语权。《公司法》第二章第二节规定经理可以"提请聘任或者解聘公司副经理、财务负责人"、董事会"根据经理的提名决定聘任或者解聘公司副经理、财务负责人"；《会计法》第一章第四条规定"单位负责人对本单位的会计工作和会计资料的真实性、完整性负责"。因此当关键高管为女性时，即使女性高管人数较少、比例不高，其女性领导风格将会对群体决策过程和结果产生重要影响（Peterson，1997）。因此可以合理地预期，女性关键高管决策风格中的风险厌恶、道德标准等因素，在一定程度上将减少女性高管与盈余管理程度之间的正相关关系。基于上述分析，本节提出假设 H3 - 4：

H3 - 4：限定其他条件，女性关键高管调节了女性高管与盈余管理程度之间的正相关关系。

女性高管在不同性质企业中的形成路径迥异，依据路径依赖理论，形成路径的差异将会影响到女性高管的行为和决策。具体而言，国有企业改革近些年来一直强调建立产权明晰、权责分明的现代企业制度，国资委及相关主管部门制定出台了一系列政策法规，逐步采用市场化招聘的方式选用高管人员，这将在很大程度上约束国有企业高管人员的行为，相应地，国有企业的女性高管尤其是关键女性高管的风险预防、责任承担等意识将会明显增加。而民营企业则不然，高管人员大部分情况下是由具有血缘关系或裙带关系的家族成员担任，而非基于满足企业实际管理需要、市场化选择结果，在这种情况下，高管往往更多的是扮演"装点门面"的角色，难以发挥实质性的作用。周泽将（2012）研究发现源于形成路径的差异，女性财务高管主要在国有企业中显著提升了会计稳健性，而在民营企业则无显著影响。同样地，可以合理预期在国有企业中女性关键高管的调节作用将会更强。综上所述，本节提出假设 H3 - 5：

H3 - 5：限定其他条件，在国有企业中，女性关键高管对女性高管与盈余管理之间的调节作用显著增强。

## 三、样本选择与研究模型

### （一）样本选择

本节以中国资本市场 2007～2012 年的全部 A 股上市公司为初始样本，之所以选择从 2007 年开始的原因在于，我国上市公司从 2007 年 1 月 1 日开始执行新企业会计准则，新旧会计准则之间的差异会影响到盈余管理程度计算的可比性。在此基础上，进一步按照如下规则进行样本筛选：（1）剔除处于 ST、*ST 等异常交易状态的观测值；（2）剔除同时发行外资股（包括 B/H/N 股）的观测值；（3）剔除资不抵债（资产负债率大于 1）的观测值；（4）剔除金融保险行业的观测值；（5）剔除数据缺失的观测值。最终剩余 7800 个样本观测值，2007～2012 年的观测值数目分别为 1033、1134、1222、1247、1392 和 1772。为了减弱极端值可能带来的影响，我们对所有连续变量在上下 1% 分位数进行了 Winsorize 缩尾处理。本节研究所需要的女性高管数据系对 CSMAR 数据库下高管动态子数据库手工整理而得，企业性质数据取自 CCER 数据库，其余数据均来源于 CSMAR 数据库。

### （二）研究模型

参考德省等（Dechow et al.，1995）、薄仙慧和吴联生（2009）的研究设计，本节采用分行业分年度的截面修正琼斯模型计算盈余管理程度。其中制造业由于上市公司所占比例较大、不同子行业公司之间差异明显，我们按照二级行业代码进行分类，处于 C2（木材、家具）行业的公司较少，因此将其并入 C9（其他制造业）行业。具体而言，第一步分行业、分年度估计模型（3 - 2）的系数 $\alpha_0$、$\alpha_1$ 和 $\alpha_2$。

$$TA_t/ASSET_{t-1} = \alpha_0(1/ASSET_{t-1}) + \alpha_1(\Delta REV_t/ASSET_{t-1}) +$$
$$\alpha_2(PPE_t/ASSET_{t-1}) + \varepsilon_t \qquad (3-2)$$

在模型（3-2）中，$TA_t$ 为第 $t$ 年应计项目，等于营业利润与经营现金净流量之差；$ASSET_{t-1}$ 为第 $t-1$ 年期末资产账面价值；$\Delta REV_t$ 为第 $t$ 年营业收入变动额；$PPE_t$ 为第 $t$ 年固定资产账面净值。第二步，将模型（3-2）估计得到的行业/年度系数 $\alpha_0$、$\alpha_1$ 和 $\alpha_2$ 带入模型（3-3），计算正常应计利润额 $NDA_t$。

$$NDA_t = \alpha_0(1/ASSET_{t-1}) + \alpha_1(\Delta REV_t - \Delta REC_t/ASSET_{t-1}) +$$
$$\alpha_2 \ (PPE_t/ASSET_{t-1}) \ + \varepsilon_t \qquad (3-3)$$

其中，$\Delta REC_t$ 为第 $t$ 年应收账款变动额。进一步地，操控性应计利润 $DA_t = TA_t/ASSET_{t-1} - NDA_t$，本节取操控性应计利润绝对值 $ABSDA$ 度量盈余管理程度（陈武朝，2013）。

为了检验假设 H3-3，本节构建如下模型（3-4）。

$$ABSDA = \beta_0 + \beta_1 FEM + \beta_2 FIRST + \beta_3 BIG4 + \beta_4 OPIN + \beta_5 STATE +$$
$$\beta_6 MKT + \beta_7 ROA + \beta_8 LEV + \beta_9 GROW + \beta_{10} SIZE +$$
$$\beta_{11} LAGTA + \sum INDUS + \sum YEAR + \varepsilon \qquad (3-4)$$

在模型（3-4）中，$FEM$ 代表女性高管，作为本节主要的测试变量，参考周泽将等（2012），采用三种方式加以度量：女性高管虚拟变量 $FEMD$、女性高管赋值变量 $FEMN$ 和女性高管比例变量 $FEMR$。控制变量方面，参考薄仙慧和吴联生（2009）、斯里尼迪等（Srinidhi et al.，2011）、陈武朝（2013）的研究设计，选取以下公司治理和公司特征变量：第一大股东持股比例 $FIRST$、外部审计师 $BIG4$、审计意见 $OPIN$、企业性质 $STATE$、市场化程度 $MKT$、资产收益率 $ROA$、资产负债率 $LEV$、企业成长性 $GROW$、公司规模 $SIZE$、滞后一期应计项目 $LAGTA$、行业 $INDUS$ 和年度 $YEAR$。其中，市场化程度代表外部制度环境，取自樊纲等（2011）编制的《中国市场化指数——各地区市场化相对进程 2011 年报告》，本节将上市公司市场化程度赋值为注册地所在省份的市场化指数，值得注意的是，樊纲等（2011）未提供 2010~2012 年的市场化指数数据，由于各年度之间变化不大，因此以 2009 年该上市公司所在地区的市场化指数作为近似替代。

在模型（3-4）的基础上，模型（3-5）进一步放入女性关键高管 $FEM\_KEY$ 及 $FEM \times FEM\_KEY$ 交乘项，按照假设 H3-4 的陈述，女性关键高管将会调节女性高管与盈余管理程度之间的正相关关系，因此预期 $FEM \times FEM\_KEY$ 交乘项系数 $\gamma_2$ 显著小于 0。

$$ABSDA = \beta_0 + \beta_1 FEM + \gamma_1 FEM\_KEY + \gamma_2 FEM \times FEM\_KEY + \beta_2 FIRST +$$
$$\beta_3 BIG4 + \beta_4 OPIN + \beta_5 STATE + \beta_6 MKT + \beta_7 ROA +$$
$$\beta_8 LEV + \beta_9 GROW + \beta_{10} SIZE + \beta_{11} LAGTA +$$
$$\sum INDUS + \sum YEAR + \varepsilon \qquad (3-5)$$

为了检验假设 H3 – 5，在模型（3 – 6）中进一步构建 $FEM \times FEM\_KEY \times STATE$ 交乘项，比较女性关键高管调节作用在国有企业和民营企业之间的差异。按照假设 H3 – 5 的预期，$FEM \times FEM\_KEY \times STATE$ 交乘项系数 $\gamma_3$ 应显著小于 0。各主要变量的详细定义见表 3 – 5。

$$ABSDA = \beta_0 + \beta_1 FEM + \gamma_1 FEM\_KEY + \gamma_2 FEM \times FEM\_KEY + \gamma_3 FEM \times$$
$$FEM\_KEY \times STATE + \beta_2 FIRST + \beta_3 BIG4 + \beta_4 OPIN +$$
$$\beta_5 STATE + \beta_6 MKT + \beta_7 ROA + \beta_8 LEV + \beta_9 GROW +$$
$$\beta_{10} SIZE + \beta_{11} LAGTA + \sum INDUS + \sum YEAR + \varepsilon \qquad (3-6)$$

表 3 – 5                                          变量及定义

| 变量 | 变量定义 |
|------|---------|
| ABSDA | 按照修正的 Jones 模型分行业分年度计算出的操控性应计利润绝对值（具体计算过程见正文） |
| FEMD | 女性高管虚拟变量，若女性高管所占比例超过中位数，赋值为 1，否则 0 |
| FEMN | 女性高管赋值变量，等于女性高管的总人数 |
| FEMR | 女性高管比例变量，等于女性高管数目除以全部高管总人数 |
| FEM_KEY | 女性关键高管变量，若董事长或总经理中至少一人为女性时，赋值为 1，否则 0 |
| FIRST | 第一大股东持股比例，等于第一大股东持股数除以总股数 |
| BIG4 | 若外部审计师为国际四大，赋值为 1，否则 0 |
| OPIN | 若外部审计师出具非标准审计意见，赋值为 1，否则 0 |
| STATE | 若企业最终控制人为国有性质，赋值为 1，否则 0 |
| MKT | 制度环境，赋值上市公司注册地所在省份的市场化指数，参考了樊纲等（2011） |
| ROA | 资产收益率，等于营业利润除以期末总资产 |
| LEV | 资产负债率，等于期末总负债除以期末总资产 |
| GROW | 企业成长性，等于（本期营业收入 – 上一期营业收入）/上一期营业收入 |
| SIZE | 公司规模，等于期末总资产的自然对数 |
| LAGTA | 滞后一期的应计项目（营业利润 – 经营活动现金净流量）/上一期资产账面价值 |
| INDUS | 行业虚拟变量，参照证监会的标准，涉及 12 个行业，设置 11 个行业虚拟变量 |
| YEAR | 年度虚拟变量，涉及 6 个年度，设置 5 个年度虚拟变量 |

## 四、实证研究结果及分析

### （一）描述性统计

表 3 - 6 列示了主要变量的描述性统计结果。（1）被解释变量 $ABSDA$ 的最小值和最大值分别为 0.0008 和 0.3507，标准差和平均值大致相当，反映出不同公司之间的盈余管理程度存在较大差异。（2）测试变量 $FEMN$ 的最小值为 0、中位数为 2，反映出一半以上的公司女性高管数目小于等于 2 人；$FEMR$ 的均值为 0.1527、75% 分位数为 0.2143，表明 3/4 的公司女性高管所占比例不到 25%；$FEM\_KEY$ 的均值为 0.0894，表明女性董事长或总经理的公司比例仅达到 8.94%；上述结果联合揭示了女性高管在中国上市公司中所占比例较低。（3）控制变量方面：$FIRST$ 均值为 0.3637，说明上市公司股权集中度仍然保持较高水平；$BIG4$ 的均值分别为 0.0333，揭示出选择"国际四大"的公司所占比例较低；$STATE$ 的均值为 0.5726，反映出国家控股上市公司是我国证券市场的主要组成部分；$ROA$ 的最大值和最小值分别为 0.2392 和 -0.1493，折射出上市公司之间的盈利状况波动较为明显；$GROW$ 的均值达到 0.2321，表明整体上而言上市公司的成长性较高；$SIZE$ 的均值和标准差分别为 21.7670 和 1.1055，说明总体上公司规模的变异较小。

表 3 - 6　　　　　　　　　　变量的描述性统计

| 变量 | N | 平均值 | 标准差 | 最小值 | 25% 分位 | 中位数 | 75% 分位 | 最大值 |
|---|---|---|---|---|---|---|---|---|
| $ABSDA$ | 7800 | 0.0683 | 0.0677 | 0.0008 | 0.0213 | 0.0477 | 0.0913 | 0.3507 |
| $FEMD$ | 7800 | 0.5031 | 0.5000 | 0.0000 | 0.0000 | 1.0000 | 1.0000 | 1.0000 |
| $FEMN$ | 7800 | 2.6773 | 1.8382 | 0.0000 | 1.0000 | 2.0000 | 4.0000 | 12.0000 |
| $FEMR$ | 7800 | 0.1527 | 0.1042 | 0.0000 | 0.0714 | 0.1364 | 0.2143 | 0.4545 |
| $FEM\_KEY$ | 7800 | 0.0894 | 0.2853 | 0.0000 | 0.0000 | 0.0000 | 0.0000 | 1.0000 |
| $FIRST$ | 7800 | 0.3637 | 0.1534 | 0.0909 | 0.2373 | 0.3446 | 0.4771 | 0.7498 |
| $BIG4$ | 7800 | 0.0333 | 0.1795 | 0.0000 | 0.0000 | 0.0000 | 0.0000 | 1.0000 |
| $OPIN$ | 7800 | 0.0209 | 0.1431 | 0.0000 | 0.0000 | 0.0000 | 0.0000 | 1.0000 |
| $STATE$ | 7800 | 0.5726 | 0.4947 | 0.0000 | 0.0000 | 1.0000 | 1.0000 | 1.0000 |
| $MKT$ | 7800 | 8.8768 | 2.0877 | 0.3800 | 7.3900 | 8.9300 | 10.5500 | 11.8000 |
| $ROA$ | 7800 | 0.0437 | 0.0610 | -0.1493 | 0.0120 | 0.0374 | 0.0715 | 0.2392 |

| 变量 | N | 平均值 | 标准差 | 最小值 | 25%分位 | 中位数 | 75%分位 | 最大值 |
|---|---|---|---|---|---|---|---|---|
| LEV | 7800 | 0.4830 | 0.1974 | 0.0570 | 0.3374 | 0.4979 | 0.6360 | 0.8701 |
| GROW | 7800 | 0.2321 | 0.6078 | -0.7039 | -0.0101 | 0.1384 | 0.3147 | 4.6239 |
| SIZE | 7800 | 21.7670 | 1.1055 | 19.5154 | 20.9540 | 21.6561 | 22.4563 | 24.8874 |
| LAGTA | 7800 | -0.0003 | 0.0840 | -0.2305 | -0.0487 | -0.0037 | 0.0443 | 0.2592 |

## （二）相关性分析

主要变量之间的 Pearson 相关性分析结果如表 3 - 7 所示。ABSDA 与 FEMD、FEMN、FEMR 之间均在 1% 水平上显著正相关，一定程度上揭示出女性高管会导致较高的盈余管理程度，初步支持了假设 H3 - 3。ABSDA 与 STATE 的相关系数等于 -0.0555，在 1% 水平上显著，揭示出国有企业的盈余管理水平较低，与薄仙慧和吴联生（2009）的研究发现基本一致。FEM_KEY 同女性高管变量（包括 FEMD、FEMN 和 FEMR）之间均显著正相关，可能的原因在于当董事长或总经理为女性时，她们往往倾向于选择更多女性参与企业高管团队；此外，STATE 与 FEMD、FEMN、FEMR 及 FEM_KEY 均显著负相关，表明国有企业中女性高管相对较少。以上仅是单变量分析的结果，更为深入严谨的分析有待下文控制其他影响因素下的多元回归分析结果。

表 3 - 7 　　　　　　　　主要变量的 Pearson 相关性分析

| 变量 | ABSDA | FEMD | FEMN | FEMR | FEM_KEY | STATE |
|---|---|---|---|---|---|---|
| ABSDA | 1 | | | | | |
| FEMD | 0.0526 *** | 1 | | | | |
| FEMN | 0.0337 *** | 0.7469 *** | 1 | | | |
| FEMR | 0.0697 *** | 0.7877 *** | 0.9201 *** | 1 | | |
| FEM_KEY | 0.0557 *** | 0.2152 *** | 0.2594 *** | 0.2876 *** | 1 | |
| STATE | -0.0555 *** | -0.1740 *** | -0.1009 *** | -0.2153 *** | -0.0927 *** | 1 |

注：*、**、*** 分别代表在 10%、5%、1% 水平上显著（双尾）。

## （三）多元回归结果

表 3 - 8 列示了女性高管与盈余管理程度之间的多元回归分析结果，第（1）列～第（3）列分别对应测试变量 FEMD、FEMN 和 FEMR。各模型的 F

值均在1%水平上显著，调整 $R^2$ 值在0.10附近，模型的整体效果良好。

表3－8 　　　　　　　　　女性高管与盈余管理程度

| 变量 | 预期符号 | (1) FEMD | | (2) FEMN | | (3) FEMR | |
|---|---|---|---|---|---|---|---|
| | | 系数 | T 值 | 系数 | T 值 | 系数 | T 值 |
| C | ? | 0.0949 *** | 5.1454 | 0.0968 *** | 5.2457 | 0.0859 *** | 4.6087 |
| FEM | + | 0.0044 *** | 2.8545 | 0.0009 ** | 2.0593 | 0.0321 *** | 4.2301 |
| FIRST | + | 0.0161 *** | 3.1085 | 0.0167 *** | 3.2189 | 0.0163 *** | 3.1560 |
| BIG4 | − | − 0.0038 | − 0.9099 | − 0.0039 | − 0.9358 | − 0.0039 | − 0.9296 |
| OPIN | + | 0.0151 *** | 2.8977 | 0.0151 *** | 2.9107 | 0.0150 *** | 2.8858 |
| STATE | − | − 0.0067 *** | − 4.0076 | − 0.0071 *** | − 4.2387 | − 0.0062 *** | − 3.6960 |
| MKT | − | 0.0000 | − 0.0817 | 0.0000 | 0.0153 | 0.0000 | − 0.0277 |
| ROA | + | 0.0660 *** | 4.5900 | 0.0659 *** | 4.5800 | 0.0651 *** | 4.5268 |
| LEV | + | 0.0369 *** | 7.4919 | 0.0368 *** | 7.4766 | 0.0370 *** | 7.5104 |
| GROW | + | 0.0172 *** | 13.6481 | 0.0171 *** | 13.6185 | 0.0172 *** | 13.6644 |
| SIZE | - | − 0.0027 *** | − 3.1208 | − 0.0028 *** | − 3.2553 | − 0.0025 *** | − 2.8068 |
| LAGTA | + | 0.0712 *** | 7.6473 | 0.0712 *** | 7.6516 | 0.0715 *** | 7.6849 |
| INDUS | | 控制 | | 控制 | | 控制 | |
| YEAR | | 控制 | | 控制 | | 控制 | |
| N | | 7800 | | 7800 | | 7800 | |
| Adj $R^2$ | | 0.0997 | | 0.0992 | | 0.1008 | |
| F 值（P 值） | | 32.9735（0.0000） | | 32.8124（0.0000） | | 33.3753（0.0000） | |

注：* 、 ** 、 *** 分别代表在10%、5%、1%水平上显著（双尾）。

第（1）列 FEMD 系数 = 0.0044、T 值 = 2.8545，在1%水平上显著为正；同样地，第（2）列 FEMN（系数 = 0.0009，T 值 = 2.0593）、第（3）列 FEMR（系数 = 0.0321，T 值 = 4.2301）分别在5%和1%显著大于0；上述结果联合揭示出女性高管比例越大、人数越多，盈余管理程度越高，支持了假设 H3－3。现阶段，我国的女性高管市场起步较晚、发展相对不成熟，较低的女性高管参与企业管理可能是导致盈余管理程度上升的重要诱因之一。

控制变量方面：第一大股东持股比例与盈余管理程度显著正相关，可能的原因在于第一大股东利用自身的股权优势、进行盈余管理以牟取控制权私利；当审计师发表非标准审计意见时，盈余管理程度较高，符合理论预期；与薄仙慧和吴联生（2009）的发现相类似，国有企业的盈余管理程度显著更低，经营业绩与盈余管理程度显著正相关；资产负债率越高，成长性越强，企业面临的融资压力越大，因此越有可能通过盈余管理以满足外部融资的业绩要求；公司规模与盈余管理程度显著负相关，可能是由于规模大的企业公司治理机制相对更加完善所致；滞后一期的应计项目在 1% 水平上与盈余管理程度正相关，揭示出会计盈余的反转特征。

表 3 − 9 进一步列示了女性关键高管在女性高管与盈余管理程度之间发挥调节作用的多元回归分析结果，第（1）列 ～ 第（3）列分别对应交乘项 $FEMD \times FEM\_KEY$、$FEMN \times FEM\_KEY$ 和 $FEMR \times FEM\_KEY$。第（1）列 $FEMD \times FEM\_KEY$ 在 10% 水平上显著为负（系数 = − 0.0135，T 值 = − 1.9435），第（2）列 $FEMN \times FEM\_KEY$ 在 5% 水平上显著为负（系数 = − 0.0033，T 值 = − 2.4861），第（3）列 $FEMR \times FEM\_KEY$ 在 5% 水平上显著为负（系数 = − 0.0521，T 值 = − 2.1986），上述结果联合表明女性关键高管降低了女性高管与盈余管理程度之间的正相关关系，支持了假设 H3 − 4。尽管中国的女性高管由于数目较少、比例较低提升了盈余管理程度，但是女性关键高管发挥的作用是一般高管所无法替代的，因此在某种程度上女性关键高管会发挥其独特的女性优势（如道德要求高、更加风险规避等）进而降低了女性高管提高盈余管理的程度。控制变量方面与表 3 − 8 保持高度一致，不再赘述。

表 3 − 9　　女性高管与盈余管理程度：女性关键高管的调节作用

| 变量 | 预期符号 | (1)FEMD | | (2)FEMN | | (3)FEMR | |
|---|---|---|---|---|---|---|---|
| | | 系数 | T 值 | 系数 | T 值 | 系数 | T 值 |
| $C$ | ? | 0.0930 *** | 5.0442 | 0.0943 *** | 5.1040 | 0.0837 *** | 4.4832 |
| $FEM$ | + | 0.0046 *** | 2.8587 | 0.0010 ** | 2.2887 | 0.0353 *** | 4.2831 |
| $FEM\_KEY$ | ? | 0.0161 ** | 2.5355 | 0.0182 *** | 3.0749 | 0.0159 ** | 2.5523 |
| $FEM \times FEM\_KEY$ | − | − 0.0135 * | − 1.9435 | − 0.0033 ** | − 2.4861 | − 0.0521 ** | − 2.1986 |
| $FIRST$ | + | 0.0159 *** | 3.0646 | 0.0162 *** | 3.1241 | 0.0160 *** | 3.0892 |
| $BIG4$ | − | − 0.0037 | − 0.8786 | − 0.0040 | − 0.9435 | − 0.0039 | − 0.9351 |
| $OPIN$ | + | 0.0151 *** | 2.8997 | 0.0154 *** | 2.9533 | 0.0151 *** | 2.9153 |
| $STATE$ | − | − 0.0067 *** | − 3.9757 | − 0.0071 *** | − 4.2228 | − 0.0063 *** | − 3.7391 |
| $MKT$ | − | 0.0000 | − 0.1228 | 0.0000 | − 0.1207 | 0.0000 | − 0.1165 |
| $ROA$ | + | 0.0654 *** | 4.5475 | 0.0658 *** | 4.5716 | 0.0651 *** | 4.5292 |
| $LEV$ | + | 0.0367 *** | 7.4636 | 0.0369 *** | 7.4952 | 0.0370 *** | 7.5167 |
| $GROW$ | + | 0.0172 *** | 13.6438 | 0.0171 *** | 13.5928 | 0.0172 *** | 13.6369 |

| 变量 | 预期符号 | (1) FEMD | | (2) FEMN | | (3) FEMR | |
|---|---|---|---|---|---|---|---|
| | | 系数 | T 值 | 系数 | T 值 | 系数 | T 值 |
| SIZE | - | - 0.0027 *** | - 3.0350 | - 0.0027 *** | - 3.1443 | - 0.0024 *** | - 2.7185 |
| LAGTA | + | 0.0707 *** | 7.5941 | 0.0708 *** | 7.6035 | 0.0712 *** | 7.6572 |
| INDUS | | 控制 | | 控制 | | 控制 | |
| YEAR | | 控制 | | 控制 | | 控制 | |
| N | | 7800 | | 7800 | | 7800 | |
| Adj R² | | 0.1003 | | 0.1001 | | 0.1013 | |
| F 值 （P 值） | | 30.9674 （0.0000） | | 30.9172 （0.0000） | | 31.3186 （0.0000） | |

注：*、**、*** 分别代表在 10%、5%、1% 水平上显著（双尾）。

表 3 - 10 报告了国有企业和民营企业之间女性关键高管调节作用差异比较的多元回归结果，在此处我们重点关注交乘项 $FEM \times FEM\_KEY \times STATE$。第（1）列 $FEMD \times FEM\_KEY \times STATE$ 项在 5% 水平上显著为负（系数 = - 0.0133，T 值 = - 2.3378），第（2）列 $FEMN \times FEM\_KEY \times STATE$ 项在 5% 水平上显著为负（系数 = - 0.0026，T 值 = - 2.2824），第（3）列 $FEMR \times FEM\_KEY \times STATE$ 项在 1% 水平上显著为负（系数 = - 0.0589，T 值 = - 2.9080），第（1）列~第（3）列结果联合揭示出国有企业相对于民营企业而言，女性关键高管对女性高管与盈余管理之间的调节作用进一步增强，支持了假设 H3 - 5。在国有企业中，经理人约束机制逐步完善、高管人员的责任担当和风险意识不断增强，进而降低女性高管选择激进会计政策的可能性，盈余管理程度相应降低，这一点也可由控制变量中国有企业的盈余管理程度更低窥见一斑。

表 3 - 10　女性高管、女性关键高管与盈余管理程度：不同性质企业间的差异

| 变量 | 预期符号 | (1) FEMD | | (2) FEMN | | (3) FEMR | |
|---|---|---|---|---|---|---|---|
| | | 系数 | T 值 | 系数 | T 值 | 系数 | T 值 |
| C | ? | 0.0912 *** | 4.9403 | 0.0930 *** | 5.0367 | 0.0820 *** | 4.3916 |
| FEM | + | 0.0047 *** | 2.9364 | 0.0010 ** | 2.2999 | 0.0361 *** | 4.3832 |
| FEM_KEY | ? | 0.0161 ** | 2.5410 | 0.0191 *** | 3.2114 | 0.0195 *** | 3.0680 |
| FEM × FEM_KEY | - | - 0.0082 | - 1.1248 | - 0.0024 * | - 1.7637 | - 0.0443 * | - 1.8557 |
| FEM × FEM_KEY × STATE | - | - 0.0133 ** | - 2.3378 | - 0.0026 ** | - 2.2824 | - 0.0589 *** | - 2.9080 |

| 变量 | 预期符号 | (1) FEMD | | (2) FEMN | | (3) FEMR | |
|------|---------|---------|------|---------|------|---------|------|
| | | 系数 | T 值 | 系数 | T 值 | 系数 | T 值 |
| *FIRST* | + | 0.0155*** | 2.9772 | 0.0159*** | 3.0485 | 0.0155*** | 2.9916 |
| *BIG4* | − | − 0.0041 | − 0.9677 | − 0.0043 | − 1.0134 | − 0.0043 | − 1.0312 |
| *OPIN* | + | 0.0147*** | 2.8262 | 0.0149*** | 2.8633 | 0.0146*** | 2.8140 |
| *STATE* | − | − 0.0056*** | − 3.2442 | − 0.0061*** | − 3.5251 | − 0.0051*** | − 2.9085 |
| *MKT* | − | 0.0000 | − 0.0297 | 0.0000 | − 0.0266 | 0.0000 | − 0.0061 |
| *ROA* | + | 0.0649*** | 4.5147 | 0.0651*** | 4.5212 | 0.0644*** | 4.4811 |
| *LEV* | + | 0.0366*** | 7.4399 | 0.0370*** | 7.5073 | 0.0370*** | 7.528 |
| *GROW* | + | 0.0172*** | 13.6403 | 0.0171*** | 13.5989 | 0.0171*** | 13.6362 |
| *SIZE* | − | − 0.0026*** | − 2.9598 | − 0.0027*** | − 3.1108 | − 0.0023*** | − 2.6717 |
| *LAGTA* | + | 0.0703*** | 7.5538 | 0.0704*** | 7.5640 | 0.0707*** | 7.6007 |
| *INDUS* | | 控制 | | 控制 | | 控制 | |
| *YEAR* | | 控制 | | 控制 | | 控制 | |
| N | | 7800 | | 7800 | | 7800 | |
| Adj $R^2$ | | 0.1008 | | 0.1006 | | 0.1022 | |
| F 值（P 值） | | 30.1345（0.0000） | | 30.0765（0.0000） | | 30.5855（0.0000） | |

注：*、**、*** 分别代表在 10%、5%、1% 水平上显著（双尾）。

### （四）敏感性测试

为了使得研究结论更加稳健和可靠，本节进行了如下敏感性测试（限于篇幅未报告详细结果，如有需要可向作者索取）。

（1）部分研究发现女性 CEO 而非女性董事长提高了股票价格信息含量（Gul et al.，2011）、女性 CEO 而非女性 CFO 降低了股价崩盘风险（李小荣和刘行，2012），换言之，由于 CEO 负责企业日常经营管理、将关键高管限于 CEO（总经理）可能更为合适，因此本节采用女性 CEO（*FCEO*）进行敏感性测试。多元回归结果显示：*FEMD* × *FCEO*（系数 = − 0.0203，T 值 = − 2.3615）、*FEMN* × *FCEO*（系数 = − 0.0033，T 值 = − 2.0953）和 *FEMR* × *FCEO*（系数 = − 0.0593，T 值 = − 2.0577）均在 5% 水平上显著小于 0；*FEMD* × *FCEO* × *STATE*（系数 = − 0.0157，T 值 = − 2.1986）、*FEMN* × *FCEO* × *STATE*（系数 = − 0.0028，T 值 = − 2.0037）和 *FEMR* × *FCEO* × *STATE*（系数 = − 0.0631，T 值 = − 2.5252）也在 5% 水平上显著小于 0；上述结果支持了假设 H3 − 4 和假设 H3 − 5。

（2）参考杜兴强和冯文滔（2012）的研究设计，为了更好度量男女高管的离散程度，本节构建女性高管 Blau 指数（$FBLAU = 1 - FEMR^2 - (1 - FEMR)^2$），重复表 3 - 7、表 3 - 8 和表 3 - 9 的研究，详细回归结果如下：$FBLAU$ 在 1% 水平上显著大于 0（系数 = 0.0262，T 值 = 4.3907），$FBLAU \times FEM\_KEY$ 在 5% 水平上显著小于 0（系数 = - 0.0469，T 值 = - 1.9640），$FBLAU \times FEM\_KEY \times STATE$ 在 1% 水平上显著小于 0（系数 = - 0.0408，T 值 = - 2.7372），上述结果支持了假设 H3 - 3、假设 H3 - 4 和假设 H3 - 5。

（3）鉴于部分文献认为度量盈余管理程度时应当区分不同盈余管理方向（Hribar and Nichols，2007；薄仙慧和吴联生，2009），因此本节进一步按照操控性应计利润的符号将样本划分为正向盈余管理子样本和负向盈余管理子样本，重复表 3 - 7、表 3 - 8 和表 3 - 9 的回归分析。结果表明，在正向盈余管理子样本中 $FEM$ 符号为正，$FEM \times FEM\_KEY$ 符号为负，$FEM \times FEM\_KEY \times STATE$ 符号为负；而在负向盈余管理子样本中，$FEM$ 符号为负，$FEM \times FEM\_KEY$ 符号为正，$FEM \times FEM\_KEY \times STATE$ 符号为正；上述结果揭示除显著性略有变化外，在两个子样本中符号均符合预期，假设 H3 - 3、假设 H3 - 4 和假设 H3 - 5 得到进一步支持。

## 五、研究结论、政策建议与未来进一步研究方向

引入女性高管、增加女性高管比例作为近些年来世界范围内改善公司治理的重要措施之一，其能否有效降低盈余管理程度关系到会计信息质量的提升乃至投资者利益保护。本节以 2007 ~ 2012 年的中国资本市场 A 股上市公司为样本，手工整理女性高管数据，采纳虚拟变量、赋值和比例三种方法度量女性高管，实证研究女性高管对盈余管理程度的影响，在此基础上，进一步着力分析女性关键高管和企业性质的交互作用。研究发现，女性高管显著增加了盈余管理程度，但当存在女性关键高管时，女性高管对盈余管理的促进作用有所降低，且这一关系在国有企业中表现的更加明显。本节丰富了转轨经济背景下新兴资本市场女性高管经济后果的相关文献，有助于加深对于高管性别是如何影响盈余管理程度这一颇为重要理论问题的认识。

本节具有重要的政策启示意义：（1）研究表明，与西方成熟市场经济有所不同，在中国女性高管非但没有抑制盈余管理，相反还显著促进了企业进

行盈余管理。造成这一差异的原因可能在于现阶段我国企业中女性高管仍不普遍，未来应进一步加强女性高管队伍培育和建设，提升女性高管履行职能的基本素质，使其切实发挥女性管理者的积极作用。（2）研究结果发现，女性关键高管一定程度上可以抑制女性高管提高盈余管理程度的负面作用发挥，因此在培养和壮大女性（普通）高管队伍的同时，我们应重视女性关键高管由于领导风格所发挥的带头表率作用。（3）国有企业和民营企业之间女性（关键）高管与盈余管理程度关系存在显著差异，揭示出外部环境是影响女性高管积极作用发挥的重要前提，因此创造市场选拔、权责相当的女性高管聘任机制是促进其改进公司治理的重要环节。

限于研究主题，本节存在如下局限性：（1）除盈余管理外，会计信息质量包括其他多维度量方式，如及时性、稳健性、相关性等，本节并未分析女性高管对其他信息质量特征的影响，进一步地，女性高管对不同信息质量特征的影响是否呈现出差异、原因何在？（2）尽管研究表明女性高管增加了盈余管理程度，但是本节并没有深入分析女性高管影响盈余管理的途径和方式，此外，除本节所研究的应计项目盈余管理，女性高管是否会影响到真实活动盈余管理。以上内容将是本节未来进一步研究的方向。

# 第三节　CEO vs CFO：女性高管能否抑制财务舞弊行为

女性高管已经对企业决策产生了重要影响。本节以中国资本市场 2000～2012 年的 A 股上市公司为样本，实证分析了女性高管及其不同类型与财务舞弊行为之间的关系。研究表明：总体上而言，女性高管显著抑制了财务舞弊行为；区分女性高管类型后，发现女性 CFO 对于财务舞弊产生了抑制作用，与之相反，女性 CEO 则促进了财务舞弊行为的发生，女性其他高管对财务舞弊的影响不显著，且女性 CEO 的影响力高于女性 CFO。进一步将研究区间划分为《企业会计准则》（2006）实施前后两个阶段发现，上述效应主要存在于《企业会计准则》（2006）实施后阶段。本节的研究结论揭示，在中国鼓励发挥女性高管积极作用的同时，应该制定女性高管的分类监管政策和完善女性高管履职的外部制度。

# 一、引言

近年来，大量文献关注到企业决策中性别差异的重要性，如女性董事有利于完善公司治理（Adams and Ferreira，2009），女性 CEO 可以显著降低股价崩盘风险（李小荣和刘行，2012），女性经理人更少进行并购和债务融资（Huang and Kisgen，2013），女性 CFO 报告的会计信息具有更高的稳健性（Francis et al.，2014）。导致上述结果的原因主要在于女性高管①的风险厌恶、不过度自信和道德要求等内在特质。在中国，女性高管作为企业决策行为中的一支重要力量正在异军突起，致同会计师事务所发布的《IBR 2014 企业中的女性：职场之路》②报告显示，中国企业中女性高管所占比例已达到38%，远高于国际社会24%和美国企业22%的平均水平。

与国外成熟资本市场面临的情况不同，中国传统文化中的女性地位不高，角色大多定位于"相夫教子"的家庭角色，女性社会地位的大幅提升发生在新中国成立后尤其是改革开放以来。1995 年 7 月 27 日第四次世界妇女大会召开前夕，国务院印发了我国第一部妇女发展专门规划《中国妇女发展纲要》（1995～2000 年），在这其中"增加妇女就业人数，扩大妇女就业领域"、"保障妇女与男子平等的就业权利"作为妇女发展的具体目标被加以陈述。在其后的《中国妇女发展纲要》（2001～2010 年）则进一步明确提出"结合建立现代企业制度的实践，注意培养和发现高层次的女性管理人才"，而《中国妇女发展纲要》（2011～2020 年）则要求"企业董事会、监事会成员及管理层中的女性比例逐步提高"。由上述三个发展纲要可以窥探出中国政府对于女性高管的培养正在日益重视和明晰化③。与此同时，纲要中所涉

---

① 参照杜兴强和冯文滔（2012）、周泽将等（2012），本书的女性高管包括财务年报上所披露的董事、监事和其他高管在内的全部女性成员。

② 资料来源：http：//www. grantthornton. cn/cn/Publications/International% 20business% 20report/2014/index. html。

③ 尽管国家政策层面的方针及纲要可能对于国有企业的影响更大，但是依据本文的数据统计，2000～2012 年国有企业中女性高管的平均人数和比例分别为 2.3603 和 0.1297，非国有企业女性高管的平均人数和比例分别为 2.7165 和 0.1685，甚至呈现出非国有企业女性高管的自发需求更为普遍的情形。进一步地，在后续测试中增加女性高管与企业产权性质的交乘项，结果显示这一交乘项并不显著，支持了女性高管之于财务舞弊的作用不会因产权性质差异而表现不同。

及的女性高管正在逐步从国有企业拓展至包括民营企业在内的全部主体，这一点可以从《中国妇女发展纲要》（2001~2010 年）要求的"国有企业要积极探索在企业董事会、监事会、经理等决策、管理层发挥妇女民主参与的新形式，提高企业领导班子成员中的女性比例"到《中国妇女发展纲要》（2011~2020 年）中规定的"企业董事会、监事会成员及管理层中的女性比例逐步提高"目标窥见一斑。在上述宏观层面政策的刺激下，短时间内快速成长的中国女性高管群体能否发挥特有的女性高管决策优势、提高企业决策质量，抑或仅仅是充当门面、满足合规要求的"玻璃花瓶"，这一点在目前尚无定论。基于此，本节选择从女性高管能否抑制财务舞弊行为的视角展开分析，意欲为科学评价中国情境下女性高管的作用提供增量的经验证据。

本节选择以 2000~2012 年的中国资本市场 A 股上市公司为对象，采用逻辑回归（Logit）和排序逻辑回归（Ordered Logit）的方法，对女性高管与财务舞弊行为之间的关系展开分析。在具体研究过程中，我们所关注的问题是：相较于男性高管而言，女性高管是否具有社会公众和政府机构所期望的决策优势？具体到本节，即女性高管是否可以降低财务舞弊行为的概率和程度。如果可以降低，由于会计行为中的决策权力主要集中于 CEO 和 CFO 两类高管，那么上述作用在不同的女性高管群体之间是否存在系统性差异？此外，在研究区间内，中国会计准则不断完善，尤其是《企业会计准则》（2006）的颁布实施，在这一重要法律法规的出台前后企业信息环境发生实质性改变，这一变化将会对女性高管与财务舞弊之间的关系造成何种影响？本节将采用实证研究方法依次对上述问题进行回答。

相对于以往的研究，本节的理论意义主要体现在以下两个方面：（1）现有文献中关于女性高管影响会计行为的研究多集中于盈余管理、会计稳健性和财务重述等维度（Krishnan and Parsons，2008；王霞等，2011；Francis et al.，2014），本节从性质更为恶劣、影响更为广泛的财务舞弊角度入手，剖析女性高管的决策优势，拓展了女性高管经济后果的文献，为旨在提高女性地位、消除性别差异的女性经济学研究提供了经验证据支持。（2）女性高管的决策行为会受限于其所处环境，本节通过考察财务舞弊行为的重要外部约束因素会计准则变迁对女性高管与财务舞弊之间关系的影响，进而丰富了高管情境决策的相关文献。此外，本节的研究具有较强的实践意义：（1）由于 CEO 和 CFO 的升迁路径和激励机制不同，因而对会计行为的影响也会存在差异。而鲜有文献关注到二者之间的差异，先前的文献往往将着眼点聚焦于 CEO 和 CFO 中某一类群体（Lee and James，2007；Francis et al.，2014），本节将女性高管区分为 CEO、CFO 和其他高管三种类型分别进行研究，有助于增进对于不同职位女性高管之间差异的理解。（2）本节将研究区间划分为《企业会计准则》（2006）实施前后两个阶段，研究女性高管的财务舞弊抑制作用在实施前后是否有显著差异，进而可以帮助会计准则制定机构进一步深入理解《企业会计准则》（2006）的实施效果。

## 二、文献综述、理论分析和假设发展

### （一）文献综述

在现代企业制度安排中，所有权与经营权的分离加大了所有者监督成本，使得企业决策权力更多地掌握在 CEO 等高管人员手中，这一点在股权分散时尤为突出（Shleifer and Vishny，1986）。此时，企业高管的个人特征将在很大程度上直接影响到企业行为（Hambrick and Mason，1984），性别作为个人特征的重要维度之一，将其作为测试变量（即女性高管）进行考察与女性经济学的兴起有很大关系。目前，按照女性高管的影响机理和理论基础进行粗线条式的划分，可以大致将女性高管的相关文献分为风险厌恶与企业行为、不过度自信与企业行为以及伦理道德与企业行为三个方面。换言之，大多数文献都是围绕女性的内在特征是否在高管决策中有所体现展开实证检验。

（1）风险厌恶与企业行为。一般传统观点认为女性相对男性而言更加厌恶风险，那么女性高管在企业决策中是否呈现出这一特征已经引起大量的国内外文献关注。马丁等（Martin et al.，2009）以 1992～2007 年的 70 例女性 CEO 变更为分析对象，发现任命女性 CEO 后由于其厌恶风险的管理风格导致风险显著降低，而且风险高的企业更倾向于聘任女性 CEO 以降低经营风险。李小荣和刘行（2012）研究发现女性 CEO 显著降低了股价崩盘风险，且 CEO 的权力、年龄等增加了上述风险降低效应。祝继高等（2012）的研究表明女性董事在金融危机时期更倾向于减少投资水平和长期借款以规避经营风险。李世刚（2013）的研究揭示女性高管由于风险规避显著降低了企业过度投资。弗朗西斯等（Francis et al.，2014）发现当 CFO 发生变更时，由于风险规避效应女性 CFO 采取了更加稳健的会计报告策略。菲瑟欧等（Faccio et al.，2014）的研究显示女性 CEO 经营的企业财务杠杆低、盈余波动小、生存概率高，且当 CEO 由男性变更为女性时，企业承担的风险显著下降，上述证据说明女性更加厌恶风险。

（2）不过度自信与企业行为。不过度自信是女性决策另一典型特征，这将会在一定程度上导致企业行为中的性别差异。巴伯和欧丁（Barber and Odean，2001）认为过度自信将会导致投资者交易增加，如果男性过度自信程度较高，相应地其市场交易将会增加，作者以 1991 年 2 月 ~1997 年 1 月 35000 户家庭为研究对象，发现男性的交易量超过女性的幅度高达 45%，支持了男性在经济决策中更为过度自信。李世刚（2014）研究揭示女性高管能显著减少上市公司发生过度自信的可能性，由此将进一步降低投资现金流敏感性和内部融资偏好。黄和基斯根（Huang and Kisgen，2013）发现女性高管由于过度自信程度低，从而通过外部并购和发行债券进行扩张的动机减弱。莱维等（Levi et al.，2014）分析发生在 1997 ~2009 年标普 1500 公司中并购事项，发现每增加一位女性董事时，并购溢价下降 7.6%，而当并购委员会中每增加一位女性董事代表时，并购溢价下降幅度更是高达 15.4%，从而间接证实了女性董事在决策中更为不过度自信。

（3）伦理道德与企业行为。性别社会化理论认为男女性由于完全不同的道德发展历程而会表现出对待工作的不同价值倾向，价值倾向反过来会影响到男女性的道德和行为。通常，男性更偏好金钱、提拔、权力和个人表现的有形度量，而女性则更关注和谐的关系和帮助他人（Betz et al.，1989）。威廉姆斯（Williams，2003）的研究表明女性董事将会导致慈善捐赠显著增加，且女性董事的这一效应在不同捐赠项目上存在差异，主要表现在社区服务和艺术方面。曼勒（Manner，2010）进一步发现女性 CEO 会导致更高的企业社会责任绩效。佩尼和瓦哈玛（Peni and Vähämaa，2010）研究发现女性 CFO 会基于道德考量进行更多的负向可操纵性盈余管理，上述策略符合女性的风险规避特征。杜兴强和冯文滔（2012）研究揭示女性高管进行慈善捐赠的幅度更高，周泽将（2014）发现女性董事同样可以促进慈善捐赠，且促进作用在国有企业中显著降低。

由上述文献可知，女性决策的风险厌恶、不过度自信和伦理道德等内在特征已经为众多女性高管的实证研究文献所支持，由此可以合理预期，女性高管的上述决策特征将会抑制财务舞弊行为的发生，但是依据目前所掌握的文献资料，尚未有文献对女性高管与财务舞弊之间的关系展开系统研究。财务舞弊是公司通过准备和发布重大错误财务报告欺骗或误导公开财务报告使用者尤其是投资者和借款人的蓄意行为（Rezaee，2005），其性质恶劣、会在一定程度上影响投资者信心乃至证券市场的稳定，传统上关于这一领域的研究更多是围绕公司治理机制与财务舞弊之间的关系展开（Beasley，1996；Agrawal and Chadha，2005；Chen et al.，2006；杨清香等，2009），也缺乏从高管性别特征视角展开的理论研究。鉴于上述原因，充分发掘女性高管在抑制财务舞弊中的作用显得尤为必要。

**（二）女性高管与财务舞弊**

高阶理论认为人的认知能力存在一定局限性，高管人员同样如此，其背景特征将会影响到企业战略选择和组织绩效（Hambrick and Mason，1984）。具体到女性高管，其典型的女性决策特征也会对企业财务舞弊行为产生重要影响，在中国情境下，传统文化中的"三从四德"等妇道观念更可能会使得女性高管的上述效应更加显著。

相对于男性高管而言，女性高管可以从如下三个方面抑制企业财务舞弊行为的发生。

（1）风险厌恶。财务舞弊通常表明面临遭受处罚的风险增加，辛清泉等（2013）发现2003~2010年发生的106宗上市公司虚假陈述案中共计有2391人次董事受到处罚，这不仅意味着高管个人经济上的损失，更可能会直接影响到其市场声誉乃至身陷牢狱之灾，公司也将会由此出现价格波动而使整体价值受损（杨忠莲和谢香兵，2008）。进一步地，财务舞弊更容易受到媒体的关注（Dyck et al.，2010），这将扩大财务舞弊的负面效应，使得公司的市场风险显著增加。当女性高管预期到上述经济后果时，出于风险厌恶的本能，且基于声誉效应的考虑（Brammer et al.，2009），其进行财务舞弊的概率和程度将会降低。

（2）伦理道德。在工作方式上，女性和男性表现迥异。通常，女性更倾向于帮助他人，而男性则更重视金钱和职位提升，因此女性对道德标准要求更高（Reiss and Mitra，1998），在工作中为了获得经济利益而参与不道德行为的可能性较低（Krishnan and Parsons，2008）。经验证据揭示在廉政测试中女性得分更高（Ones and Viswesvaran，1998），女性议员占比越多，腐败越少（Dollar et al.，2001）。伯纳迪等（Bernardi et al.，2009）对美国财富500强公司进行调查分析后发现拥有女性董事的公司更可能入选进入"世界最佳道德公司"排行榜。财务舞弊会损害股东和投资者的利益，这不符合女性高管的决策伦理，因此女性高管会抑制财务舞弊行为。

（3）公司治理。女性高管在改善公司治理中往往会倾注更多精力，亚当斯和费雷拉（Adams and Ferreira，2009）发现女性董事出席董事会会议的频率更高，加入董事会下设专门委员会的概率更大。在中国情境下，女性更加勤劳和忠于职守，据贝恩资本的职场平等调查报告①揭示，中国女性就业率为73%，且希望成为企业高管的女性比例也达到72%，领先于英、美等发达国家。因此，可以合理预期中国企业中的女性高管工作会更加投入，公司治理质量也会相应提高。此外，女性董事将会通过增加董事会内部交流和减少内部冲突以提升董事会的有效性（Nielsen and Huse，2010），而完善的公司治理将降低财务舞弊的发生概率和严重程度。

综上所述，本节提出假设 H3 - 6：

H3 - 6：限定其他条件，女性高管与企业财务舞弊显著负相关。

### （三）女性高管类型与财务舞弊

在女性高管内部，不同类型女性高管对企业财务舞弊行为的影响存在明显差异。一般认为，CEO 的主要职责在于重要的企业日常经营决策，CFO 作为企业财务负责人，关注的重点则相对集中于会计信息生产和重要财务决策，CFO 决策一定程度上会受限于 CEO，因此 CEO 和 CFO② 一样在企业财务舞弊行为中发挥着举足轻重的作用（Chava and Purnanandam，2010；Jiang et al.，2010；李小荣和刘行，2012）。但是由于经济利益和责任承担上的差

---

① 转引自 http://news.xinhuanet.com/edu/2014 - 11/30/c_127262898.htm。

② 部分文献认为董事长在企业经营决策中同样作用不可忽视，因此本文在补充测试中，进一步将女性高管区分为女性 CEO、女性 CFO、女性董事长和女性其他高管，发现女性董事长这一变量并不显著。可能的原因在于董事长更多地负责企业战略、经营方针等重大决策事项，而企业财务决策和会计信息生产等日常企业经营更少地受到董事长的干预。从另一角度，董事长应代表股东利益，不能也不应该直接参与破坏股东利益的企业财务舞弊当中。

异，女性 CEO 和女性 CFO 对于财务舞弊的作用机理存在较大差异。

在现代企业中，为了实现激励相容，较为有效的措施之一便是施行业绩同薪酬相挂钩（Murphy，1985），因此在内部机制设计中 CEO 薪酬尤其是股票期权等明显具备激励性特征薪酬的获取主要取决于企业经营业绩。在国有企业中，业绩之于 CEO 而言则更为重要①，将会直接影响到 CEO 的晋升和仕途。所以，一般情况下 CEO 非常重视经营业绩的提升。而业绩改善除了可以通过正常的经营活动实现外，部分 CEO 为了自身利益实现会铤而走险，采用激进的会计政策乃至财务舞弊，李培功和肖珉（2012）的研究揭示中国上市公司的 CEO 平均任期为 3.58 年，大多在一个聘期内结束，如此之短的 CEO 任期将会进一步激发其采取财务舞弊手段以获取短期利益最大化。在女性从普通员工成长为 CEO 的过程中，需要弥补性别所致的性格短板、打破"玻璃天花板效应"的能力（Glass Ceiling Effect）和胜任 CEO 工作的阅历（Davies - Netzley，1998；Oakley，2000）。较多的经验研究文献表明女性 CEO 在决策中已经呈现出同男性 CEO 相同的风格与方式（Offermann and Beil，1992），以获取男性化社会中的认可和支持（Kawakami，2000）。女性 CEO 为了使公司业绩表现更好，获得个人经济利益和资本市场的认可，上述决策风格将会导致其同男性 CEO 相比，有过之而无不及，反而会促进财务舞弊行为的发生。

女性 CFO 与女性 CEO 相比，呈现出以下典型特征：（1）CFO 的升迁路径大多数都是从基础的会计核算工作起步，谨慎性作为会计核算工作的灵魂之一，这一特点将会使得 CFO 在决策中更加谨慎和规避风险（Watts，2003）。当 CFO 为女性时，谨慎性将会进一步增强。（2）在企业经营中，CFO 对会计行为的影响更为直接且作用更大（Jiang et al.，2010）。由此将会导致 CFO 相对于 CEO 而言，承担着更为高昂的法律成本，势必会降低其进行财务舞弊的动机（Feng et al.，2011）。（3）在薪酬激励契约的缔结过程中，CFO 薪酬同企业经营业绩的相关性较低，主要是由会计信息生产过程中的最终产出物盈余质量所决定（毛洪涛和沈鹏，2009）。而在另一重要激励制度——股权激励的实施过程中，CEO 的股权和期权占总报酬比率要显著高

---

① 《中央企业领导人员管理暂行规定》中突出考核的业绩导向，在考评内容中赋予经营业绩50% 的权重。

于 CFO（林大庞和苏冬蔚，2012）。由此可以得知，CFO 由于个人利益较小而更不情愿采取财务舞弊行为，相反，考虑到风险规避效应和法律成本问题，CFO 进行财务舞弊的动机相对较弱。

综上所述，本节提出假设 H3 - 7 和假设 H3 - 8：

H3 - 7：限定其他条件，女性 CEO 与企业财务舞弊显著正相关。

H3 - 8：限定其他条件，女性 CFO 与企业财务舞弊显著负相关。

## 三、研究设计

### （一）研究模型与变量定义

为了检验假设 H3 - 6，参考毕思雷（Beasley，1996）、陈等（Chen et al.，2006）、杨清香等（2009）的研究，本节构建如下的模型（3 - 7）：

$$FRAUD = \beta_0 + \beta_1 FEMALE + \beta_2 FIRST + \beta_3 BOARD + \beta_4 DUAL +$$
$$\beta_5 NATURE + \beta_6 SIZE + \beta_7 LOSS + \beta_8 LIST + \beta_9 LEV +$$
$$\beta_{10} LONG + \beta_{11} AGE + YEAR + INDUS + \varepsilon \qquad (3-7)$$

其中，FRAUD 为财务舞弊，本节采用是否发生财务舞弊 FDUM 进行测度[①]，并进一步使用受罚程度 FDEG 补充测试。具体地，若上市公司发生财务舞弊，FDUM 赋值为 1，否则 0；借鉴郝玉贵和陈奇薇（2012）的做法，FDEG 按照如下方法赋值：根据 CSMAR 系统上市公司违规数据库，若公司当年未因财务舞弊受罚，赋值 0；若仅有高管受罚而公司未受罚或公司受罚类型为"其他"，赋值 1；若公司受罚类型为批评或谴责，赋值 2；若公司受罚类型为警告、罚款或没收违法所得，赋值 3；同时受多种处罚的取最严重的受罚类型，一年内多次受罚采用受罚程度最严重的一次。FEMALE 为测试变量女性高管，文中主要有三种度量方式：女性高管数量 FE_NUM、女性高管哑变量 FE_DUM 和女性高管比例 FE_RAT。此外，模型（3 - 7）控制了以下因素的影响：公司治理变量（第一大股东持股 FIRST、董事会规模 BOARD、两职合一 DUAL 和最终控制人性质 NATURE）、公司特征变量（公司规模 SIZE、是否发生亏损 LOSS、公司交易状态 LIST、资产负债率 LEV 和

---

① 上市公司的财务舞弊过程一般难以发现，在经验研究中通常采用上市公司是否受到有关部门处罚作为近似替代。

企业上市年限 *LONG*)、高管平均年龄 *AGE*①、年度虚拟变量 *YEAR* 和行业虚拟变量 *INDUS*。

　　为了检验假设 H3 – 7 和假设 H3 – 8，在模型（1）的基础上，进一步将女性高管 *FEMALE* 区分为女性 CEO（对应 *FE_CEO*）、女性财务高管（对应 *FE_CFO*）和女性其他高管（对应 *FE_OTH*)②，构建模型（3 – 8)：

$$FRAUD = \beta_0 + \gamma_1 FE\_CEO + \gamma_2 FE\_CFO + \gamma_3 FE\_OTH + \beta_2 FIRST +$$
$$\beta_3 BOARD + \beta_4 DUAL + \beta_5 NATURE + \beta_6 SIZE + \beta_7 LOSS +$$
$$\beta_8 LIST + \beta_9 LEV + \beta_{10} LONG + \beta_{11} AGE +$$
$$YEAR + INDUS + \varepsilon \qquad\qquad (3-8)$$

　　模型（3 – 8）中的因变量和控制变量同模型（3 – 7）一致，不再赘述。当因变量为 *FDUM* 时，模型（3 – 7）和模型（3 – 8）采用 Logit 回归模型。当因变量为 *FDEG* 时，模型（3 – 7）和模型（3 – 8）采用 Ordered Logit 回归模型。具体的变量定义如表 3 – 11 所示，相关数据处理采用 SAS 9. 1 和 Stata 12. 1 软件。

表 3 – 11　　　　　　　　　　　　　　　变量定义

| 变量 | 变量名称 | 定义 |
|---|---|---|
| *FDUM* | 是否舞弊 | 若公司发生财务舞弊行为，赋值为 1，否则赋值为 0 |
| *FDEG* | 舞弊严重程度 | 依据公司是否受罚以及受罚的严重程度，分别赋值为 0，1，2，3 |
| *FE_NUM* | 女性高管数量 | 女性高管的实际人数 |
| *FE_DUM* | 女性高管哑变量 | 若公司有女性高管，赋值为 1，否则赋值为 0 |
| *FE_RAT* | 女性高管比例 | 女性高管人数/高管总人数 |
| *FE_CEO* | 女性 CEO | 若 CEO 为女性，则赋值为 1，否则赋值为 0 |
| *FE_CFO* | 女性财务高管 | 女性财务高管的人数③ |
| *FE_OTH* | 女性其他高管 | 女性其他高管的人数 |
| *FIRST* | 第一大股东持股 | 第一大股东持股数/总股数 |
| *BOARD* | 董事会规模 | 董事会人数的自然对数 |
| *DUAL* | 两职合一 | 若董事长与总经理两职合一，赋值为 1，否则赋值为 0 |
| *NATURE* | 最终控制人性质 | 若上市公司为国有控股，赋值为 1，否则赋值为 0 |

---

　　① 一般而言，高管特征变量包括性别、年龄和学历等，之所以没有控制学历的原因在于缺失值过多，如果控制将会导致样本量急剧减少。进一步，高管学历是相对较为静止的，短期内难以改变，从而不会对企业行为产生实质性影响。

　　② 为了使得不同类型的女性高管之间具有可比性，本文对不同类型的女性高管均采用其相应数量加以测度。

　　③ 包括上市公司年报信息披露中的分管财务工作副总经理、财务总监、财务副总监和财务经理。

| 变量符号 | 变量名称 | 定义 |
|---|---|---|
| SIZE | 公司规模 | 期末总资产的自然对数 |
| LOSS | 是否发生亏损 | 若净利润为负，赋值为1，否则赋值为0 |
| LIST | 公司交易状态 | 若公司处于正常交易状态，赋值为0，否则赋值为1 |
| LEV | 资产负债率 | 期末负债总额/期末资产总额 |
| LONG | 企业上市年限 | 公司上市的年数 |
| AGE | 高管平均年龄 | 高管年龄的平均数 |
| YEAR | 年度虚拟变量 | 涉及13个年度，设置12个虚拟变量 |
| INDUS | 行业虚拟变量 | 按照中国证监会行业分类标准（修订前），涉及12个行业，设置11个虚拟变量 |

### （二）样本选择

本节选择2000～2012年中国证券市场A股上市公司为研究样本，删除了金融保险业和数据不全的公司，最终剩余14604个观测值。之所以没有按照研究惯例将处于特殊交易状态和资不抵债的企业从样本中排除，主要是由于相当一部分违规企业已经被监管部门进行ST等风险警示或丧失偿债能力，若删除将会导致样本呈现有偏分布、影响结论的可靠性。文章所需要的研究数据来自深圳国泰安公司开发的CSMAR数据库。

表3-12列示了公司财务舞弊的年度分布。Panel A揭示2000～2012年企业发生财务舞弊平均比例约为9.26%，其中占比最高的年份是2001年，达到18.52%，这可能是由于2001年安然公司、银广夏事件等国内外财务舞弊丑闻爆发引致中国证监会、交易所等部门加强市场监管所致。随着中国证券市场的逐步完善，财务舞弊企业比例整体上表现出下降趋势，在2012年降至历史最低点5.54%。Panel B进一步按照财务舞弊严重程度分组后发现，公司发生财务舞弊后受到批评或谴责（赋值2）的占比最高，约为4.12%；受到警告、罚款或没收违法所得处罚的财务舞弊企业占比最低，且这一比例总体上逐年下降，到2012年为0.24%。

女性高管的详细分布见表3-13。总体而言，女性高管人数（FE_NUM）均值逐年上升，均位于2～3人，在2012年达到历史峰值2.9927，接近3人，女性高管人数的中位数除2012年提高至3以外，其余各年均稳定在2。同样地，高管人员中包含女性的上市公司比例（FE_DUM）和女性高管比例

（*FE_RAT*）也在稳步提升，到 2012 年仅约 6.76% 的上市企业中尚无女性高管，女性高管比例的平均值已上升至 15.65%。相比较而言，尽管女性 CEO（*FE_CEO*）越来越普遍，但是所占比例仍然较低。女性 CFO 的比例远高于女性 CEO，其最高值（28.04%）是女性 CEO 最高值（6.42%）的 4 倍以上，造成这一现象的原因可能在于不同职业的要求差异所致。女性其他高管（*FE_OTH*）的平均人数最高，在 2012 年已上升至 2.6316。

表 3－12　　　　　　公司财务舞弊的年度分布（2000～2012 年）

Panel A：上市公司财务舞弊总体分布

| 年份 | 2000 | 2001 | 2002 | 2003 | 2004 | 2005 | 2006 | 2007 | 2008 | 2009 | 2010 | 2011 | 2012 | 总样本 |
|---|---|---|---|---|---|---|---|---|---|---|---|---|---|---|
| 违规数 | 111 | 180 | 134 | 123 | 120 | 91 | 78 | 101 | 97 | 96 | 75 | 79 | 68 | 1353 |
| 样本数 | 902 | 972 | 1040 | 1102 | 1162 | 1163 | 1167 | 1163 | 1163 | 1164 | 1179 | 1200 | 1227 | 14604 |
| 比例% | 12.31 | 18.52 | 12.88 | 11.16 | 10.33 | 7.82 | 6.68 | 8.68 | 8.34 | 8.25 | 6.36 | 6.58 | 5.54 | 9.26 |

Panel B：区分受罚程度的财务舞弊分布

| 1 | 21 | 26 | 22 | 18 | 18 | 24 | 21 | 47 | 53 | 56 | 47 | 42 | 32 | 427 |
|---|---|---|---|---|---|---|---|---|---|---|---|---|---|---|
| 比例% | 2.33 | 2.67 | 2.12 | 1.63 | 1.55 | 2.06 | 1.80 | 4.04 | 4.56 | 4.81 | 3.99 | 3.50 | 2.61 | 2.92 |
| 2 | 61 | 127 | 81 | 60 | 53 | 34 | 24 | 28 | 27 | 25 | 19 | 30 | 33 | 602 |
| 比例% | 6.76 | 13.07 | 7.79 | 5.44 | 4.56 | 2.92 | 2.06 | 2.41 | 2.32 | 2.15 | 1.61 | 2.50 | 2.69 | 4.12 |
| 3 | 29 | 27 | 31 | 45 | 49 | 33 | 33 | 26 | 17 | 15 | 9 | 7 | 3 | 324 |
| 比例% | 3.22 | 2.78 | 2.98 | 4.08 | 4.22 | 2.84 | 2.83 | 2.24 | 1.46 | 1.29 | 0.76 | 0.58 | 0.24 | 2.22 |

表 3－13　　　　　　　女性高管分布（2000～2012 年）

| 年度 | 统计量 | *FE_NUM* | *FE_DUM* | *FE_RAT* | *FE_CEO* | *FE_CFO* | *FE_OTH* |
|---|---|---|---|---|---|---|---|
| 2000 | 均值 | 2.1231 | 0.8348 | 0.1277 | 0.0377 | 0.1896 | 1.8914 |
| | 中位数 | 2.0000 | 1.0000 | 0.1111 | 0.0000 | 0.0000 | 2.0000 |
| 2001 | 均值 | 2.1595 | 0.8416 | 0.1283 | 0.0381 | 0.2088 | 1.9126 |
| | 中位数 | 2.0000 | 1.0000 | 0.1111 | 0.0000 | 0.0000 | 2.0000 |
| 2002 | 均值 | 2.2769 | 0.8788 | 0.1302 | 0.0394 | 0.2154 | 2.0192 |
| | 中位数 | 2.0000 | 1.0000 | 0.1176 | 0.0000 | 0.0000 | 2.0000 |
| 2003 | 均值 | 2.3793 | 0.8884 | 0.1338 | 0.0399 | 0.2314 | 2.1025 |
| | 中位数 | 2.0000 | 1.0000 | 0.1225 | 0.0000 | 0.0000 | 2.0000 |
| 2004 | 均值 | 2.4182 | 0.8967 | 0.1369 | 0.0430 | 0.2298 | 2.1429 |
| | 中位数 | 2.0000 | 1.0000 | 0.1250 | 0.0000 | 0.0000 | 2.0000 |
| 2005 | 均值 | 2.4033 | 0.8994 | 0.1372 | 0.0447 | 0.2339 | 2.1187 |
| | 中位数 | 2.0000 | 1.0000 | 0.1250 | 0.0000 | 0.0000 | 2.0000 |

| 年度 | 统计量 | FE_NUM | FE_DUM | FE_RAT | FE_CEO | FE_CFO | FE_OTH |
|---|---|---|---|---|---|---|---|
| 2006 | 均值 | 2.4053 | 0.8869 | 0.1383 | 0.0480 | 0.2296 | 2.1225 |
| | 中位数 | 2.0000 | 1.0000 | 0.1250 | 0.0000 | 0.0000 | 2.0000 |
| 2007 | 均值 | 2.4531 | 0.8899 | 0.1421 | 0.0499 | 0.2330 | 2.1634 |
| | 中位数 | 2.0000 | 1.0000 | 0.1250 | 0.0000 | 0.0000 | 2.0000 |
| 2008 | 均值 | 2.5580 | 0.8951 | 0.1452 | 0.0499 | 0.2399 | 2.2588 |
| | 中位数 | 2.0000 | 1.0000 | 0.1250 | 0.0000 | 0.0000 | 2.0000 |
| 2009 | 均值 | 2.5773 | 0.8952 | 0.1474 | 0.0498 | 0.2474 | 2.2698 |
| | 中位数 | 2.0000 | 1.0000 | 0.1304 | 0.0000 | 0.0000 | 2.0000 |
| 2010 | 均值 | 2.5403 | 0.9033 | 0.1520 | 0.0568 | 0.2528 | 2.2231 |
| | 中位数 | 2.0000 | 1.0000 | 0.1333 | 0.0000 | 0.0000 | 2.0000 |
| 2011 | 均值 | 2.6025 | 0.9100 | 0.1539 | 0.0642 | 0.2600 | 2.2717 |
| | 中位数 | 2.0000 | 1.0000 | 0.1364 | 0.0000 | 0.0000 | 2.0000 |
| 2012 | 均值 | 2.9927 | 0.9324 | 0.1565 | 0.0619 | 0.2804 | 2.6316 |
| | 中位数 | 3.0000 | 1.0000 | 0.1429 | 0.0000 | 0.0000 | 2.0000 |

## 四、实证研究结果

### （一）描述性统计

表 3-14 报告了文中主要研究变量的描述性统计结果。FE_NUM 的均值等于 2.4674，揭示出在样本区间内平均每家上市公司中包含超过 2 名的女性高管，FE_DUM 的均值为 0.8906，反映出接近 90% 的公司至少拥有 1 位女性高管，而 FE_RAT 的均值（中位数）等于 0.1414（0.1250），则说明尽管目前中国上市公司中女性高管已是普遍现象，但是所占比例仍然较低。FE_CEO、FE_CFO 的均值分别等于 0.0485 和 0.2364，表明女性 CEO 较女性 CFO 而言相对较少，其他女性高管 FE_OTH 的均值为 2.1757 则说明女性高管占据的主要是非 CEO、CFO 等非关键职位。LOSS 的均值等于 0.1194，揭示出处于亏损状态的上市公司略超过 10%，同样地，非正常交易状态的上市公司约占总样本数的 9.37%。FIRST 的均值等于 0.3905、中位数等于 0.3666，反映了在中国资本市场中"一股独大"现象的普遍性。LEV 的最大值为 2.0024，主要是由为减少样本选择偏差而未删除特殊交易状态和资不抵债的企业所致。此外，董事长总经理两职合一的企业所占比例达到 11.77%，国有企

业占比接近 70%，高管平均年龄约等于 47 岁，平均上市年限大约为 8 年。

表 3 – 14                                主要变量的描述性统计

| 变量 | 观测值 | 均值 | 标准差 | 最小值 | 1/4 分位 | 中位数 | 3/4 分位 | 最大值 |
|---|---|---|---|---|---|---|---|---|
| FDUM | 14604 | 0.0926 | 0.2899 | 0.0000 | 0.0000 | 0.0000 | 0.0000 | 1.0000 |
| FDEG | 14604 | 0.1782 | 0.6017 | 0.0000 | 0.0000 | 0.0000 | 0.0000 | 3.0000 |
| FE_NUM | 14604 | 2.4674 | 1.7625 | 0.0000 | 1.0000 | 2.0000 | 3.0000 | 8.0000 |
| FE_DUM | 14604 | 0.8906 | 0.3122 | 0.0000 | 1.0000 | 1.0000 | 1.0000 | 1.0000 |
| FE_RAT | 14604 | 0.1414 | 0.1012 | 0.0000 | 0.0625 | 0.1250 | 0.2000 | 0.4444 |
| FE_CEO | 14604 | 0.0485 | 0.2148 | 0.0000 | 0.0000 | 0.0000 | 0.0000 | 1.0000 |
| FE_CFO | 14604 | 0.2364 | 0.4249 | 0.0000 | 0.0000 | 0.0000 | 0.0000 | 1.0000 |
| FE_OTH | 14604 | 2.1757 | 1.6270 | 0.0000 | 1.0000 | 2.0000 | 3.0000 | 7.0000 |
| SIZE | 14604 | 21.3972 | 1.1351 | 18.6757 | 20.6444 | 21.3053 | 22.0748 | 24.6056 |
| LOSS | 14604 | 0.1194 | 0.3242 | 0.0000 | 0.0000 | 0.0000 | 0.0000 | 1.0000 |
| LIST | 14604 | 0.0937 | 0.2914 | 0.0000 | 0.0000 | 0.0000 | 0.0000 | 1.0000 |
| FIRST | 14604 | 0.3905 | 0.1678 | 0.0923 | 0.2558 | 0.3666 | 0.5199 | 0.7702 |
| BOARD | 14604 | 2.3107 | 0.2121 | 1.7918 | 2.1972 | 2.3026 | 2.4849 | 2.8332 |
| LEV | 14604 | 0.5266 | 0.2673 | 0.0752 | 0.3662 | 0.5112 | 0.6462 | 2.0024 |
| DUAL | 14604 | 0.1177 | 0.3223 | 0.0000 | 0.0000 | 0.0000 | 0.0000 | 1.0000 |
| NATURE | 14604 | 0.6993 | 0.4586 | 0.0000 | 0.0000 | 1.0000 | 1.0000 | 1.0000 |
| AGE | 14604 | 46.9781 | 3.2989 | 38.7143 | 44.7857 | 47.1333 | 49.2981 | 54.3333 |
| LONG | 14604 | 8.2613 | 4.5903 | 0.0000 | 5.0000 | 8.0000 | 12.0000 | 19.0000 |

### （二）相关性分析

书中研究变量的相关性分析结果如表 3 – 15 所示，上下半角分别对应 Pearson 和 Spearman 相关系数。财务舞弊代理变量（包括 FDUM 和 FDEG）与 FE_NUM、FE_DUM、FE_RAT 之间的 Pearson 相关系数均呈现负相关关系，一定程度上表明女性高管与财务舞弊行为之间的负相关关系，支持了假设 H3 – 6。FDUM 和 FDEG 同 FE_CEO 之间 Pearson 相关系数分别等于 0.0180、0.0183，均在 5% 水平上显著为正，假设 H3 – 7 得到初步支持。FDUM 和 FDEG 同 FE_CFO 之间 Pearson 相关系数均在 1% 水平上显著小于 0，说明了女性 CFO 会降低企业财务舞弊动机，初步验证了假设 H3 – 8。其余各自变量之间的 Pearson 相关系数均小于 0.40，说明回归模型中不存在严重的多重共线性问题。Spearman 相关系数与 Pearson 相关系数结果相类似，不再赘述。

表 3 - 15

## 主要研究变量的相关性分析

| 变量 | FDUM | FDEG | FE_NUM | FE_DUM | FE_RAT | FE_CEO | FE_CFO | FE_OTH | SIZE | LOSS | LIST | FIRST | BOARD | LEV | DUAL | AGE | LONG |
|---|---|---|---|---|---|---|---|---|---|---|---|---|---|---|---|---|---|
| FDUM | 1.0000 | | | | | | | | | | | | | | | | |
| FDEG | 0.9986 *** | 1.0000 | | | | | | | | | | | | | | | |
| FE_NUM | -0.0204 ** | -0.0221 *** | 1.0000 | | | | | | | | | | | | | | |
| FE_DUM | -0.0136 c | -0.0117 d | 0.4907 *** | 1.0000 | | | | | | | | | | | | | |
| FE_RAT | -0.0064 | -0.0099 | 0.9323 *** | 0.4896 *** | 1.0000 | | | | | | | | | | | | |
| FE_CEO | 0.0180 *** | 0.0184 ** | 0.1816 *** | 0.0791 *** | 0.2050 *** | 1.0000 | | | | | | | | | | | |
| FE_CFO | -0.0327 *** | -0.0303 *** | 0.3401 *** | 0.1950 *** | 0.3368 *** | 0.0305 *** | 1.0000 | | | | | | | | | | |
| FE_OTH | -0.0148 ** | -0.0173 *** | 0.9614 *** | 0.4687 *** | 0.8882 *** | 0.0613 *** | 0.1025 *** | 1.0000 | | | | | | | | | |
| SIZE | -0.1357 *** | -0.1312 *** | -0.0493 *** | -0.0339 *** | -0.1381 *** | -0.0131 | -0.0253 *** | -0.0445 *** | 1.0000 | | | | | | | | |
| LOSS | 0.1730 *** | 0.1732 *** | -0.0068 | -0.0015 | 0.0096 | -0.0093 | -0.0040 | -0.0047 | -0.1961 *** | 1.0000 | | | | | | | |
| LIST | 0.1080 *** | 0.0883 *** | 0.0133 | 0.0088 | 0.0520 *** | 0.0150 * | 0.0031 | 0.0112 | -0.3305 *** | 0.2078 *** | 1.0000 | | | | | | |
| FIRST | -0.0975 *** | -0.0835 *** | -0.1486 *** | -0.0849 *** | -0.1533 *** | -0.0324 *** | -0.0300 *** | -0.1469 *** | 0.2232 *** | -0.1200 *** | -0.1484 *** | 1.0000 | | | | | |
| BOARD | -0.0250 *** | -0.0216 *** | 0.1168 *** | 0.0344 *** | -0.1130 *** | -0.0391 *** | -0.0233 *** | 0.1351 *** | 0.2196 *** | -0.0375 *** | -0.0866 *** | 0.0299 *** | 1.0000 | | | | |
| LEV | 0.0824 *** | 0.0693 *** | 0.0346 *** | 0.0178 ** | 0.0355 *** | 0.0210 ** | -0.0044 | 0.0343 *** | 0.0012 | 0.2825 *** | 0.4162 *** | -0.1527 *** | -0.0198 ** | 1.0000 | | | |
| DUAL | 0.0277 *** | 0.0203 ** | 0.0273 ** | 0.0300 *** | 0.0648 *** | 0.0224 *** | 0.0193 *** | 0.0225 *** | -0.0677 *** | 0.0228 *** | 0.0722 *** | -0.0898 *** | -0.0823 *** | 0.0347 *** | 1.0000 | | |
| AGE | -0.1033 *** | -0.1178 *** | -0.0528 *** | -0.0405 *** | -0.1123 *** | -0.0610 *** | 0.0229 *** | -0.0542 *** | 0.3768 *** | -0.0640 *** | -0.0982 *** | 0.1343 *** | 0.1764 *** | -0.0182 ** | -0.0476 *** | 1.0000 | |
| LONG | -0.0197 ** | -0.0464 *** | 0.1610 *** | 0.0738 *** | 0.1716 *** | 0.0540 *** | 0.0330 *** | 0.1559 *** | 0.1653 *** | 0.0585 *** | 0.1409 *** | -0.3019 *** | -0.0517 *** | 0.2091 *** | 0.0217 *** | 0.2309 *** | 1.0000 |

注：a P 值为 0.1008，b P 值为 0.1034，c P 值为 0.1008，d P 值为 0.1564。*、**、*** 分别表示在 10%、5%、1% 水平上显著（双尾）。

### （三）单变量分析

表 3 - 16 列示了女性高管与企业财务舞弊的单变量 T 检验结果。在 Panel A 中，将样本按照有无女性高管分为两组，有女性高管组中财务舞弊的概率 FDUM 和因舞弊受罚的程度 FDEG 的均值分别为 0.0913 和 0.1758，小于无女性高管组中 FDUM 和 FDEG 的均值 0.1039 和 0.1984，T 值均在接近 10% 的水平上显著（P 值分别等于 0.1008 和 0.1564）。进一步地，为了比较女性 CFO 与女性 CEO 对财务舞弊影响的差异，为了保证样本的纯粹性，在研究样本中分别挑出仅含女性 CEO 而不含女性 CFO 和仅含女性 CFO 而不含女性 CEO 的两组子样本进行单变量 T 检验。结果列示于 Panel B，女性 CFO 组中 FDUM 和 FDEG 的均值分别为 0.0749 和 0.1430，均小于女性 CEO 组中 FDUM 和 FDEG 的均值 0.1280 和 0.2460，且均值的差异均在 1% 的水平上显著（T 值 = - 4.0355，P 值 = 0.0001；T 值 = - 3.7871，P 值 = 0.0002）。上述单变量 T 检验的结论基本上支持了本节的假设 H3 - 6、假设 H3 - 7 和假设 H3 - 8，初步表明总体上女性高管能够抑制企业的财务舞弊行为，且女性 CFO 发挥主导作用。

表 3 - 16　　　　　　　　　**女性高管与财务舞弊的单变量 T 检验**

PanelA：按照有无女性高管分组

| 变量 | 有女性高管 | | 无女性高管 | | T 值 | P 值 |
| --- | --- | --- | --- | --- | --- | --- |
| | 均值 | 样本量 | 均值 | 样本量 | | |
| FDUM | 0.0913 | 13006 | 0.1039 | 1598 | - 1.6413 | 0.1008 |
| FDEG | 0.1758 | 13006 | 0.1984 | 1598 | - 1.4175 | 0.1564 |

PanelA：按照女性高管类型分组

| 变量 | 女性 CFO | | 女性 CFO | | T 值 | P 值 |
| --- | --- | --- | --- | --- | --- | --- |
| | 均值 | 样本量 | 均值 | 样本量 | | |
| FDUM | 0.0749 | 3244 | 0.1280 | 500 | - 4.0355*** | 0.0001 |
| FDEG | 0.1430 | 3244 | 0.2460 | 500 | - 3.7871*** | 0.0002 |

注：*、**、*** 分别表示在 10%、5%、1% 水平上显著（双尾）。

此外，本节通过男女 CEO 或 CFO 变更节点的单变量 T 检验来研究男女 CEO 或 CFO 变更对违规概率的影响，结果见表 3 - 17。表 3 - 17 中 Panel A

显示，男 CEO 变更为女 CEO 后，财务舞弊的概率 *FDUM* 的均值由 0.1494 上升到 0.1753，因舞弊受罚的程度 *FDEG* 的均值由 0.3117 上升到 0.3377。表 3-17 中 Panel B 显示，男 CFO 变更为女 CFO 后，财务舞弊的概率 *FDUM* 的均值由 0.1462 下降到 0.1384，因舞弊受罚的程度 *FDEG* 的均值由 0.2943 下降到 0.2749。检验结果进一步支持了假设 H3-7 和假设 H3-8，女性 CEO 促进了企业财务舞弊行为，而女性 CFO 抑制了企业财务舞弊行为。

**表 3-17**                    **男女 CEO 或 CFO 变更节点的单变量 T 检验**

| PanelA：男 CEO 变更为女 CEO | | | | | |
|---|---|---|---|---|---|
| 变量 | 变更前 | | 变更后 | | T 值 | P 值 |
| | 均值 | 样本量 | 均值 | 样本量 | | |
| *FDUM* | 0.1494 | 154 | 0.1753 | 154 | -0.6164 | 0.5381 |
| *FDEG* | 0.3117 | 154 | 0.3377 | 154 | -0.2852 | 0.7757 |
| PanelA：男 CFO 变更为女 CFO | | | | | |
| 变量 | 变更前 | | 变更后 | | T 值 | P 值 |
| | 均值 | 样本量 | 均值 | 样本量 | | |
| *FDUM* | 0.1462 | 513 | 0.1384 | 513 | 0.3571 | 0.7211 |
| *FDEG* | 0.2943 | 513 | 0.2749 | 513 | 0.4083 | 0.6832 |

注：*、**、*** 分别表示在 10%、5%、1% 水平上显著（双尾）。

### （四）回归分析结果

表 3-18 列示了女性高管与财务舞弊之间关系的多元回归分析结果，括号中报告的是相应的 Z 值，第（1）列~第（3）列的因变量为 *FDUM*，第（4）列、第（5）列、第（6）列的因变量为 *FDEG*，所有模型均在 1% 水平显著，总体效果良好。第（1）列中 *FE_NUM* 在 5% 水平上显著为负（系数 = -0.0430，Z 值 = -2.3197），第（2）列中 *FE_DUM* 在接近 10%（P 值 = 0.1089）水平上显著为负（系数 = -0.1497，Z 值 = -1.6030），第（3）列中 *FE_RAT* 在 5% 水平上显著为负（系数 = -0.6776，Z 值 = -2.1425），以上结果表明当女性高管人数增加、存在或比例上升时，上市公司从事财务舞弊的概率均会显著下降。第（4）列中 *FE_NUM* 在 5% 水平上显著为负（系数 = -0.0438，Z 值 = -2.3715），第（2）列中 *FE_DUM* 在接近 10%（P 值 = 0.1156）水平上显著为负（系数 = -0.1460，Z 值 =

-1.5735），第（3）列中 *FE _ RAT* 在 5% 水平上显著为负（系数 =
-0.6906，Z 值 = -2.1908），以上结果揭示当女性高管人数增加、存在或
比例上升时，财务舞弊的严重程度同样呈现显著下降趋势。上述经验证据联
合说明了女性高管与企业财务舞弊显著负相关，支持了假设 H3-6。原因主
要在于女性高管在决策中更加风险厌恶、伦理道德要求水平更高和改善公司
治理等特性，将会直接抑制财务舞弊行为的发生倾向与严重程度。

表 3-18　　　　　　　　　　　女性高管与财务舞弊

| 变量 | 因变量：FDUM | | | 因变量：FDEG | | |
|---|---|---|---|---|---|---|
| | （1） | （2） | （3） | （4） | （5） | （6） |
| C | 0.7300<br>（0.8525） | 0.7682<br>（0.8917） | 0.9247<br>（1.0646） | | | |
| FE_NUM | -0.0430**<br>（-2.3197） | | | -0.0438**<br>（-2.3715） | | |
| FE_DUM | | -0.1497<br>（-1.6030） | | | -0.1460<br>（-1.5735） | |
| FE_RAT | | | -0.6776**<br>（-2.1425） | | | -0.6906**<br>（-2.1908） |
| FIRST | -1.6363***<br>（-7.4574） | -1.6288***<br>（-7.4292） | -1.6230***<br>（-7.4012） | -1.6396***<br>（-7.5190） | -1.6340***<br>（-7.4992） | -1.6265***<br>（-7.4629） |
| BOARD | 0.1912<br>（1.2937） | 0.1458<br>（1.0017） | 0.1192<br>（0.8196） | 0.1993<br>（1.3582） | 0.1518<br>（1.0508） | 0.1264<br>（0.8759） |
| DUAL | 0.1006<br>（1.1585） | 0.0992<br>（1.1427） | 0.1035<br>（1.1920） | 0.0937<br>（1.0876） | 0.0925<br>（1.0734） | 0.0968<br>（1.1228） |
| NATURE | -0.4620***<br>（-6.6795） | -0.4585***<br>（-6.6359） | -0.4681***<br>（-6.7539） | -0.4785***<br>（-6.9533） | -0.4754***<br>（-6.9146） | -0.4846***<br>（-7.0283） |
| SIZE | -0.0865**<br>（-2.4537） | -0.0836**<br>（-2.3724） | -0.0883**<br>（-2.4985） | -0.0777**<br>（-2.2233） | -0.0743**<br>（-2.1306） | -0.0794**<br>（-2.2680） |
| LOSS | 1.0384***<br>（13.7891） | 1.0408***<br>（13.8313） | 1.0392***<br>（13.8008） | 1.0540***<br>（14.1323） | 1.0559***<br>（14.1643） | 1.0547***<br>（14.1432） |
| LIST | 0.3145***<br>（3.0563） | 0.3185***<br>（3.0972） | 0.3163***<br>（3.0750） | 0.2993***<br>（2.9555） | 0.3032***<br>（2.9949） | 0.3015***<br>（2.9786） |
| LEV | 0.1654<br>（1.5600） | 0.1647<br>（1.5546） | 0.1637<br>（1.5435） | 0.1403<br>（1.3464） | 0.1399<br>（1.3433） | 0.1382<br>（1.3259） |
| AGE | -0.0305***<br>（-2.9500） | -0.0298***<br>（-2.8826） | -0.0306***<br>（-2.9579） | -0.0331***<br>（-3.2267） | -0.0323***<br>（-3.1520） | -0.0332***<br>（-3.2343） |

| 变量 | 因变量：FDUM | | | 因变量：FDEG | | |
|---|---|---|---|---|---|---|
| | (1) | (2) | (3) | (4) | (5) | (6) |
| LONG | 0.0499 *** | 0.0487 *** | 0.0499 *** | 0.0493 *** | 0.0481 *** | 0.0494 *** |
| | (4.7434) | (4.6390) | (4.7476) | (4.7350) | (4.6261) | (4.7386) |
| C (1) | | | | −0.7231 | −0.7523 | −0.9190 |
| | | | | (−0.8516) | (−0.8807) | (−1.0670) |
| C (2) | | | | −0.2812 | −0.3105 | −0.4771 |
| | | | | (−0.3311) | (−0.3635) | (−0.5538) |
| C (3) | | | | 0.8648 | 0.8350 | 0.6690 |
| | | | | (1.0167) | (0.9759) | (0.7756) |
| YEAR/INDUS | control | control | control | control | control | control |
| No. | 14604 | 14604 | 14604 | 14604 | 14604 | 14604 |
| Pseudo R$^2$ | 0.1034 | 0.1031 | 0.1033 | 0.0803 | 0.0801 | 0.0803 |
| LR Chi2 | 932.3464 | 929.4149 | 931.5393 | 955.9775 | 952.7073 | 955.1359 |
| P 值 | 0.0000 | 0.0000 | 0.0000 | 0.0000 | 0.0000 | 0.0000 |

注：*、**、*** 分别表示在 10%、5%、1% 水平上显著（双尾），括号中报告的是 Z 值。

控制变量方面，FIRST 均在 1% 水平上显著为负，说明第一大股东持股比例越高，财务舞弊的概率和严重程度显著降低，这主要是与大股东由于控制权而投入较多、进而"搭便车"动机减少紧密相关。NATURE 无论同 FDUM 还是 FDEG 均在 1% 水平上显著负相关，一定程度上表明国有企业内部较为完善的公司治理制度有助于遏制财务舞弊行为。SIZE、AGE 都显著小于 0，揭示出公司规模和高管年龄越大，企业会基于政治成本和社会声誉等方面的考虑而减少财务舞弊行为。LOSS 和 LIST 回归系数都大于 0，且在 1% 水平上显著，说明上市公司的财务状况越差，财务舞弊行为的发生倾向和严重程度都会上升。LONG 显著为正，同样反映出随着上市年限的增加、企业财务状况逐步恶化的特征，此时财务舞弊成为企业粉饰业绩的重要途径，这与"一年绩优、两年绩平、三年绩亏"的现象基本相吻合。

表 3－19 进一步将女性高管区分为女性 CEO、女性 CFO 和女性其他高管，其中第（2）列和第（5）列、第（3）列和第（6）列分别采用女性其他高管虚拟变量 FE_OTHD 和女性其他高管比例变量 FE_OTHP 进行补充测试。第（1）列 FE_CEO 项在 5% 水平显著为正（回归系数 = 0.3046，Z 值 =

2.3689），按照 Logit 回归概率转换方法计算可知（Wooldridge，2003），*FE_CEO* 对财务舞弊的边际影响等于 0.0235（P 值 = 0.0179）；而 *FE_CFO* 项在 1% 水平显著为负（回归系数 = - 0.2687，Z 值 = - 3.5675），经过转换可知 *FE_CFO* 对财务舞弊的边际影响等于 - 0.0207（P 值 = 0.0004）。第（4）列中 *FE_CEO* 在 5% 水平上显著为正（系数 = 0.2942，Z 值 = 2.3084），当 *FDEG* 分别取值 1、2、3 时，FE_CEO 的边际影响分别为 0.0064（P 值 = 0.0215）、0.0102（P 值 = 0.0213）、0.0062（P 值 = 0.0219）；*FE_CFO* 在 1% 水平上显著为正（系数 = - 0.2668，Z 值 = - 3.5570），当 *FDEG* 分别取值 1、2、3 时，*FE_CFO* 的边际影响分别为 - 0.0058（P 值 = 0.0004）、- 0.0092（P 值 = 0.0004）、- 0.0056（P 值 = 0.0005）。上述经验证据联合支持了假设 H3 - 7 和假设 H3 - 8，女性 CEO 与财务舞弊显著正相关，女性 CFO 与财务舞弊显著负相关，这可能是由于 CEO 和 CFO 的经济利益、职业特点、法律责任等方面差异会直接影响到性别与财务舞弊之间的关系所致。进一步可以看出，CEO 的边际影响绝对值大于 CFO 的边际影响绝对值，从另一个侧面说明在中国 CFO 隶属于 CEO，决策权力包括财务决策权力在内均小于 CEO，这与江等（Jiang et al.，2010）以成熟资本市场公司为研究对象的发现存在较大差异，表明中国的"家长制"、"一把手"文化传统将会直接限制 CFO 的作用发挥。女性其他高管项的系数都不显著，显示出女性非关键财务职位高管对财务舞弊的影响力有限。第（2）列、第（3）列、第（5）列、第（6）列中 *FE_CEO*、*FE_CFO* 的结果与第（1）列、第（4）列相类似，控制变量与表 3 - 18 基本保持一致，不再赘述。

表 3 - 19　　　　　　　　　　　女性高管类型与财务舞弊

| 变量 | 因变量：*FDUM* | | | 因变量：*FDEG* | | |
|---|---|---|---|---|---|---|
| | （1） | （2） | （3） | （4） | （5） | （6） |
| *C* | 0.6888<br>(0.8037) | 0.6550<br>(0.7611) | 0.4893<br>(0.5214) | | | |
| *FE_CEO* | 0.3046 **<br>(2.3689) | 0.3012 **<br>(2.3438) | 0.3111 **<br>(2.0407) | 0.2942 **<br>(2.3084) | 0.2899 **<br>(2.2753) | 0.2877 *<br>(1.8987) |
| *FE_CFO* | - 0.2687 ***<br>( - 3.5675) | - 0.2754 ***<br>( - 3.6640) | - 0.2551 **<br>( - 2.1972) | - 0.2668 ***<br>( - 3.5570) | - 0.2738 ***<br>( - 3.6574) | - 0.2691 **<br>( - 2.3256) |
| *FE_OTH* | - 0.0282<br>( - 1.4199) | | | - 0.0291<br>( - 1.4700) | | |

| 变量 | 因变量：FDUM | | | 因变量：FDEG | | |
|---|---|---|---|---|---|---|
| | (1) | (2) | (3) | (4) | (5) | (6) |
| FE_OTHD | | −0.0331<br>(−0.3833) | | | −0.0379<br>(−0.4419) | |
| FE_OTHP | | | 0.0134<br>(0.0569) | | | −0.0227<br>(−0.0967) |
| FIRST | −1.6524 ***<br>(−7.5145) | −1.6448 ***<br>(−7.4829) | −1.6197 ***<br>(−6.8273) | −1.6515 ***<br>(−7.5596) | −1.6446 ***<br>(−7.5310) | −1.6102 ***<br>(−6.8370) |
| BOARD | 0.1664<br>(1.1241) | 0.1316<br>(0.9031) | 0.2925 *<br>(1.8684) | 0.1754<br>(1.1945) | 0.1400<br>(0.9681) | 0.3031 *<br>(1.9522) |
| DUAL | 0.1043<br>(1.2005) | 0.1024<br>(1.1795) | 0.1224<br>(1.3454) | 0.0977<br>(1.1335) | 0.0965<br>(1.1202) | 0.1169<br>(1.2949) |
| NATURE | −0.4616 ***<br>(−6.6543) | −0.4608 ***<br>(−6.6470) | −0.4834 ***<br>(−6.6005) | −0.4792 ***<br>(−6.9452) | −0.4788 ***<br>(−6.9431) | −0.4977 ***<br>(−6.8386) |
| SIZE | −0.0900 **<br>(−2.5481) | −0.0878 **<br>(−2.4903) | −0.0975 ***<br>(−2.5984) | −0.0819 **<br>(−2.3416) | −0.0798 **<br>(−2.2839) | −0.0917 **<br>(−2.4666) |
| LOSS | 1.0433 ***<br>(13.8443) | 1.0447 ***<br>(13.8670) | 1.0192 ***<br>(12.6750) | 1.0579 ***<br>(14.1796) | 1.0588 ***<br>(14.1954) | 1.0317 ***<br>(12.9719) |
| LIST | 0.3139 ***<br>(3.0499) | 0.3171 ***<br>(3.0822) | 0.3386 ***<br>(3.1097) | 0.2970 ***<br>(2.9326) | 0.2995 ***<br>(2.9577) | 0.3163 ***<br>(2.9540) |
| LEV | 0.1609<br>(1.5138) | 0.1605<br>(1.5108) | 0.1859 *<br>(1.6691) | 0.1363<br>(1.3046) | 0.1364<br>(1.3066) | 0.1638<br>(1.4967) |
| AGE | −0.0268 ***<br>(−2.5765) | −0.0259 **<br>(−2.4967) | −0.0261 **<br>(−2.3411) | −0.0293 ***<br>(−2.8481) | −0.0284 ***<br>(−2.7624) | −0.0282 **<br>(−2.5602) |
| LONG | 0.0488 ***<br>(4.6319) | 0.0478 ***<br>(4.5523) | 0.0466 ***<br>(4.2138) | 0.0482 ***<br>(4.6274) | 0.0472 ***<br>(4.5463) | 0.0462 ***<br>(4.2204) |
| C(1) | | | | −0.6964<br>(−0.8193) | −0.6660<br>(−0.7804) | −0.5519<br>(−0.5919) |
| C(2) | | | | −0.2538<br>(−0.2985) | −0.2235<br>(−0.2619) | −0.1020<br>(−0.1094) |
| C(3) | | | | 0.8932<br>(1.0493) | 0.9233<br>(1.0802) | 1.0088<br>(1.0805) |
| YEAR/INDUS | control | control | control | control | control | control |
| No. | 14604 | 14604 | 13006 | 14604 | 14604 | 13006 |
| Pseudo R$^2$ | 0.1052 | 0.1050 | 0.1051 | 0.0803 | 0.0815 | 0.0815 |
| LR Chi2 | 948.1332 | 946.2507 | 834.7436 | 955.1807 | 969.4614 | 854.7149 |
| P 值 | 0.0000 | 0.0000 | 0.0000 | 0.0000 | 0.0000 | 0.0000 |

注：*、**、***分别表示在10%、5%、1%水平上显著（双尾），括号中报告的是 Z 值。

## 五、补充测试与稳健性检验

### (一) 区分《会计准则》 (2006) 实施前后的分组测试

2006 年 2 月 15 日财政部发布《企业会计准则》 (2006) ，并限令 2007 年 1 月 1 日开始在上市公司内部强制实施，而会计准则变迁将会对企业会计行为产生重要影响 (张然等，2007；Byard et al. , 2011；Yip and Young，2012；Horton et al. , 2013) 。鉴于上述影响，本节进一步将样本划分为 2000～2006 年、2007～2012 年两个区间①，分别进行模型 (3 - 7) 和模型 (3 - 8) 的多元回归分析，详细的回归分析结果参见表 3 - 20 (限于篇幅，仅报告主要测试变量的系数及 Z 值) 。Panel A 中第 (1) 列 *FE_NUM* 的符号为负、不显著 (系数 = - 0.0143，Z 值 = - 0.5681) ，*FE_NUM* 的边际影响等于 - 0.0013 (P 值 = 0.5699) ；Panel B 中第 (1) 列 *FE_NUM* 在 1% 水平上显著为负 (系数 = - 0.0762，Z 值 = - 2.7073) ，*FE_NUM* 的边际影响等于 - 0.0049 (P 值 = 0.0069) ；由上可知，在《企业会计准则》 (2006) 实施后，*FE_NUM* 的边际影响约为实施前的 3.77 倍，说明女性高管抑制财务舞弊发生的能力在这一阶段得到显著增强，而在《企业会计准则》 (2006) 实施前的 2000～2006 年阶段女性高管抑制财务舞弊的作用较为微弱、不显著。同样地，第 (2) 列～第 (6) 列中女性高管测试变量在《企业会计准则》 (2006) 实施后的边际影响更大，这一发现同样支持了上述发现。

Panel C 第 (1) 列中当选取女性其他高管的测试变量为 *FE_OTH* 时，*FE_CEO* 符号为正，但不显著 (系数 = 0.2832，Z 值 = 1.5481) ，*FE_CFO* 在 10% 水平显著为负 (系数 = - 0.1913，Z 值 = - 1.9077) ，其相应的边际影响分别等于 0.0249 (P 值 = 0.1216) 、 - 0.0168 (P 值 = 0.0564) ；Panel D 第 (1) 列中当选取女性其他高管的测试变量为 *FE_OTH* 时，*FE_CEO* 在 5% 水平上显著为正 (系数 = 0.3807，Z 值 = 2.0660) ，*FE_CFO* 在 1% 水平上显著为负 (系数 = - 0.3522，Z 值 = - 3.0297) ，其相应的边际影响分别等于

---

① 2001 年开始实施的《企业会计制度》可能也会对财务舞弊行为产生影响，为了使得研究结论更加稳健，本书进一步将 2000 年的样本公司从 2000～2006 年的总样本中予以剔除，研究结论未有改变。

0.0243（P 值 = 0.0390）、 - 0.0225（P 值 = 0.0025）；上述结果揭示出《企业会计准则》（2006）实施后女性 CFO 抑制财务舞弊的作用得以增强，而女性 CEO 对于财务舞弊行为的促进作用小幅下降、但其显著性增强。第（2）列 ~ 第（6）列中 FE_CEO 和 FE_CFO 的发现基本保持不变，不再赘述。

上述经验研究结果联合表明，随着会计准则质量的逐步提升，女性高管尤其是女性 CFO 对于企业财务舞弊行为的抑制作用得到明显增强，而女性 CEO 的促进效应呈现下降趋势。因此，总体上而言，外部履职制度的完善有助于女性高管降低财务舞弊倾向和严重程度等积极作用的发挥。

表 3 - 20　女性高管、女性高管类型与财务舞弊：按照《企业会计准则》（2006）分组

Panel A：女性高管与财务舞弊（2000 ~ 2006 年）

| 变量 | 以 FDUM 为因变量 | | | 以 FDEG 为因变量 | | |
|---|---|---|---|---|---|---|
| | （1）FE_NUM | （2）FE_DUM | （3）FE_RAT | （4）FE_NUM | （5）FE_DUM | （6）FE_RAT |
| 系数 | - 0.0143 | - 0.1060 | - 0.2328 | - 0.0126 | - 0.0783 | - 0.1685 |
| Z 值 | （ - 0.5681） | （ - 0.9135） | （ - 0.5426） | （ - 0.5051） | （ - 0.6848） | （ - 0.3970） |

Panel B：女性高管与财务舞弊（2007 ~ 2012 年）

| 变量 | 以 FDUM 为因变量 | | | 以 FDEG 为因变量 | | |
|---|---|---|---|---|---|---|
| | （1）FE_NUM | （2）FE_DUM | （3）FE_RAT | （4）FE_NUM | （5）FE_DUM | （6）FE_RAT |
| 系数 | - 0.0762 *** | - 0.2183 | - 1.1490 ** | - 0.0806 *** | - 0.2512 | - 1.2539 *** |
| Z 值 | （ - 2.7073） | （ - 1.3562） | （ - 2.3783） | （ - 2.8605） | （ - 1.5618） | （ - 2.5875） |

Panel C：女性高管类型与财务舞弊（2000 ~ 2006 年）

| 变量 | 以 FDUM 为因变量 | | | 以 FDEG 为因变量 | | |
|---|---|---|---|---|---|---|
| | （1）FE_OTH | （2）FE_OTHD | （3）FE_OTHP | （4）FE_OTH | （5）FE_OTHD | （6）FE_OTHP |
| FE_CEO | 0.2832 | 0.2832 | 0.3856 * | 0.2792 | 0.2791 | 0.3578 * |
| | （1.5481） | （1.5480） | （1.7813） | （1.5494） | （1.5492） | （1.6717） |
| FE_CFO | - 0.1913 * | - 0.1921 * | - 0.0768 | - 0.1807 * | - 0.1818 * | - 0.0919 |
| | （ - 1.9077） | （ - 1.9189） | （ - 0.4767） | （ - 1.8183） | （ - 1.8323） | （ - 0.5765） |

Panel C：女性高管类型与财务舞弊（2000 ~ 2006 年）

| 变量 | 以 FDUM 为因变量 | | | 以 FDEG 为因变量 | | |
|---|---|---|---|---|---|---|
| | （1）FE_OTH | （2）FE_OTHD | （3）FE_OTHP | （4）FE_OTH | （5）FE_OTHD | （6）FE_OTHP |
| FE_CEO | 0.3807 ** | 0.3712 ** | 0.2825 | 0.3630 ** | 0.3493 * | 0.2521 |
| | （2.0660） | （2.0160） | （1.2811） | （1.9809） | （1.9071） | （1.1498） |
| FE_CFO | - 0.3522 *** | - 0.3662 *** | - 0.4466 *** | - 0.3630 *** | - 0.3765 *** | - 0.4737 *** |
| | （ - 3.0297） | （ - 3.1581） | （ - 2.6052） | （ - 3.1259） | （ - 3.2505） | （ - 2.7589） |

注：*、**、*** 分别表示在 10%、5%、1% 水平上显著（双尾），括号中报告的是 Z 值。

### （二）自选择效应控制：赫克曼（Heckman）两阶段模型

女性高管的存在会受限于企业内外部一系列因素，可能并不服从随机分布。因此为了降低回归分析中上述自选择效应（Self-selection Effect）的影响，本节采用 Heckman 两阶段模型对之予以控制。具体而言，第一步，参照古尔等（Gul et al.，2011）、李小荣和刘行（2012）的研究设计，构建女性高管预测的模型（3 – 9），应用 Probit 回归计算逆米尔斯比率 IMR。模型（3 – 9）列示如下：

$$FE\_DUM = C + \alpha_1 TONGHANG + \alpha_2 BOARD + \alpha_3 NATURE + \alpha_4 SIZE +$$
$$\alpha_5 TOBINQ + \alpha_6 GROWTH + \alpha_7 AGE + \alpha_8 RET +$$
$$\alpha_9 SIGMA + \alpha_{10} LONG + YEAR + INDUS + \varepsilon \qquad (3 – 9)$$

莱诺克斯（Lennox et al.，2012）指出在 Heckman 第一阶段回归方程中需要包括排除性约束变量，参照李小荣和刘行（2012）的研究设计，模型（3 – 9）选择上市公司所在行业的除自身外其他公司平均女性高管数量 TONGHANG 充当这一角色。此外，模型（3 – 9）中的控制变量包括企业价值 TOBINQ（等于（期末市价×流通股数 + 每股净资产×非流通股数 + 负债账面价值）/总资产账面价值）、成长能力 GROWTH（等于营业收入增长率）、市场收益率 RET（等于股票年度平均周收益率代替）和企业风险环境 SIGMA（等于年度周收益率的标准差），其余各变量定义与表 3 – 11 相同。由于变量选择的变化，有效样本降低至 14428。Heckman 第一阶段回归模型结果见表 3 – 21，TONGHANG 在 1% 水平上显著为负（系数 = – 0.6665，Z 值 = – 5.2307），造成这一现象的原因可能在于目前我国女性高管的数量有限、同一行业公司之间呈现此增彼减的关系所致；BOARD 在 1% 水平上显著为正（系数 = 0.4674，Z 值 = 6.5011），折射出当董事会规模扩大时、存在女性高管的概率会相应增加的事实；NATURE、SIZE 和 AGE 显著为负，反映出国有产权、公司规模和高管平均年龄均会降低女性高管的存在概率。

表 3 – 21　　女性高管选择模型（Heckman 第一阶段 Probit 回归）

| 变量 | 因变量：FE_DUM | | |
| --- | --- | --- | --- |
| | 系数 | Z 值 | P 值 |
| C | 5.0504 *** | 9.4775 | 0.0000 |
| TONGHANG | – 0.6665 *** | – 5.2307 | 0.0000 |

| 变量 | 因变量：FE_DUM | | |
|---|---|---|---|
| | 系数 | Z 值 | P 值 |
| BOARD | 0.4674 *** | 6.5011 | 0.0000 |
| NATURE | − 0.1672 *** | − 4.5300 | 0.0000 |
| SIZE | − 0.0709 *** | − 4.5797 | 0.0000 |
| TOBINQ | 0.0000 | 0.0197 | 0.9843 |
| GROWTH | 0.0000 | 0.1419 | 0.8871 |
| AGE | − 0.0203 *** | − 3.9764 | 0.0001 |
| RET | 2.1838 | 1.2509 | 0.2110 |
| SIGMA | − 0.4205 | − 0.9662 | 0.3339 |
| LONG | 0.0054 | 1.1672 | 0.2431 |
| YEAR/INDUS | control | | |
| No. | 14428 | | |
| Pseudo $R^2$ | 0.0632 | | |
| LR Chi2 | 628.0893 | | |
| P 值 | 0.0000 | | |

注：*、**、*** 分别表示在10%、5%、1%水平上显著（双尾）。

在 Heckman 第二阶段回归模型中，将第一阶段计算出的 IMR 放入模型 (3 - 7) 和模型 (3 - 8) 作为控制变量，详细的回归结果如表 3 - 22 和表 3 - 23所示。在表 3 - 22 中，女性高管测试变量 FE_NUM、FE_DUM 和 FE_RAT 的符号均为负，且 FE_NUM 在 10% 水平上显著、FE_RAT 在接近 10% 水平上 边际显著（Fan 和 Wong，2005），基本上支持了假设 H3 - 6。表 3 - 23 中第 (1) 列FE_CEO在 1% 水平上显著为正（边际影响 = 0.0241），FE_CFO 在 1% 水平上显著为负（边际影响 = − 0.0195），女性 CEO 的边际影响高于女性 CFO，这同表 3 - 21 的研究发现保持一致，支持了假设 H3 - 7 和假设 H3 - 8。第 (2) 列和第 (3) 列中 FE_CEO 的边际影响分别为 0.0258 和 0.0226，FE_CFO 的边际影响分别为 − 0.0183 和 − 0.0200；第 (4) 列中 FDEG 取值为 1、2、3 时，FE_CEO 的边际影响分别为 0.0065、0.0104 和 0.0064，FE_CFO 的边际效应分别为 − 0.0054、− 0.0086 和 − 0.0053；第 (5) 列中 FDEG 取值为 1、2、3 时，FE_CEO 的边际影响分别为 0.0069、0.0109 和 0.0068，FE _CFO 的边际影响分别为 − 0.0051、− 0.0082 和 − 0.0051；第 (6) 列中 FDEG 取值为 1、2、3 时，FE_CEO 的边际影响分

别为 0.0060、0.0091 和 0.0059，*FE_CFO* 的边际影响分别为 - 0.0060、
- 0.0091和 - 0.0059；上述系数均在 1% 水平显著，假设 H3 - 7 和假设 H3 -
8 得到进一步验证，且在边际影响方面，女性 CEO 的绝对值高于女性 CFO，
反映出财务决策中 CEO 影响力大于 CFO。

表 3 - 22　　　　女性高管与财务舞弊：Heckman 第二阶段回归分析

| 变量 | 因变量：*FDUM* | | | 因变量：*FDEG* | | |
|---|---|---|---|---|---|---|
| | (1) | (2) | (3) | (4) | (5) | (6) |
| *C* | 1.2176<br>(1.4083) | 1.6529<br>(1.2048) | 1.3632<br>(1.5470) | | | |
| *FE_NUM* | - 0.0368 *<br>( - 1.7215) | | | - 0.0379 *<br>( - 1.7832) | | |
| *FE_DUM* | | - 0.4577<br>( - 0.5252) | | | - 0.4798<br>( - 0.5485) | |
| *FE_RAT* | | | - 0.5396 *a*<br>( - 1.4720) | | | - 0.5591 *b*<br>( - 1.5312) |
| *FIRST* | - 1.6086 ***<br>( - 7.3037) | - 1.6056 ***<br>( - 7.2893) | - 1.5979 ***<br>( - 7.2576) | - 1.6130 ***<br>( - 7.3718) | - 1.6121 ***<br>( - 7.3660) | - 1.6025 ***<br>( - 7.3253) |
| *BOARD* | 0.1694<br>(1.1340) | 0.1609<br>(0.9676) | 0.1090<br>(0.7434) | 0.1774<br>(1.1965) | 0.1690<br>(1.0204) | 0.1153<br>(0.7931) |
| *DUAL* | 0.1041<br>(1.1816) | 0.1003<br>(1.1391) | 0.1065<br>(1.2088) | 0.0968<br>(1.1076) | 0.0933<br>(1.0677) | 0.0995<br>(1.1376) |
| *NATURE* | - 0.4623 ***<br>( - 6.6461) | - 0.4682 ***<br>( - 6.4134) | - 0.4667 ***<br>( - 6.6855) | - 0.4784 ***<br>( - 6.9170) | - 0.4853 ***<br>( - 6.6713) | - 0.4829 ***<br>( - 6.9593) |
| *SIZE* | - 0.1032 ***<br>( - 2.8879) | - 0.1045 ***<br>( - 2.8121) | - 0.1044 ***<br>( - 2.9119) | - 0.0932 ***<br>( - 2.6344) | - 0.0945 **<br>( - 2.5663) | - 0.0944 **<br>( - 2.6588) |
| *LOSS* | 1.0339 ***<br>(13.6006) | 1.0355 ***<br>(13.6254) | 1.0345 ***<br>(13.6092) | 1.0497 ***<br>(13.9446) | 1.0506 ***<br>(13.9594) | 1.0502 ***<br>(13.9521) |
| *LIST* | 0.3199 ***<br>(3.0801) | 0.3237 ***<br>(3.1188) | 0.3214 ***<br>(3.0960) | 0.3030 ***<br>(2.9680) | 0.3065 ***<br>(3.0032) | 0.3049 ***<br>(2.9875) |
| *LEV* | 0.2229 **<br>(2.0294) | 0.2228 **<br>(2.0303) | 0.2223 **<br>(2.0234) | 0.1952 *<br>(1.8129) | 0.1959 *<br>(1.8204) | 0.1943 *<br>(1.8044) |
| *AGE* | - 0.0318 ***<br>( - 3.0520) | - 0.0326 ***<br>( - 2.9511) | - 0.0318 ***<br>( - 3.0490) | - 0.0344 ***<br>( - 3.3316) | - 0.0352 ***<br>( - 3.2151) | - 0.0344 ***<br>( - 3.3288) |
| *LONG* | 0.0467 ***<br>(4.4186) | 0.0460 ***<br>(4.3412) | 0.0467 ***<br>(4.4139) | 0.0461 ***<br>(4.4043) | 0.0453 ***<br>(4.3244) | 0.0461 ***<br>(4.3992) |

| 变量 | 因变量：FDUM | | | 因变量：FDEG | | |
|---|---|---|---|---|---|---|
| | (1) | (2) | (3) | (4) | (5) | (6) |
| IMR | − 0.0393 | 0.1506 | − 0.0456 | − 0.0362 | 0.1639 | − 0.0425 |
| | ( − 0.6961) | (0.3297) | ( − 0.8040) | ( − 0.6458) | (0.3575) | ( − 0.7549) |
| C(1) | | | | − 1.1888 | − 1.6432 | − 1.3380 |
| | | | | ( − 1.3874) | ( − 1.2032) | ( − 1.5322) |
| C(2) | | | | − 0.7462 | − 1.2008 | − 0.8954 |
| | | | | ( − 0.8708) | ( − 0.8792) | ( − 1.0253) |
| C(3) | | | | 0.3938 | − 0.0611 | 0.2447 |
| | | | | (0.4590) | ( − 0.0447) | (0.2798) |
| YEAR/INDUS | control | control | control | control | control | control |
| No. | 14428 | 14428 | 14428 | 14428 | 14428 | 14428 |
| Pseudo R$^2$ | 0.1059 | 0.1056 | 0.1058 | 0.0821 | 0.0818 | 0.0820 |
| LR Chi2 | 945.4347 | 942.7147 | 944.6238 | 968.2813 | 965.3659 | 967.4305 |
| P 值 | 0.0000 | 0.0000 | 0.0000 | 0.0000 | 0.0000 | 0.0000 |

注：*、**、*** 分别表示在10%、5%、1%水平上显著（双尾），括号中报告的是 Z 值。a 处 P 值 = 0.1410，b 处 P 值 = 0.1257。

表 3 − 23    女性高管类型与财务舞弊：Heckman 第二阶段回归分析

| 变量 | 因变量：FDUM | | | 因变量：FDEG | | |
|---|---|---|---|---|---|---|
| | (1) | (2) | (3) | (4) | (5) | (6) |
| C | 1.1746 | 0.9121 | 1.5243 | | | |
| | (1.3570) | (1.0196) | (1.5144) | | | |
| FE_CEO | 0.3120 ** | 0.3335 ** | 0.2959 * | 0.3007 ** | 0.3175 ** | 0.2749 * |
| | (2.4124) | (2.5480) | (1.9321) | (2.3469) | (2.4471) | (1.8065) |
| FE_CFO | − 0.2521 *** | − 0.2366 *** | − 0.2623 ** | − 0.2502 *** | − 0.2382 *** | − 0.2740 ** |
| | ( − 3.2864) | ( − 3.0156) | ( − 2.2460) | ( − 3.2761) | ( − 3.0501) | ( − 2.3548) |
| FE_OTH | − 0.0233 | | | − 0.0248 | | |
| | ( − 1.0346) | | | ( − 1.1021) | | |
| FE_OTHD | | 0.1664 | | | 0.1306 | |
| | | (0.8523) | | | (0.6732) | |
| FE_OTHP | | | − 0.0383 | | | − 0.0705 |
| | | | ( − 0.1619) | | | ( − 0.2995) |
| FIRST | − 1.6233 *** | − 1.6155 *** | − 1.6194 *** | − 1.6235 *** | − 1.6168 *** | − 1.6077 *** |
| | ( − 7.3544) | ( − 7.3232) | ( − 6.7775) | ( − 7.4060) | ( − 7.3793) | ( − 6.7801) |

续表

| 变量 | 因变量：FDUM | | | 因变量：FDEG | | |
|---|---|---|---|---|---|---|
| | （1） | （2） | （3） | （4） | （5） | （6） |
| BOARD | 0.1475<br>（0.9864） | 0.0981<br>（0.6628） | 0.5002**<br>（2.2771） | 0.1566<br>（1.0558） | 0.1094<br>（0.7448） | 0.4956**<br>（2.2710） |
| DUAL | 0.1059<br>（1.2012） | 0.1057<br>（1.1989） | 0.1159<br>（1.2545） | 0.0987<br>（1.1291） | 0.0989<br>（1.1310） | 0.1103<br>（1.2038） |
| NATURE | −0.4618***<br>（−6.6205） | −0.4541***<br>（−6.4877） | −0.5477***<br>（−6.2529） | −0.4791***<br>（−6.9086） | −0.4727***<br>（−6.7918） | −0.5561***<br>（−6.3955） |
| SIZE | −0.1063***<br>（−2.9713） | −0.1023***<br>（−2.8601） | −0.1426***<br>（−3.2680） | −0.0972***<br>（−2.7415） | −0.0934***<br>（−2.6341） | −0.1334***<br>（−3.0863） |
| LOSS | 1.0381***<br>（13.6401） | 1.0395***<br>（13.6624） | 1.0150***<br>（12.5098） | 1.0527***<br>（13.9754） | 1.0539***<br>（13.9910） | 1.0280***<br>（12.8133） |
| LIST | 0.3187***<br>（3.0679） | 0.3207***<br>（3.0886） | 0.3330***<br>（3.0246） | 0.3002***<br>（2.9402） | 0.3017***<br>（2.9547） | 0.3104***<br>（2.8709） |
| LEV | 0.2173**<br>（1.9731） | 0.2150*<br>（1.9520） | 0.2288**<br>（1.9930） | 0.1898*<br>（1.7583） | 0.1883*<br>（1.7435） | 0.2037*<br>（1.8109） |
| AGE | −0.0283***<br>（−2.7087） | −0.0267**<br>（−2.5530） | −0.0385***<br>（−2.9251） | −0.0309***<br>（−2.9831） | −0.0294***<br>（−2.8365） | −0.0398***<br>（−3.0593） |
| LONG | 0.0457***<br>（4.3162） | 0.0448***<br>（4.2429） | 0.0460***<br>（4.0744） | 0.0451***<br>（4.3062） | 0.0442***<br>（4.2272） | 0.0455***<br>（4.0678） |
| IMR | −0.0375<br>（−0.6628） | −0.1506<br>（−1.3390） | 1.6044<br>（1.4265） | −0.0341<br>（−0.6067） | −0.1302<br>（−1.1655） | 1.4794<br>（1.3264） |
| C（1） | | | | −1.1605<br>（−1.3529） | −0.9361<br>（−1.0555） | −1.5106<br>（−1.5141） |
| C（2） | | | | −0.7172<br>（−0.8360） | −0.4930<br>（−0.5558） | −1.0593<br>（−1.0616） |
| C（3） | | | | 0.4237<br>（0.4933） | 0.6477<br>（0.7293） | 0.0437<br>（0.0438） |
| YEAR/INDUS | control | control | control | control | control | control |
| No. | 14428 | 14428 | 12854 | 14428 | 14428 | 12854 |
| Pseudo R² | 0.1075 | 0.1075 | 0.1071 | 0.0833 | 0.0833 | 0.0829 |
| LR Chi2 | 960.2957 | 959.9683 | 843.1565 | 982.7715 | 982.0139 | 862.1828 |
| P 值 | 0.0000 | 0.0000 | 0.0000 | 0.0000 | 0.0000 | 0.0000 |

注：*、**、***分别表示在10%、5%、1%水平上显著（双尾），括号中报告的是Z值。

## （三）女性高管的进一步细化

在中国情境下的企业实际决策中，董事长的话语权往往较为重要，因此本节在模型（3-8）的基础上进一步将女性高管细化为女性 CEO、女性 CFO、女性董事长和女性其他高管，进行多元回归分析。详细结果如表 3-24 所示，*FE_CEO* 都在 1% 水平上显著为正，*FE_CFO* 都在 1% 水平上显著为负，符合假设 H3-7 和假设 H3-8 的预期，且经过转换后 *FE_CEO* 的边际影响绝对值均大于 *FE_CFO*①，同样反映出女性 CEO 的影响力更大。女性董事长 *FE_CDIR* 在第（1）列~第（6）列中为负、均不显著，说明在企业财务舞弊中女性董事长的影响力有限，造成这一结果的原因可能在于：（1）不同于 CEO，通常董事长扮演监督经理人以保护外部投资者利益的角色，因此即使董事长可以从财务舞弊中获取利益，但是源于职责定位、其主动推动企业进行财务舞弊的倾向更低，甚至可能会在某种程度上抑制财务舞弊行为的发生和严重程度，这一点从 *FE_CDIR* 的系数小于 0 可以得知。（2）一般情况下，在国有企业中，董事长是单位第一责任人，而在民营企业，董事长则是大股东的利益代表，从而如果进行财务舞弊，国有企业的董事长将会由于责任承担、民营企业则基于财富损失考虑，均不愿意主动参与财务舞弊。（3）更为重要的是，可以从财务舞弊中获益的大多是迫于考核压力（包括业绩考核、保壳动机、负债审核等）的 CEO 们，董事长面临这一方面的压力相对较低。

表 3-24　　　　　女性高管类型与财务舞弊：区分出女性董事长

| 变量 | 因变量：FDUM | | | 因变量：FDEG | | |
|---|---|---|---|---|---|---|
| | (1) | (2) | (3) | (4) | (5) | (6) |
| C | 0.6947 (0.8104) | 0.6410 (0.7444) | 0.4431 (0.4733) | | | |
| FE_CEO | 0.3397*** (2.5857) | 0.3409*** (2.5960) | 0.3706** (2.4377) | 0.3366*** (2.5792) | 0.3371*** (2.5834) | 0.3558** (2.3508) |

① 第（1）列中 *FE_CEO* 和 *FE_CFO* 的边际影响分别为 0.0267 和 -0.0195；第（2）列中 *FE_CEO* 和 *FE_CFO* 的边际影响分别为 0.0295 和 -0.0178；第（3）列中 *FE_CEO* 和 *FE_CFO* 的边际影响分别为 0.0268 和 -0.0183；第（4）列中，当 *FDEG* 取值 1、2、3 时，*FE_CEO* 的边际影响分别为 0.0074、0.0118 和 0.0073，*FE_CFO* 的边际影响分别为 -0.0054、-0.0087 和 -0.0054；第（5）列中，当 *FDEG* 取值 1、2、3 时，*FE_CEO* 的边际影响分别为 0.0080、0.0129 和 0.0080，*FE_CFO* 的边际影响分别为 -0.0050、-0.0080 和 -0.0050；第（6）列中，当 *FDEG* 取值 1、2、3 时，*FE_CEO* 的边际影响分别为 0.0074、0.0112 和 0.0073，*FE_CFO* 的边际影响分别为 -0.0054、-0.0083 和 -0.0054。

| 变量 | 因变量：FDUM | | | 因变量：FDEG | | |
|---|---|---|---|---|---|---|
| | （1） | （2） | （3） | （4） | （5） | （6） |
| FE_CFO | − 0. 2695 *** | − 0. 2763 *** | − 0. 2316 ** | − 0. 2682 *** | − 0. 2753 *** | − 0. 2448 ** |
| | （ − 3. 5774） | （ − 3. 6750） | （ − 2. 0512） | （ − 3. 5740） | （ − 3. 6755） | （ − 2. 1751） |
| FE_CDIR | − 0. 2227 | − 0. 2254 | − 0. 1932 | − 0. 2516 | − 0. 2540 | − 0. 2288 |
| | （ − 1. 3727） | （ − 1. 3903） | （ − 1. 1066） | （ − 1. 5560） | （ − 1. 5714） | （ − 1. 3127） |
| FE_OTH | − 0. 0253 | | | − 0. 0258 | | |
| | （ − 1. 2622） | | | （ − 1. 2886） | | |
| FE_OTHD | | − 0. 0054 | | | − 0. 0097 | |
| | | （ − 0. 0634） | | | （ − 0. 1136） | |
| FE_OTHP | | | 0. 0801 | | | 0. 0473 |
| | | | （0. 3523） | | | （0. 2089） |
| FIRST | − 1. 6517 *** | − 1. 6436 *** | − 1. 6198 *** | − 1. 6509 *** | − 1. 6434 *** | − 1. 6104 *** |
| | （ − 7. 5136） | （ − 7. 4802） | （ − 6. 8303） | （ − 7. 5597） | （ − 7. 5285） | （ − 6. 8416） |
| BOARD | 0. 1619 | 0. 1273 | 0. 2872 * | 0. 1713 | 0. 1368 | 0. 2992 * |
| | （1. 0931） | （0. 8737） | （1. 8347） | （1. 1660） | （0. 9461） | （1. 9262） |
| DUAL | 0. 1087 | 0. 1069 | 0. 1278 | 0. 1032 | 0. 1020 | 0. 1235 |
| | （1. 2512） | （1. 2303） | （1. 4040） | （1. 1968） | （1. 1830） | （1. 3675） |
| NATURE | − 0. 4611 *** | − 0. 4602 *** | − 0. 4826 *** | − 0. 4790 *** | − 0. 4785 *** | − 0. 4973 *** |
| | （ − 6. 6482） | （ − 6. 6388） | （ − 6. 5905） | （ − 6. 9436） | （ − 6. 9390） | （ − 6. 8337） |
| SIZE | − 0. 0903 ** | − 0. 0883 ** | − 0. 0981 ** | − 0. 0822 ** | − 0. 0804 ** | − 0. 0923 ** |
| | （ − 2. 5555） | （ − 2. 5019） | （ − 2. 6144） | （ − 2. 3494） | （ − 2. 2976） | （ − 2. 4821） |
| LOSS | 1. 0421 *** | 1. 0433 *** | 1. 0175 *** | 1. 0568 *** | 1. 0577 *** | 1. 0304 *** |
| | （13. 8259） | （13. 8464） | （12. 6509） | （14. 1646） | （14. 1792） | （12. 9539） |
| LIST | 0. 3159 *** | 0. 3193 *** | 0. 3407 *** | 0. 2992 *** | 0. 3018 *** | 0. 3185 *** |
| | （3. 0711） | （3. 1053） | （3. 1297） | （2. 9556） | （2. 9817） | （2. 9758） |
| LEV | 0. 1620 | 0. 1618 | 0. 1875 * | 0. 1376 | 0. 1378 | 0. 1653 |
| | （1. 5241） | （1. 5222） | （1. 6830） | （1. 3175） | （1. 3199） | （1. 5105） |
| AGE | − 0. 0267 ** | − 0. 0258 ** | − 0. 0260 ** | − 0. 0292 *** | − 0. 0282 *** | − 0. 0281 ** |
| | （ − 2. 5698） | （ − 2. 4841） | （ − 2. 3327） | （ − 2. 8371） | （ − 2. 7464） | （ − 2. 5485） |
| LONG | 0. 0487 *** | 0. 0478 *** | 0. 0466 *** | 0. 0482 *** | 0. 0473 *** | 0. 0463 *** |
| | （4. 6249） | （4. 5514） | （4. 2120） | （4. 6223） | （4. 5491） | （4. 2237） |
| C（1） | | | | − 0. 6966 | − 0. 6464 | − 0. 4947 |
| | | | | （ − 0. 8195） | （ − 0. 7571） | （ − 0. 5318） |
| C（2） | | | | − 0. 2540 | − 0. 2039 | − 0. 0447 |
| | | | | （ − 0. 2987） | （ − 0. 2387） | （ − 0. 0481） |

| 变量 | 因变量：FDUM | | | 因变量：FDEG | | |
|---|---|---|---|---|---|---|
| | (1) | (2) | (3) | (4) | (5) | (6) |
| $C(3)$ | | | | 0.8933<br>(1.0492) | 0.9432<br>(1.1029) | 1.0664<br>(1.1446) |
| YEAR/INDUS | control | control | control | control | control | control |
| No. | 14604 | 14604 | 13006 | 14604 | 14604 | 13006 |
| Pseudo $R^2$ | 0.1054 | 0.1052 | 0.1053 | 0.0818 | 0.0817 | 0.0817 |
| LR Chi2 | 949.7271 | 948.1291 | 836.7063 | 973.5342 | 971.8769 | 857.0972 |
| P 值 | 0.0000 | 0.0000 | 0.0000 | 0.0000 | 0.0000 | 0.0000 |

注：*、**、***分别表示在 10%、5%、1% 水平上显著（双尾），括号中报告的是 Z 值。

## 六、研究结论与政策启示

女性高管在中国资本市场中日趋普遍，其能否利用独特的女性优势、改进企业治理水平已成为目前亟须检验的问题。本节基于 2000～2012 年的上市公司财务舞弊数据，实证分析女性高管这一行为的抑制作用。研究表明：总体上女性高管显著降低了企业财务舞弊的倾向和严重程度，当将女性高管按照在财务决策中的影响力进行分组后发现，主要女性 CFO 在其中能抑制财务舞弊行为，而女性 CEO 反而加剧了财务舞弊的倾向和严重程度，且女性 CEO 在其中的影响力较女性 CFO 高。形成上述明显不同现象的原因可能在于激励契约设定、风险承担、职业经历等方面差异所致。进一步按照会计准则变迁划分研究区间后发现，外部制度的完善有助于女性高管积极作用的发挥，表现为女性高管包括女性 CFO 抑制财务舞弊的边际效应更高。

上述研究发现具有以下政策启示意义：首先，现阶段中国政府注重培养女性高管、发挥女性的积极作用，本节的经验证据在一定程度上表明这一政策是有效的，尤其是在减少企业违规行为方面，未来可以考虑将女性的这一优势向诸如风险控制等其他领域延伸。其次，针对女性 CFO 和女性 CEO 对于财务舞弊行为表现出两种截然相反的作用，因此未来在进行组织机构中的权责设计时，在职位安排中应将性别这一因素纳入考虑，不可一概而论。最后，在应用性别优势改进内部治理的同时，还应不断完善公司所处的外部制度（如会计准则等），这将会进一步激发女性优势的发挥。限于研究主题，本节未对以下问题进行深入分析：（1）深入企业进行实地调研，发掘女性高管影响企业财务舞弊等行为的路径；（2）女性其他高管或女性董事长是否会对其他企业行为形成影响，这一影响为何在财务舞弊中无法体现；（3）除会计准则外的外部环境将会对女性高管行为产生何种影响，如何寻找其他外部环境的替代变量。以上将是未来进一步拓展研究的方向。

## 第四节 女性董事、法律环境与审计努力程度

随着经济的发展和女性社会地位的日益提高，女性董事已经成为普遍现象。已有研究表明女性董事在监督管理层的行为中更加积极、呈现出明显的风险厌恶特征，上述行为特征是否会影响到外部审计努力程度值得关注。本节以 2001～2009 年的中国资本市场 A 股上市公司为样本，实证分析了女性董事与审计努力程度之间的关系。研究结果表明，女性董事显著降低了审计努力程度，进一步将女性董事区分为女性独立董事和女性非独立董事后，发现主要是女性独立董事在其中发挥了作用，且女性董事的这一效应随着法律环境的完善明显减弱。本节丰富了女性董事与审计行为之间关系的研究，增进了对审计努力程度影响因素的理解。

## 一、引言

近期的一系列研究表明，女性董事在全球范围内广泛存在（Adams and Flynn, 2005; Adams and Ferreira, 2009），女性董事已经对股价信息含量、盈余质量乃至审计收费等会计审计行为产生了重要影响（Gul et al., 2011; Srinidhi et al., 2011; Krishnan and Parsons, 2008; Ittonen et al., 2012）。在中国，女性董事已经成为一种普遍现象，据《中国企业家》杂志发布的 2010 年度上市公司女性高管报告显示，拥有女性董事的上市公司所占比例已达到 59.65%，其中女性独立董事和非独立董事的人数分别为 718 和 814。通常而言，女性董事在监督管理层中表现得更加积极（Adams and Ferreira, 2009）、呈现出明显的风险厌恶特征（Gul et al., 2008; 祝继高等, 2012）。外部审计是监督管理层的重要机制，可以降低企业面临的道德风险（Jensen and Meckling, 1976）。那么上市公司的女性董事与外部审计努力程度（以下简称"审计努力程度"）之间呈现相互替代关系，抑或女性董事会促进外部审计努力程度提升以增强监督力度、降低企业风险。换言之，女性董事与审计努力程度之间的关系如何，本节将结合我国上市公司所处的法律环境，以审计收费作为审计努力程度的替代变量对上述问题展开实证研究。

一些研究表明，女性董事增加了审计努力程度[①]，如古尔等（Gul et al.，2008）以 2001～2003 年的美国上市公司为样本，研究发现当公司至少有一名女性董事或女性董事比例越高时，审计收费显著较高，且这一关系对于女性非执行董事（Non-executive Director）而言仍然成立。而伊托宁等（Ittonen et al.，2012）则将研究视角聚焦于审计委员会，以 2006～2008 年的标准普尔 500 公司为分析样本，实证研究结果表明当审计委员会主席是女性时，审计收费会显著降低。上述研究大多是以美国资本市场为对象展开的，且研究结论呈现出较大差异。中国资本市场显著有异于美国，表现在女性董事上，更多地呈现出政府干预的特征，如 2011 年 7 月 30 日国务院印发的《中国妇女发展纲要（2010～2020）》明确要求"企业董事会、监事会成员及管理层中的女性比例逐步提高"。在这一背景下，国外的研究结论未必适合中国的现实国情，深入分析女性董事对于审计努力程度的影响无疑显得很有意义。

本节以 2001～2009 年的中国 A 股上市公司为对象，研究发现女性董事（女性独立董事）对于审计努力程度产生了显著的负面影响，随着上市公司所处法律环境的完善、法律风险的上升，负面影响有所减弱。当应用 Heckman 两阶段回归控制自选择问题后，这一研究结论仍然成立。本节对已有文献的可能贡献之处体现在以下 3 个方面：（1）之前鲜有文献关注到新兴市场中女性董事与审计努力程度之间的关系，本节以中国上市公司为样本，为这一领域的相关研究提供了增量的经验证据，有助于加深对于女性董事经济后果这一颇为重要问题的认识和理解；（2）在前人文献的基础上，结合中国的制度背景，进一步考察了法律环境对于女性董事与审计努力程度之间的交互影响，从而丰富了这一领域的研究文献；（3）详细区分了女性独立

---

① 审计努力程度通常而言无法直接观察和度量，文献中通常应用审计收费作为审计努力程度的代理变量（如 Gul and Tsui，1998；Carcello et al.，2002；Gul et al.，2008），本书同样采用这一方法度量审计努力程度。

董事和女性非独立董事，并从女性董事影响审计努力程度的视角比较了二者之间的差异，使得实证分析更为深入和细致，拓展了女性董事研究的相关文献。

## 二、理论分析与研究假设

两权分离是现代企业结构的基本特征，由此不可避免地会导致经理层的机会主义行为、代理成本等问题（Jensen and Meckling，1976）。董事会是公司治理的重要环节，可以在一定程度上控制上述损害股东利益行为的发生（Fama and Jensen，1983）。现有的众多研究关注到有效的董事会有助于降低盈余管理程度（Klein，2002）、抑制财务舞弊的发生（Beasley，1996）、降低债务成本（Andersonet al.，2004）。近些年来，陆续开始有相关研究关注到女性董事在提升公司治理水平方面的积极作用。亚当斯和费雷拉（Adams and Ferreira，2009）研究发现较男性董事而言，女性董事出席会议的记录更加良好，且当董事会性别多样性（Gender-diversity）越强，男性董事出席会议的问题记录越少。如果公司仅仅为了改善形象而拥有女性董事，不注重女性董事的潜在贡献，那么她们被安排在有权力且有影响力的董事会下设委员会的可能性较小（Stultz，1979）。亚当斯和费雷拉（2009）进一步研究发现女性董事加入专门的监督委员会（审计委员会、提名委员会和公司治理委员会）概率更高，这一现象表明性别异质性强（性别多样性）的董事会在监督中投入了更多的精力，监督力度更强，且性别多样化提高了CEO更换业绩敏感性和权益性激励薪酬的比例。上述经验证据支持了女性董事有效地改进了公司治理的观点。尼尔森和胡斯（Nielsen and Huse，2010）以201家挪威公司的调查数据为对象，试图打开女性董事影响董事会行为的"黑匣子"。研究表明女性董事比例与公司战略控制显著正相关，此外女性董事通过增强董事会的开发活动（Board Development Activities）和减少冲突提高了董事会的有效性。

与董事会相类似，审计同样在公司治理的监督环节发挥着重要作用（Jensen and Meckling，1976；Watts and Zimmerman，1986）。范和黄（Fan and Wong，2005）以东亚八个经济体的上市公司数据研究发现，当公司权益融资更加频繁时，更加倾向于选择五大①进行外部审计以减弱股权代理成本的影响，相应地公司股票折价率（Share Price Discounts）更低，作者据此认为外部审计在新兴经济体中扮演了公司治理的角色。大股东资金占用是我国资本市场上颇具独特的现象之一，如果大股东资金占用越多，表明大股东和中小股东之间的利益冲突越严重，代理成本越高。江等（Jiang et al.，2010）、杜兴强等（2010）以大股东资金占用为对象，实证分析了独立审计能否抑制大股东资金占用，研究结果表明高质量独立审计能够显著减少大股东资金占用，从而起到了公司治理的作用。

金亚译瓦（Knyazeva，2007）认为不同的公司治理机制之间呈现出替代性关系，这一观点已经为众多的经验证据所支持。如波拉塔等（La Porta et al.，1998）研究发现，当一个国家的外部治理环境不完善、股东利益难以得到有效保护时，股权集中、从而大股东实施有效监督的机制应运而生。崔和黄（Choi and Wong，2007）以 39 个国家的公司数据检验了独立审计的公司治理功能与外部法律环境（外部公司治理机制的重要组成部分）之间的关系，研究结果表明在法律环境弱的国家，独立审计的公司治理作用更加凸显。亚当斯和费雷拉（Adams and Ferreira，2009）、周等（Zhou et al.，2012）研究发现，女性董事与其他良好的公司治理之间同样呈现出替代关系，表现为当女性董事改进了公司治理时，其他增强公司治理水平的机制出现会使得女性董事的公司治理功能有所减低。同样地，体现在审计努力程度方面，即女性董事有助于改善公司治理、从而减弱了公司对于审计努力程度的需求。综上所述，本节提出如下假设 H3 - 9：

H3 - 9：限定其他条件，女性董事与审计努力程度显著负相关。

法律风险是影响审计决策的重要因素，已经有众多的文献关注到法律风险对于审计收费、审计意见的影响。斯沙拉曼等（Seetharaman et al.，2002）在比较分析了英国公司和英美交叉上市公司在审计收费上的差异后发现，审计师对在美国交叉上市的公司收取了更高的审计收费，作者将原因归结于英国、美国在法律风险上的差异。文卡塔拉曼等（Venkataraman et al.，2008）以 IPO 公司为样本，研究发现随着法律风险的提高，审计质量和审计收费都会相应地提升。在国内，陈小林和潘克勤（2007）的经验证据表明法律环境的改

———————————

① 会计师事务所经历了"国际八大"→"国际五大"→"国际四大"的演变过程。

善、法律执行力度的提升均显著提升了审计定价。冯延超和梁莱歆（2011）研究发现法律风险与审计收费、非标准审计意见呈现显著正相关关系。

上述经验证据均显示当法律风险较高时，审计师会相应地提高审计收费，审计质量也会相应地提高，基本上反映出审计师在进行审计决策时会将法律风险因素考虑在内。在我国，由于地区之间经济发展的不均衡，导致不同地区之间的法律发展水平、法律执行环境等均存在较大差异，已经逐步形成了东部优于中部、中部优于西部的不平衡格局（夏立军和陈信元，2007）。当上市公司所处地区的法律环境更为完善时，法律风险会相应上升。由于审计师会对公司所处的法律风险环境呈现出一定的敏感性，王等（Wang et al.，2008）的研究发现，高法律风险对国有企业选择地方小所的倾向具有显著的降低作用。贾纳科普罗斯和伯纳赛克（Jianakoplos and Bernasek，1998）、马丁等（Martin et al.，2009）、祝继高等（2012）均研究发现女性在经济决策中更加厌恶风险，当法律风险较高时，女性董事可以通过增加审计努力程度以减少企业面临的风险水平。换言之，可以合理地预期，当法律环境较为完善、法律风险较高时，女性董事降低审计努力程度的水平会相应地有所减弱。基于上述分析，提出如下假设 H3 - 10：

H3 - 10：限定其他条件，法律环境显著降低了女性董事与审计努力程度之间的负相关性。

## 三、样本选择与研究设计

### （一）样本选择

本节以 2001～2009 年在深交所和上交所上市交易的全部 A 股上市公司作为初始样本，并按照如下顺序进行了样本筛选：（1）由于会计准则规定和行业上的差异，遵循研究惯例剔除处于金融保险行业（中国证监会行业代码 I）的上市公司；（2）由于交易规定和风险上的差异，剔除 ST、*ST 和 PT 等非正常交易状态的上市公司；（3）由于市场环境和监管规定上的差异，剔除同时发行 B 股、H 股和 N 股的上市公司；（4）剔除净资产小于 0 的上市公司；（5）剔除相关研究数据缺失的上市公司。最终得到 8401 个样本观测值，其中 2001～2009 年的观测值个数分别为 829、884、880、927、974、877、

840、1045 和 1145。审计师努力程度（审计收费）数据来自于 CCER 中国经济金融数据库，女性董事数据系手工整理而得，法律环境数据取自樊纲等（2010）的《中国市场化指数》一书中的市场中介组织发育和法律制度环境指数，其余数据来于 CSMAR 数据库。

表 3 – 25 样本筛选过程

| 年度 | 2001 | 2002 | 2003 | 2004 | 2005 | 2006 | 2007 | 2008 | 2009 | 总体 |
|---|---|---|---|---|---|---|---|---|---|---|
| 原始观测值个数 | 1163 | 1229 | 1288 | 1377 | 1375 | 1456 | 1572 | 1626 | 1774 | 12860 |
| —金融行业 | 7 | 7 | 8 | 10 | 10 | 10 | 11 | 31 | 33 | 127 |
| —ST、*ST 和 PT | 60 | 81 | 119 | 125 | 108 | 149 | 179 | 165 | 163 | 1149 |
| —交叉上市 | 103 | 106 | 100 | 101 | 104 | 110 | 117 | 122 | 125 | 988 |
| —净资产小于0 | 3 | 1 | 1 | 4 | 10 | 7 | 3 | 0 | 2 | 31 |
| —数据缺失 | 161 | 150 | 180 | 210 | 169 | 303 | 422 | 263 | 306 | 2164 |
| 得到最终样本 | 829 | 884 | 880 | 927 | 974 | 877 | 840 | 1045 | 1145 | 8401 |

### （二）研究模型

为了检验假设 H3 – 9，借鉴古尔等（Gul et al.，2008）、伊托宁等（Ittonen et al.，2012）的研究设计，构建模型（3 – 9）：

$$AUDEF = \alpha_0 + \alpha_1 FRATIO + \alpha_2 LAW + \alpha_3 FIRST + \alpha_4 DUAL + \alpha_5 INDR +$$
$$\alpha_6 BOARD + \alpha_7 LEV + \alpha_8 SIZE + \alpha_9 ROA + \alpha_{10} LOSS +$$
$$\alpha_{11} CA/CL + \alpha_{12} AR/TA + \alpha_{13} INV/TA + \alpha_{14} BIG4 +$$
$$\alpha_{15} NATURE + YEAR + INDUS + \varepsilon \qquad (3 – 10)$$

其中，$AUDEF$ 指审计努力程度，如何度量这一指标是进行研究的难点之一。目前学术界关于审计努力程度的度量可以归纳为两种方法：（1）直接法，通常采用审计工作时间（如 Niemi，2005；Caramanis and Lennox，2008；杨明增和张继勋，2010）；（2）间接法，大多采用审计收费（如 Gul and Tsui，1998；Carcello et al.，2002；Gul et al.，2008 等）。源于审计努力程度的不可观察性和审计工作时间的难以获取性，在实证研究中更多的是采用审计收费作为审计努力程度的代理变量（Gul et al.，2008），同样本节度量审计努力程度采用的是间接法，等于年度审计收费的自然对数。$FRATIO$ 指女性董事比例，参考了弗格森等（Ferguson et al.，2003）、王等（Wang et al.，

2008)、王兵和辛清泉（2010）的研究，本节选取了以下控制变量：（1）公司治理机制，包括第一大股东持股比例 *FIRST*、董事长和总经理两职合一 *DUAL*、独立董事比例 *INDR* 和董事会规模 *BOARD*；（2）公司财务特征变量，包括财务杠杆 *LEV*、公司规模 *SIZE*、资产收益率 *ROA*、盈利状况 *LOSS*、流动比率 *CA/CL*、应收账款比率 *AR/TA* 和存货比率 *INV/TA*；（3）其他影响因素，包括法律环境 *LAW*、审计师 *BIG4* 和企业性质 *NATURE*；（4）遵循研究惯例，本节控制了行业和年度变量，其中行业参照了中国证监会的行业分类标准。

在模型（3 - 10）的基础上，为了进一步检验假设 H3 - 10，放入 $FRATIO \times LAW$ 交乘项，构建如下模型（3 - 11）。依据假设 H3 - 10，预期 $FRATIO \times LAW$ 项系数显著大于 0。各变量的详细定义如表 3 - 26 所示。

$$
\begin{aligned}
AUDEF = {} & \alpha_0 + \alpha_1 FRATIO + \beta_1 FRATIO \times LAW + \alpha_2 LAW + \alpha_3 FIRST + \\
& \alpha_4 DUAL + \alpha_5 INDR + \alpha_6 BOARD + \alpha_7 LEV + \alpha_8 SIZE + \alpha_9 ROA + \\
& \alpha_{10} LOSS + \alpha_{11} CA/CL + \alpha_{12} AR/TA + \alpha_{13} INV/TA + \\
& \alpha_{14} BIG4 + \alpha_{15} NATURE + YEAR + INDUS + \varepsilon \qquad (3 - 11)
\end{aligned}
$$

表 3 - 26　　　　　　　　　　　变量及其定义

| 变量 | 变量名称 | 变量定义 |
| --- | --- | --- |
| *AUDEF* | 审计努力程度 | 年度审计收费的自然对数 |
| *FRATIO* | 女性董事比例 | 董事会中女性成员所占的比例 |
| *FRATIO_IND* | 女性独立董事比例 | 董事会中女性独立董事所占的比例 |
| *FRATIO_EXE* | 女性非独立董事比例 | 董事会中女性非独立董事所占的比例 |
| *LAW* | 法律环境 | 公司注册地所在省份的法律环境指数* |
| *FIRST* | 第一大股东持股比例 | 第一大股东持股数/总股数 |
| *DUAL* | 两职合一 | 若董事长和总经理为同一人，赋值 1，否则 0 |
| *INDR* | 独立董事比例 | 独立董事人数/董事会成员人数 |
| *BOARD* | 董事会规模 | 董事会成员人数的自然对数 |
| *LEV* | 财务杠杆 | 期末负债/期末总资产 |
| *SIZE* | 公司规模 | 期末总资产的自然对数 |
| *ROA* | 资产收益率 | 净利润/期末总资产 |
| *LOSS* | 盈利状况 | 若年度净利润小于 0，赋值 1，否则 0。 |

续表

| 变量 | 变量名称 | 变量定义 |
|------|----------|----------|
| CA/CL | 流动比率 | 期末流动资产/期末流动负债 |
| AR/TA | 应收账款比率 | 期末应收账款/期末总资产 |
| INV/TA | 存货比率 | 期末存货/期末总资产 |
| BIG4 | 审计师虚拟变量 | 若审计师为国际四大，赋值 1，否则 0 |
| NATURE | 企业性质的虚拟变量 | 若最终控制人为国有，赋值为 1，否则 0 |
| INDUS | 行业虚拟变量 | 共有 12 个行业，设置 11 个行业哑变量 |
| YEAR | 年度虚拟变量 | 共有 9 个年度，设置 8 个年度哑变量 |

注：＊本书对上市公司的法律风险赋值为注册地所在省份的市场中介组织发育和法律制度环境指数，樊纲等（2010）没有提供各地区 2008 年和 2009 年的相关指数，由于不同地区各年之间变化不大，本书对 2008 年和 2009 年各地区的法律环境以 2007 年该地区的市场中介组织发育和法律制度环境指数作近似替代。

## 四、实证研究结果

### （一）主要变量的描述性统计

主要变量的描述性统计结果如表 3 – 27 的 Panel A 所示。审计努力程度 AUDEF 的平均值等于 13.0377，标准差等于 0.5255，表明不同公司之间审计收费的波动率较小。女性董事平均所占比例为 10.39%，且主要是由非独立董事构成，女性非独立董事比例（均值 = 0.0697）是女性独立董事比例（均值 = 0.0342）的 2 倍左右。第一大股东持股比例的平均值高达 0.4012，表明"一股独大"的现象在我国资本市场显得尤为突出。董事长和总经理两职合一的上市公司比例为 9.87%，独立董事所占的比例为 31.28%，略低于 1/3，主要原因在于依据中国证监会 2001 年颁布实施的《关于在上市公司设立独立董事制度的指导意见》，独立董事所占比例不低于 1/3 在 2003 年 6 月 30 日以后方是强制性要求。公司董事会成员平均约有 9 人组成（$e^{2.2354}$ = 9.35），平均资产负债率略低于 50%，约有 11% 的公司处于亏损状态，亏损最为严重公司的资产收益率达到 – 0.8978。上市公司所在地区的法律环境最小值等于 1.15，最大值等于 16.61，表明不同地区之间的法律环境呈现出较大差异。在全部上市公司样本中，选择"国际四大"进行外部审计的比例仅为 3.86%，国有企业所占的比重接近 70%。

表 3 - 27                                               变量的描述性统计结果

Panel A：主要变量描述性统计

| 变量 | N | 平均值 | 标准差 | 最小值 | 25%分位 | 中位数 | 75%分位 | 最大值 |
|---|---|---|---|---|---|---|---|---|
| AUDEF | 8401 | 13.0377 | 0.5255 | 10.5966 | 12.6761 | 13.0170 | 13.3047 | 16.5881 |
| FRATIO | 8401 | 0.1039 | 0.1029 | 0.0000 | 0.0000 | 0.1000 | 0.1667 | 0.6667 |
| FRATIO_IND | 8401 | 0.0342 | 0.0563 | 0.0000 | 0.0000 | 0.0000 | 0.0833 | 0.4000 |
| FRATIO_EXE | 8401 | 0.0697 | 0.0857 | 0.0000 | 0.0000 | 0.0000 | 0.1111 | 0.6364 |
| LAW | 8401 | 6.9511 | 3.6044 | 1.1500 | 4.2300 | 5.9000 | 8.8600 | 16.6100 |
| FIRST | 8401 | 0.4012 | 0.1666 | 0.0195 | 0.2661 | 0.3845 | 0.5309 | 0.8523 |
| DUAL | 8401 | 0.0987 | 0.2983 | 0.0000 | 0.0000 | 0.0000 | 0.0000 | 1.0000 |
| INDR | 8401 | 0.3128 | 0.1162 | 0.0000 | 0.3000 | 0.3333 | 0.3636 | 0.6000 |
| BOARD | 8401 | 2.2354 | 0.2360 | 0.6932 | 2.1972 | 2.1972 | 2.3979 | 3.1355 |
| LEV | 8401 | 0.4791 | 0.1797 | 0.0081 | 0.3505 | 0.4906 | 0.6154 | 0.9970 |
| SIZE | 8401 | 21.3315 | 0.9567 | 18.1572 | 20.6743 | 21.2252 | 21.8883 | 26.0273 |
| ROA | 8401 | 0.0283 | 0.0676 | -0.8978 | 0.0107 | 0.0306 | 0.0552 | 0.3999 |
| LOSS | 8401 | 0.1101 | 0.3130 | 0.0000 | 0.0000 | 0.0000 | 0.0000 | 1.0000 |
| CA/CL | 8401 | 1.6869 | 2.1704 | 0.0655 | 0.9156 | 1.2598 | 1.8078 | 55.7406 |
| AR/TA | 8401 | 0.1173 | 0.1044 | 0.0000 | 0.0375 | 0.0930 | 0.1664 | 0.9750 |
| INV/TA | 8401 | 0.1633 | 0.1423 | 0.0000 | 0.0674 | 0.1291 | 0.2153 | 0.8969 |
| BIG4 | 8401 | 0.0386 | 0.1926 | 0.0000 | 0.0000 | 0.0000 | 0.0000 | 1.0000 |
| NATURE | 8401 | 0.6968 | 0.4597 | 0.0000 | 0.0000 | 1.0000 | 1.0000 | 1.0000 |

Panel B：女性董事分布（2001~2009）

| 变量 | 2001 | 2002 | 2003 | 2004 | 2005 | 2006 | 2007 | 2008 | 2009 |
|---|---|---|---|---|---|---|---|---|---|
| 女性董事人数 | 0.9324 | 1.0215 | 1.0420 | 1.0518 | 1.0318 | 1.0696 | 1.0798 | 1.1388 | 1.1572 |
| 女性独立董事人数 | 0.0386 | 0.2455 | 0.3602 | 0.3689 | 0.3727 | 0.3877 | 0.4060 | 0.4421 | 0.4550 |
| 女性执行董事人数 | 0.8938 | 0.7760 | 0.6818 | 0.6828 | 0.6591 | 0.6819 | 0.6738 | 0.6967 | 0.7022 |
| 女性董事比例 | 0.0933 | 0.0963 | 0.0990 | 0.1002 | 0.1006 | 0.1058 | 0.1082 | 0.1113 | 0.1156 |
| 女性独立董事比例 | 0.0035 | 0.0234 | 0.0346 | 0.0354 | 0.0368 | 0.0382 | 0.0405 | 0.0430 | 0.0452 |
| 女性执行董事比例 | 0.0898 | 0.0728 | 0.0644 | 0.0649 | 0.0638 | 0.0676 | 0.0677 | 0.0683 | 0.0703 |

　　Panel B 进一步列示了 2001~2009 年女性董事人数和比例的详细分布情况。仅 2001 年女性董事平均人数为 0.9324，其余各年度女性董事平均人数均大于 1，且基本上呈现出逐年增长的趋势，反映出我国的女性地位正在逐步提高。女性独立董事人数在 2002 年由于《关于在上市公司设立独立董事制度的指导意见》的颁布实施而呈现大幅增长，从不足 0.04 迅速增加至

0.24，在 2003~2009 年女性独立董事人数也呈现逐年增长的趋势，但增长幅度不大；女性非独立董事人数各年间基本上稳定在 0.70 左右，女性董事比例始终在 10% 上下波动，2004 年以后女性董事比例均在 10% 以上。

### （二）相关性分析

表 3-28 列示了各主要变量之间的 Pearson 和 Spearman 相关系数①。审计努力程度 AUDEF 与女性董事比例 FRATIO 的 Pearson 相关系数等于 -0.0535，在 1% 的水平上显著，初步支持了假设 H3-9。当进一步将董事区分为独立董事和非独立董事两种类型后，AUDEF 与女性独立董事 FRATIO_IND、女性非独立董事 FRATIO_EXE 均在 1% 水平呈现显著负相关关系。法律环境 LAW 与审计努力程度 AUDEF 的 Pearson 相关系数等于 0.2405，在 1% 水平上显著大于 0，折射出当法律环境越完善、法律风险越大时，对于审计努力程度的需求越高。以上仅是单变量之间相关性分析，进一步较为严谨的经验证据有待下文的多元线性回归分析。

表 3-28 主要变量之间相关系数

| 变量 | AUDEF | FRATIO | FRATIO_IND | FRATIO_EXE | LAW |
|---|---|---|---|---|---|
| AUDEF | 1 | -0.0535*** | -0.0288*** | -0.0452*** | 0.2405*** |
| FRATIO | -0.0351*** | 1 | 0.5525*** | 0.8367*** | 0.0770*** |
| FRATIO_IND | -0.0175 | 0.5367*** | 1 | 0.0057 | 0.0550*** |
| FRATIO_EXE | -0.0252** | 0.8145*** | 0.0020 | 1 | 0.0563*** |
| LAW | 0.2406*** | 0.0941*** | 0.0525*** | 0.0814*** | 1 |

注：上半角（下半角）为 Pearson（Spearman）相关系数，*、**、*** 分别代表在 10%、5% 和 1% 水平上显著（双尾）。

### （三）多元回归分析结果

表 3-29 报告了女性董事与审计努力程度的 OLS 回归结果，其中第（1）列和第（2）列的测试变量分别对应女性董事比例 FRATIO、女性董事类型（包括女性独立董事 FRATIO_IND 和女性非独立董事 FRATIO_EXE）。所有模型的 Adj $R^2$ 都大于 0.45，模型 F 值均在 1% 水平上显著，回归结果较为理想。

---

① Pearson 和 Spearman 相关系数结果相类似，因此仅选择 Pearson 相关系数进行报告。

表 3 - 29　　　　　　　　　　　女性董事与审计努力程度

| 变量 | （1）不区分董事类型 | | | （2）区分董事类型 | | |
|---|---|---|---|---|---|---|
| | 系数 | T 值 | P 值 | 系数 | T 值 | P 值 |
| *FRATIO* | - 0. 0934 ** | - 2. 19 | 0. 0283 | | | |
| *FRATIO_IND* | | | | - 0. 2080 *** | - 2. 67 | 0. 0076 |
| *FRATIO_EXE* | | | | - 0. 0422 | - 0. 82 | 0. 4138 |
| *LAW* | 0. 0197 *** | 14. 29 | 0. 0000 | 0. 0197 *** | 14. 23 | 0. 0000 |
| *FIRST* | - 0. 0845 *** | - 2. 93 | 0. 0033 | - 0. 0865 *** | - 3. 00 | 0. 0027 |
| *DUAL* | 0. 0018 | 0. 13 | 0. 8996 | 0. 0014 | 0. 09 | 0. 9247 |
| *INDR* | 0. 1276 * | 1. 95 | 0. 0509 | 0. 1406 ** | 2. 14 | 0. 0326 |
| *BOARD* | 0. 0654 *** | 3. 43 | 0. 0006 | 0. 0652 *** | 3. 41 | 0. 0006 |
| *LEV* | 0. 0769 ** | 2. 36 | 0. 0185 | 0. 0789 ** | 2. 42 | 0. 0157 |
| *SIZE* | 0. 3238 *** | 57. 03 | 0. 0000 | 0. 3239 *** | 57. 05 | 0. 0000 |
| *ROA* | 0. 1545 * | 1. 67 | 0. 0951 | 0. 1564 * | 1. 69 | 0. 0913 |
| *LOSS* | 0. 0419 ** | 2. 27 | 0. 0235 | 0. 0421 ** | 2. 28 | 0. 0227 |
| *CA/CL* | - 0. 0066 *** | - 2. 93 | 0. 0034 | - 0. 0065 *** | - 2. 89 | 0. 0039 |
| *AR/TA* | 0. 1595 *** | 3. 37 | 0. 0008 | 0. 1584 *** | 3. 35 | 0. 0008 |
| *INV/TA* | - 0. 0820 ** | - 2. 11 | 0. 0350 | - 0. 0859 ** | - 2. 20 | 0. 0275 |
| *BIG4* | 0. 4618 *** | 20. 24 | 0. 0000 | 0. 4602 *** | 20. 15 | 0. 0000 |
| *NATURE* | - 0. 0761 *** | - 7. 39 | 0. 0000 | - 0. 0753 *** | - 7. 31 | 0. 0000 |
| 截距 | 6. 0835 *** | 51. 03 | 0. 0000 | 6. 0760 *** | 50. 94 | 0. 0000 |
| 行业 | 控制 | | | 控制 | | |
| 年度 | 控制 | | | 控制 | | |
| 观测值 | 8401 | | | 8401 | | |
| Adj R² | 0. 4538 | | | 0. 4539 | | |
| F 值（P 值） | 206. 27 *** | | | 200. 52 *** | | |

注：*、**、***分别代表在 10%、5%、1%水平上显著（双尾）。

　　表 3 - 29 第（1）列的结果显示，女性董事比例 *FRATIO* 在 5% 水平上显著为负（系数 = - 0. 0934，T 值 = - 2. 19，P 值 = 0. 0283），上述经验证据基本上表明女性董事降低了审计努力程度，假设 H3 - 9 得到了支持。进一步将女性董事区分为女性独立董事和女性非独立董事后，研究发现 *FRATIO_IND* 系数等于 - 0. 2080，在 1% 水平上显著小于 0（T 值 = - 2. 67，P 值 = 0. 0076），而 *FRATIO_EXE* 项系数尽管为负，但不显著。进一步的 Wald 检验

结果揭示 *FRATIO_IND* 的系数在 1% 水平上显著小于 *FRATIO_EXE* 的系数，上述经验证据揭示出在女性董事中主要是女性独立董事显著降低了审计努力程度。换言之，女性董事（女性独立董事）与外部审计努力程度之间呈现出显著的替代效应。

为什么是女性独立董事而不是女性非独立董事降低了审计努力程度，可能的原因在于：独立董事更加注重声誉机制的影响（Fama and Jensen，1983），且女性相对而言，更加重视自身的市场声誉，先前的经验证据表明女性对自己要求更为严格、更少参与腐败（Dollar et al.，2001），且在监督中投入了更多的精力（Adams and Ferreira，2009），因此女性独立董事更有利于公司治理机制的完善，降低了对于审计努力程度的需求。斯里尼迪等（Srinidhi et al.，2011）的研究认为，女性非独立董事将人力资本全部投入企业，一方面会激发其增加公司价值的潜能，另一方面又不可避免地会带来隐藏或推迟报告坏消息等一系列机会主义行为。在上述两种相互矛盾的选择倾向下，女性非独立董事改善公司治理的空间有限，尽管其降低了审计努力程度，但不再显著。

控制变量方面，在第（1）列、第（2）列中基本上保持了高度的一致性，具体的结果如下：①第一大股东持股比例与审计努力程度显著负相关，当第一大股东持股比例越高时，监督动机越强（Shleifer and Vishny，1986），从而减弱了审计努力程度需求。此外，独立董事比例、董事会规模显著增加了审计努力程度。②在公司财务特征的相关变量中，*LEV*、*SIZE*、*ROA*、*LOSS*、*AR/TA* 与 *AUDEF* 之间表现出显著正相关关系，*CA/CL*、*INV/TA* 与 *AUDEF* 显著负相关，上述发现与王等（Wang et al.，2008）基本上保持了一致。③*LAW*、*BIG4* 与 *AUDEF* 显著正相关，揭示出法律环境和国际四大对于审计收费具有显著的提升作用，符合预期。

表 3 – 30 进一步报告了法律环境对于女性董事与审计努力程度之间关系的交互影响结果。在第（1）列、第（2）列中 *FRATIO × LAW*（系数 = 0.0307，T 值 = 2.77）、*FRATIO_IND × LAW*（系数 = 0.0647，T 值 = 3.20）均在 1% 水平上显著为正，表明法律环境显著降低了女性董事（女性独立董事）与审计努力程度之间的负相关关系，假设 H3 – 10 得到了经验证据的支持。当外部法律风险较高时，女性董事尤其是女性独立董事会相应要求增加外部审计努力程度，以减少其面临的风险。此外，在第（1）列中，*FRATIO*

的系数在 1% 水平上显著小于 0（系数 = - 0. 3115，T 值 = - 3. 48，P 值 =
0. 0005），$FRATIO\_IND$ 的系数在 1% 水平上显著小于 0（系数 = - 0. 6909，T
值 = - 4. 08，P 值 = 0. 0000），$FRATIO\_EXE$ 的系数小于 0 但不显著（系数 =
- 0. 1619，T 值 = - 1. 52，P 值 = 0. 1296），Wald 检验结果显示 $FRATIO\_IND$
的系数在 1% 水平上显著小于 $FRATIO\_EXE$ 的系数，上述发现和表 3 - 29 类
似，进一步支持假设 H3 - 9。其余控制变量的符号与表 3 - 29 基本保持一
致，不再赘述。

表 3 - 30　　　　　　　法律环境、女性董事与审计努力程度

| 变量 | （1） | | | （2） | | |
|---|---|---|---|---|---|---|
| | 不区分董事类型 | | | 区分董事类型 | | |
| | 系数 | T 值 | P 值 | 系数 | T 值 | P 值 |
| $FRATIO$ | - 0. 3115 *** | - 3. 48 | 0. 0005 | | | |
| $FRATIO \times LAW$ | 0. 0307 *** | 2. 77 | 0. 0056 | | | |
| $FRATIO\_IND$ | | | | - 0. 6909 *** | - 4. 08 | 0. 0000 |
| $FRATIO\_IND \times LAW$ | | | | 0. 0647 *** | 3. 20 | 0. 0014 |
| $FRATIO\_EXE$ | | | | - 0. 1619 | - 1. 52 | 0. 1296 |
| $FRATIO\_EXE \times LAW$ | | | | 0. 0174 | 1. 29 | 0. 1968 |
| $LAW$ | 0. 0164 *** | 8. 95 | 0. 0000 | 0. 0160 *** | 8. 71 | 0. 0000 |
| $FIRST$ | - 0. 0880 *** | - 3. 06 | 0. 0022 | - 0. 0904 *** | - 3. 14 | 0. 0017 |
| $DUAL$ | 0. 0012 | 0. 08 | 0. 9325 | 0. 0004 | 0. 03 | 0. 9765 |
| $INDR$ | 0. 1290 ** | 1. 97 | 0. 0483 | 0. 1500 ** | 2. 28 | 0. 0227 |
| $BOARD$ | 0. 0674 *** | 3. 53 | 0. 0004 | 0. 0671 *** | 3. 51 | 0. 0004 |
| $LEV$ | 0. 0796 ** | 2. 44 | 0. 0148 | 0. 0835 ** | 2. 56 | 0. 0106 |
| $SIZE$ | 0. 3241 *** | 57. 09 | 0. 0000 | 0. 3243 *** | 57. 13 | 0. 0000 |
| $ROA$ | 0. 1579 * | 1. 71 | 0. 0880 | 0. 1629 * | 1. 76 | 0. 0783 |
| $LOSS$ | 0. 0427 ** | 2. 31 | 0. 0208 | 0. 0434 ** | 2. 35 | 0. 0189 |
| $CA/CL$ | - 0. 0066 *** | - 2. 96 | 0. 0031 | - 0. 0065 *** | - 2. 90 | 0. 0038 |
| $AR/TA$ | 0. 1577 *** | 3. 33 | 0. 0009 | 0. 1552 *** | 3. 28 | 0. 0010 |
| $INV/TA$ | - 0. 0840 ** | - 2. 16 | 0. 0308 | - 0. 0859 ** | - 2. 20 | 0. 0275 |
| $BIG4$ | 0. 4634 *** | 20. 31 | 0. 0000 | 0. 4615 *** | 20. 22 | 0. 0000 |
| $NATURE$ | - 0. 0765 *** | - 7. 43 | 0. 0000 | - 0. 0751 *** | - 7. 29 | 0. 0000 |
| 截距 | 6. 0964 *** | 51. 12 | 0. 0000 | 6. 0840 *** | 51. 00 | 0. 0000 |

续表

| 变量 | (1) 不区分董事类型 | | | (2) 区分董事类型 | | |
|---|---|---|---|---|---|---|
| | 系数 | T 值 | P 值 | 系数 | T 值 | P 值 |
| 行业 | 控制 | | | 控制 | | |
| 年度 | 控制 | | | 控制 | | |
| 观测值 | 8401 | | | 8401 | | |
| Adj $R^2$ | 0.4542 | | | 0.4546 | | |
| F 值（P 值） | 200.76 *** | | | 190.23 *** | | |

注：*、**、*** 分别代表在 10%、5%、1% 水平上显著（双尾）。

### （四）敏感性测试

为了使研究结果更加稳健，本节进行了以下敏感性测试：

（1）由于上市公司是否拥有女性董事可能是依据公司的经营环境、公司治理、行业等一系列内外部因素而做出的决策，从而使得本节的研究受到自选择（Self Selection）问题的影响。借鉴斯里尼迪等（Srinidhi et al.，2011）的研究设计，构建 Heckman 两阶段回归模型，首先应用 *Probit* 回归估计出逆米尔斯比率 *IMR*，再将 *IMR* 作为控制变量放入模型（3 – 9）和模型（3 – 10）的回归分析中，具体的第一阶段回归方程如模型（3 – 12）所示：

$$FEMALE = \gamma_0 + \gamma_1 TOBINQ + \gamma_2 SIZE + \gamma_3 GROWTH + \gamma_4 AGE + \gamma_5 BOARD +$$
$$\gamma_6 NATURE + \gamma_7 RET + \gamma_8 SIGMA + \gamma_9 FIRST + \gamma_{10} INDR +$$
$$\gamma_{11} DUAL + \gamma_{12} MEET + \gamma_{13} BIG4 + \gamma_{14} LEV +$$
$$\lambda INDUS + \delta YEAR + \varepsilon \qquad (3 – 12)$$

在模型（3 – 12）中，*FEMALE* 指女性董事，若上市公司董事会成员中包含女性董事赋值为 1，否则 0；*TOBINQ* 代表投资机会，等于（期末收盘价×流通股数 + 每股账面价值×非流通股数 + 负债账面价值）/期末资产账面价值；*GROWTH* 代表成长性，以营业收入的增长率予以替代；*AGE* 等于公司上市年限，*BOARD* 代表董事会规模（等于董事会成员数的自然对数），*NATURE* 指企业性质（若国有控股赋值 1，否则 0），*RET* 指市场收益率（等于会计年度的周收益率平均值）；*SIGMA* 代表风险环境（等于该会计年度周收益率的标准差）；*MEET* 表示董事会会议频率（等于一年内董事会会议次数的自然对数）；其余各变量的定义与上文相同。

Heckman 第一阶段 Probit 回归结果显示（限于篇幅略去详细回归结果，备索），公司规模 SIZE、企业性质 NATURE、第一大股东持股比例 FIRST 与存在女性董事的概率显著负相关，而上市年限 AGE、董事会规模 BOARD、独立董事比例 INDR、两职合一 DUAL 和财务杠杆 LEV 则显著提升了出现女性董事的概率。进一步将 IMR 作为控制变量放入模型（3 - 9）和模型（3 - 10），回归结果如表 3 - 31 所示：FRATIO 和 FRATIO_IND 项系数均在 1% 水平上显著小于 0，这与假设 H3 - 9 是一致的；且 FRATIO × LAW、FRATIO_IND × LAW 项系数分别等于 0.0329（T 值 = 2.8472，P 值 = 0.0044）、0.0641（T 值 = 3.0515，P 值 = 0.0023），均在 1% 水平上显著大于 0，进一步支持了假设 H3 - 10。值得注意的是，当控制了自选择偏差后，第（2）列和第（4）列中 FRATIO_EXE 项系数分别等于 - 0.1542 和 - 0.3109，均在 5% 水平上显著为负，但是其显著性小于 FRATIO_IND，系数大小仅约为相应的 FRATIO_IND 项系数（分别等于 - 0.3117 和 - 0.8065）一半左右，女性独立董事仍然发挥了主导作用。

表 3 - 31　　　　　　　　　　Heckman 两阶段回归结果

| 变量 | H3 - 9 | | | | H3 - 10 | | | |
|---|---|---|---|---|---|---|---|---|
| | (1) | | (2) | | (3) | | (4) | |
| | 系数 | T 值 | 系数 | T 值 | 系数 | T 值 | 系数 | T 值 |
| FRATIO | - 0.1980 *** | - 3.00 | | | - 0.4393 *** | - 4.09 | | |
| FRATIO × LAW | | | | | 0.0329 *** | 2.85 | | |
| FRATIO_IND | | | - 0.3117 *** | - 3.20 | | | - 0.8065 *** | - 4.28 |
| FRATIO_IND × LAW | | | | | | | 0.0641 *** | 3.05 |
| FRATIO_EXE | | | - 0.1542 ** | - 2.16 | | | - 0.3109 ** | - 2.56 |
| FRATIO_EXE × LAW | | | | | | | 0.0209 | 1.49 |
| LAW | 0.0201 *** | 14.00 | 0.0200 *** | 13.94 | 0.0165 *** | 8.66 | 0.0161 *** | 8.42 |
| FIRST | - 0.087 *** | - 2.91 | - 0.0893 *** | - 2.98 | - 0.0912 *** | - 3.05 | - 0.0939 *** | - 3.13 |
| DUAL | 0.0020 | 0.13 | 0.0019 | 0.12 | 0.0015 | 0.10 | 0.0011 | 0.08 |
| INDR | 0.1621 ** | 2.39 | 0.1744 ** | 2.56 | 0.1638 ** | 2.42 | 0.1837 *** | 2.69 |
| BOARD | 0.0693 *** | 3.48 | 0.0693 *** | 3.48 | 0.0717 *** | 3.60 | 0.0716 *** | 3.59 |
| LEV | 0.0723 ** | 2.09 | 0.0739 ** | 2.14 | 0.0751 ** | 2.17 | 0.0785 ** | 2.27 |
| SIZE | 0.3206 *** | 53.75 | 0.3206 *** | 53.77 | 0.3208 *** | 53.81 | 0.3209 *** | 53.84 |
| ROA | 0.1668 | 1.56 | 0.1718 | 1.61 | 0.1687 | 1.58 | 0.1763 * | 1.65 |

续表

| 变量 | H3 - 9 | | | | H3 - 10 | | | |
|---|---|---|---|---|---|---|---|---|
| | (1) | | (2) | | (3) | | (4) | |
| | 系数 | T值 | 系数 | T值 | 系数 | T值 | 系数 | T值 |
| LOSS | 0.0442 ** | 2.24 | 0.0447 ** | 2.27 | 0.0450 ** | 2.29 | 0.0459 ** | 2.33 |
| CA/CL | − 0.0085 *** | − 3.47 | − 0.0085 *** | − 3.46 | − 0.0085 *** | − 3.48 | − 0.0084 *** | − 3.43 |
| AR/TA | 0.1453 *** | 2.95 | 0.1443 *** | 2.93 | 0.1429 *** | 2.90 | 0.1408 *** | 2.86 |
| INV/TA | − 0.1035 ** | − 2.54 | − 0.1071 *** | − 2.63 | − 0.1050 ** | − 2.58 | − 0.1070 *** | − 2.63 |
| BIG4 | 0.4553 *** | 19.15 | 0.4538 *** | 19.07 | 0.4570 *** | 19.22 | 0.4553 *** | 19.14 |
| NATURE | − 0.0779 *** | − 7.29 | − 0.0772 *** | − 7.22 | − 0.0786 *** | − 7.36 | − 0.0774 *** | − 7.24 |
| IMR | 0.0125 | 1.45 | 0.0133 | 1.54 | 0.0138 | 1.60 | 0.0156 * | 1.81 |
| 截距 | 6.1619 *** | 49.11 | 6.1557 *** | 49.04 | 6.1784 *** | 49.21 | 6.1684 | 49.12 |
| 行业 | 控制 | | 控制 | | 控制 | | 控制 | |
| 年度 | 控制 | | 控制 | | 控制 | | 控制 | |
| 观测值 | 7762 | | 7762 | | 7762 | | 7762 | |
| Adj R² | 0.4459 | | 0.4460 | | 0.4464 | | 0.4467 | |
| F值 | 179.42 ** | | 174.54 *** | | 174.82 *** | | 165.87 ** | |

注：*、**、*** 分别代表在10%、5%、1%水平上显著（双尾）。

（2）在以往的研究中，部分文献采用了女性董事人数度量女性董事参与公司治理的程度（Gul et al.，2011；Zhou et al.，2012），本节进一步引入女性董事人数 FNUM、女性独立董事人数 FNUM_IND、女性非独立董事人数 FNUM_EXE 作为测试变量进行敏感性测试，具体回归结果如表 3 - 32 所示。在第（1）列和第（2）列中，对应的 FNUM、FNUM_IND 项系数均小于 0，P 值分别等于 0.1657（T 值 = − 1.39）、0.0237（T 值 = − 2.26），第（3）列和第（4）列中 FNUM × LAW 和 FNUM_IND × LAW 项系数分别 0.0391（T 值 = 2.06）和 0.0041（T 值 = 2.87），分别在 5% 和 1% 水平显著大于 0。上述结果与前文比较而言基本上没有变化，假设 H3 - 9 和假设 H3 - 10 进一步得到了经验证据的支持。

表 3 - 32　　　　　　　　　女性董事人数与审计努力程度

| 变量 | H3 - 9 | | | | H3 - 10 | | | |
|---|---|---|---|---|---|---|---|---|
| | (1) | | (2) | | (3) | | (4) | |
| | 系数 | T值 | 系数 | T值 | 系数 | T值 | 系数 | T值 |
| FNUM | − 0.0058 | − 1.39 | | | − 0.0219 ** | − 2.47 | | |
| FNUM × LAW | | | | | 0.0023 ** | 2.06 | | |

续表

| 变量 | H3 - 9 | | | | H3 - 10 | | | |
|---|---|---|---|---|---|---|---|---|
| | (1) | | (2) | | (3) | | (4) | |
| | 系数 | T 值 | 系数 | T 值 | 系数 | T 值 | 系数 | T 值 |
| FNUM_IND | | | - 0.0176 ** | - 2.26 | | | - 0.0605 *** | - 3.60 |
| FNUM_IND × LAW | | | | | | | 0.0058 *** | 2.87 |
| FNUM_EXE | | | - 0.0007 | - 0.15 | | | - 0.0072 | - 0.69 |
| FNUM_EXE × LAW | | | | | | | 0.0010 | 0.71 |
| LAW | 0.0197 *** | 14.26 | 0.0196 *** | 14.20 | 0.0172 *** | 9.28 | 0.0167 *** | 9.01 |
| FIRST | - 0.0838 *** | - 2.91 | - 0.0856 *** | - 2.97 | - 0.0862 *** | - 2.99 | - 0.0880 *** | - 3.05 |
| DUAL | 0.0014 | 0.10 | 0.0010 | 0.07 | 0.0012 | 0.08 | 0.0005 | 0.03 |
| INDR | 0.1277 * | 1.95 | 0.1410 ** | 2.14 | 0.1281 ** | 1.96 | 0.1484 ** | 2.25 |
| BOARD | 0.0707 *** | 3.64 | 0.0706 *** | 3.64 | 0.0714 *** | 3.68 | 0.0717 *** | 3.69 |
| LEV | 0.0767 ** | 2.35 | 0.0789 ** | 2.41 | 0.0786 ** | 2.41 | 0.0825 ** | 2.53 |
| SIZE | 0.3242 *** | 57.09 | 0.3243 *** | 57.11 | 0.3242 *** | 57.10 | 0.3243 *** | 57.13 |
| ROA | 0.1552 * | 1.68 | 0.1576 * | 1.70 | 0.1579 * | 1.71 | 0.1625 * | 1.76 |
| LOSS | 0.0416 ** | 2.25 | 0.0419 ** | 2.27 | 0.0421 ** | 2.28 | 0.0426 ** | 2.31 |
| CA/CL | - 0.0066 *** | - 2.94 | - 0.0065 *** | - 2.90 | - 0.0066 *** | - 2.96 | - 0.0065 *** | - 2.89 |
| AR/TA | 0.1618 *** | 3.42 | 0.1604 *** | 3.39 | 0.1599 *** | 3.38 | 0.1568 *** | 3.32 |
| INV/TA | - 0.0821 ** | - 2.11 | - 0.0860 ** | - 2.21 | - 0.0835 ** | - 2.14 | - 0.0855 ** | - 2.19 |
| BIG4 | 0.4617 *** | 20.23 | 0.4602 *** | 20.15 | 0.4627 *** | 20.27 | 0.4609 *** | 20.19 |
| NATURE | - 0.0755 *** | - 7.33 | - 0.0746 *** | - 7.23 | - 0.0755 *** | - 7.34 | - 0.0741 *** | - 7.18 |
| 截距 | 6.0604 *** | 51.13 | 6.0520 *** | 51.02 | 6.0761 *** | 51.16 | 6.0631 *** | 51.03 |
| 行业 | 控制 | | 控制 | | 控制 | | 控制 | |
| 年度 | 控制 | | 控制 | | 控制 | | 控制 | |
| 观测值 | 8401 | | 8401 | | 8401 | | 8401 | |
| Adj R² | 0.4536 | | 0.4538 | | 0.4538 | | 0.4542 | |
| F 值（P 值） | 206.11 *** | | 200.37 *** | | 200.42 *** | | 189.03 *** | |

注：* 、** 、*** 分别代表在 10% 、5% 、1% 水平上显著（双尾）。

（3）2001 年 8 月 16 日证监会颁布实施《关于在上市公司设立独立董事制度的指导意见》，其中要求在 2002 年 6 月 30 日之前，上市公司董事会成员至少包括 2 名独立董事；2003 年 6 月 30 日前上市公司董事会成员中独立董事所占比例不低于 1/3。上述政策规定可能会使得 2001 ~ 2002 年与以后各年度之间的董事会结构呈现出系统性差异，为此本节删除 2001 年、2002 年的样本观测值（观测值减少至 6688），重复模型（3 - 9）和模型（3 - 10）

的回归分析，具体的结果（见表 3 - 33）如下：FRATIO 系数 = - 0.0583（T 值 = - 1.26，P 值 = 0.2082），FRATIO _ IND 系数 = - 0.2488（T 值 = - 3.17，P 值 = 0.0016）；FRATIO × LAW 系数 = 0.0313（T 值 = 2.64，P 值 = 0.0083），FRATIO _ IND × LAW 系数 = 0.0799（T 值 = 3.91，P 值 = 0.0001）。上述结果与表 3 - 31 和表 3 - 32 之间除系数显著性略有变化外，无实质性改变，进一步支持了假设 H3 - 9 和假设 H3 - 10。

表 3 - 33　　　　　　女性董事与审计努力程度（2003 ~ 2009 年）

| 变量 | H3 - 9 | | | | H3 - 10 | | | |
|---|---|---|---|---|---|---|---|---|
| | （1） | | （2） | | （3） | | （4） | |
| | 系数 | T 值 | 系数 | T 值 | 系数 | T 值 | 系数 | T 值 |
| FRATIO | - 0.0583 | - 1.26 | | | - 0.2991 *** | - 2.92 | | |
| FRATIO × LAW | | | | | 0.0313 *** | 2.64 | | |
| FRATIO_IND | | | - 0.2488 *** | - 3.17 | | | - 0.8601 *** | - 4.92 |
| FRATIO_IND × LAW | | | | | | | 0.0799 *** | 3.91 |
| FRATIO_EXE | | | 0.0491 | 0.84 | | | 0.0133 | 0.10 |
| FRATIO_EXE × LAW | | | | | | | 0.0047 | 0.32 |
| LAW | 0.0194 *** | 13.66 | 0.0193 *** | 13.58 | 0.0160 *** | 8.30 | 0.0158 *** | 8.19 |
| FIRST | - 0.0700 ** | - 2.20 | - 0.0744 ** | - 2.33 | - 0.0737 ** | - 2.31 | - 0.0783 ** | - 2.46 |
| DUAL | - 0.0050 | - 0.32 | - 0.0057 | - 0.37 | - 0.0058 | - 0.37 | - 0.0070 | - 0.44 |
| INDR | - 0.0186 | - 0.23 | 0.0054 | 0.07 | - 0.0166 | - 0.21 | 0.0173 | 0.21 |
| BOARD | 0.0671 *** | 3.13 | 0.0662 *** | 3.09 | 0.0695 *** | 3.24 | 0.0680 *** | 3.17 |
| LEV | 0.0419 | 1.18 | 0.0457 | 1.29 | 0.0447 | 1.26 | 0.0511 | 1.44 |
| SIZE | 0.3234 *** | 53.27 | 0.3237 *** | 53.35 | 0.3237 *** | 53.33 | 0.3239 *** | 53.42 |
| ROA | 0.0706 | 0.71 | 0.0750 | 0.76 | 0.0734 | 0.74 | 0.0850 | 0.86 |
| LOSS | 0.0540 *** | 2.72 | 0.0547 *** | 2.76 | 0.0546 *** | 2.75 | 0.0565 *** | 2.86 |
| CA/CL | - 0.0075 *** | - 3.11 | - 0.0074 *** | - 3.05 | - 0.0076 *** | - 3.14 | - 0.0074 *** | - 3.05 |
| AR/TA | 0.1813 *** | 3.44 | 0.1796 *** | 3.41 | 0.1803 *** | 3.42 | 0.1757 *** | 3.34 |
| INV/TA | - 0.0501 | - 1.21 | - 0.0574 | - 1.38 | - 0.0527 | - 1.27 | - 0.0547 | - 1.32 |
| BIG4 | 0.5149 *** | 20.88 | 0.5119 *** | 20.75 | 0.5163 *** | 20.94 | 0.5133 *** | 20.83 |
| NATURE | - 0.0762 *** | - 6.98 | - 0.0747 *** | - 6.84 | - 0.0768 *** | - 7.04 | - 0.0744 *** | - 6.82 |
| 截距 | 6.0182 *** | 45.56 | 6.0028 *** | 45.43 | 6.0334 *** | 45.65 | 6.0152 *** | 45.53 |
| 行业 | 控制 | | 控制 | | 控制 | | 控制 | |
| 年度 | 控制 | | 控制 | | 控制 | | 控制 | |
| 观测值 | 6688 | | 6688 | | 6688 | | 6688 | |
| Adj R² | 0.4859 | | 0.4866 | | 0.4864 | | 0.4876 | |
| F 值 | 198.53 *** | | 193.02 *** | | 192.90 *** | | 182.80 *** | |

注：* 、** 、*** 分别代表在 10%、5%、1% 水平上显著（双尾）。

总体而言，上述敏感性测试结果表明，本节的研究结论相对可靠、稳健。

## 五、结论、启示与进一步研究方向

本节实证检验了女性董事、不同类型的女性董事对于审计努力程度的影响，研究结果表明：（1）女性董事比例越高，审计努力程度越低；（2）当公司所处地区的法律环境更加完善时，女性董事与审计努力程度之间的负相关关系显著降低；（3）区分不同的女性董事类型后发现，主要是女性独立董事降低了审计努力程度，且女性独立董事对于审计努力程度的减弱作用会依据法律环境的完善而有所降低；（4）应用 Heckman 两阶段回归、以女性董事人数作为女性董事的替代变量、删除董事会结构发生系统性变化的年度观测值（2001 年、2002 年）进行敏感性测试，研究结论没有发生变化。

本节研究结果的政策性启示意义主要体现在以下方面：（1）经验证据揭示女性董事监督作用的发挥减弱了对于外部审计监督的需求，一定程度上支持了女性董事监督的有效性。近些年来各级党和政府部门积极鼓励大力培养女性领导，如《中国妇女发展纲要》要求"注意培养和发现高层次的女性管理人才。国有企业要积极探索在企业董事会、监事会、经理等决策、管理层发挥妇女民主参与的新形式，提高企业领导班子成员中的女性比例"。女性董事作为企业领导层的重要组成部分，我们应积极发挥其在公司治理中的作用，鼓励女性董事充分履行监督职能，以切实保护中小投资者的利益。（2）经验证据表明女性非独立董事没有发挥出监督作用，从另一个侧面反映出女性非独立董事可能是装点门面、为了满足政府相关部门的要求而设置的，在未来应充分提高女性非独立董事在董事会中的地位，积极引导其在公司治理体系中发挥积极作用。

由于数据和研究主题的制约，本节还存在以下改进之处：（1）应用审计收费作为审计努力程度的替代，可能存在一定程度的噪音，未来可以考虑采用调研的方法获得具体的审计工作时间补充测度审计努力程度，以减弱度量误差带来的影响；（2）源于审计委员会的功能，审计委员会中的女性成员可能会对审计努力程度产生更为显著的影响，受限于数据制约，本节没有展开相关的实证分析；（3）女性董事不仅可能会对审计努力程度产生影响，还可能会影响到审计师选择、审计意见、审计沟通等一系列行为，本节并未对上述主题展开深入研究。以上将是本节未来的进一步研究方向。

## 第五节　女性高管、信任环境与社会责任信息披露

随着监管部门一系列有关社会责任信息披露政策法规的制定，发布社会责任报告的企业越来越多。文章以 2008～2012 年沪深两市自愿披露社会责任报告的 A 股上市公司为样本，实证检验了女性高管对企业社会责任信息披露的影响。研究结论表明，女性高管与企业社会责任信息披露水平显著正相关。进一步研究发现，信任环境对女性高管与企业社会责任信息披露之间的正相关关系产生了促进作用；相对于非国有企业，国有企业女性高管对企业社会责任信息披露水平的正面影响更为显著。文章拓展了企业社会责任信息披露影响因素的研究，增进了女性高管与社会责任以及信息披露之间关系的理解。

### 一、引言

近年来，环境污染、食品安全和生产安全等事件频繁发生，企业社会责任（Corporate Social Responsibility，CSR）问题正受到前所未有的关注，各利益相关主体对社会责任信息披露的需求也日益强烈。为了顺应这一趋势，监管部门开始陆续制定一系列政策法规，要求上海证券交易所"上证公司治理板块"样本公司、发行境外上市外资股的公司、金融类公司和深圳证券交易所"深圳 100 指数"上市公司从 2008 年开始在披露年报的同时披露企业社会责任报告。在一系列政策的影响下，披露社会责任报告的公司数量快速增长，2008～2012 年发布社会责任报告的公司数量分别为 371 家、471 家、516 家、582 家和 644 家[①]。然而据统计分析，我国上市公司社会责任信息披露的整体水平令人担忧，而且披露水平差异较大。学术界也逐渐开始探索这一差异背后的原因。

---

① 资料来源：http://stock.hexun.com/。

关于企业社会责任信息披露影响因素的研究，大量的文献围绕公司特征和公司治理两个维度展开（Cowen et al.，1987；沈洪涛，2007；Roberts，1992；沈洪涛等，2010），也有部分学者将研究视角转向公司高管的个人特质和公司所处的制度环境（Thomas and Simerly，1995；张正勇和吉利，2013；田虹和姜雨峰，2014）。高管性别特征作为公司治理中结构多元化和公司高管个人特质的交叉领域，可能是企业社会责任信息披露的重要影响因素，然而却长期为学术界所忽视。女性高管在全球范围内已广泛存在，一些国家甚至通过立法的形式对女性董事比例提出了强制性要求，最为典型的是挪威，早在 2002 年就掀起了一场"董事局革命"以提高女性董事比例，并在 2003 年通过法律形式强制要求上市公司在 2008 年 1 月以后公司女性董事比例必须达到 40%，否则公司将面临解散。在中国，上市公司的女性高管也已悄然崛起。据《中国企业家》杂志发布的上市公司女性高管 2010 年度报告摘要显示，已聘请女性董事或高管的上市公司所占比例已达到 67.17%。致同会计师事务所 2014 年发布的一份《国际商业问卷调查报告》显示，受访中国内地企业中女性高管的比例为 38%，比全球平均水平（24%）高出14 个百分点，在各国中位居前列。基于此，本节以 2008~2012 年[①]沪深两市自愿披露社会责任报告[②]的 A 股上市公司为样本，尝试研究女性高管对企业社会责任信息披露[③]的影响。

本节可能的贡献主要体现在以下几个方面：（1）现有文献研究的多是女性董事对企业社会责任信息披露的影响，考虑到不仅董事对企业社会责任产生影响，参与日常经营的其他高管也不容忽视，因此本节将研究视角延伸到女性高管（包括董事、监事和其他高级管理人员），拓展了企业社会责任信

①　2008 年之前证券监管部门只是引导和鼓励上市公司发布社会责任报告，并无强制要求，发布社会责任报告的上市公司屈指可数；此外，专业权威的企业社会责任第三方评级机构润灵环球责任评级（RKS）从 2009 年开始对 A 股上市公司 2008 年社会责任报告进行评分，社会责任信息披露质量的衡量才有了统一可参照的标准，因此本文选择 2008 年以后的样本进行研究。

②　一方面，强制披露的社会责任报告不完全是管理层自主意愿的产物，不具有代表性；另一方面，在本书的样本区间，证券监管部门在上市公司社会责任信息强制披露方面的政策并无明显调整，而自愿披露社会责任报告的公司数量却是逐年上升趋势，因此本文选择自愿披露社会责任报告的公司为研究样本。

③　企业社会责任行为不仅包括社会责任履行本身，也包括企业将履行社会责任的信息披露出来，利益相关者对企业社会责任的认知是通过公开披露的社会责任信息获得的，因此本文研究的企业社会责任信息披露是指对企业社会责任履行和社会责任信息披露综合评价的结果。

息披露影响因素的研究；（2）以往涉及女性高管与企业社会责任的研究多数关注的是人口统计特征领域（张正勇和吉利，2013）或社会责任履行方面（杜兴强和冯文滔，2012；孟晓华等，2012），本节则重点将高管性别特征与企业社会责任信息披露相结合进行深入分析，为女性高管与企业社会责任之间的关系提供了增量经验证据；（3）本节进一步将社会信任环境和企业产权性质作为女性高管影响企业社会责任信息披露的情境变量进行考察，有助于明晰女性高管对企业社会责任的影响机理。

## 二、文献回顾与研究假设

### （一）文献回顾

已有文献关于女性高管与企业社会责任的研究主要沿着两条路径展开：一是以汉布里克和玛森（Hambrick and Mason，1984）的高阶理论（Upper Echelon Theory）为基础，将性别作为高管人口统计特征的一个方面对企业社会责任进行研究；二是基于董事会性别多元化的视角研究女性董事对企业社会责任的影响。

高阶理论认为，高层管理者的认知基础和价值观能够被易于观测和获取的人口统计特征（包括年龄、任期、教育和职业经历等）替代，并能有效影响企业的战略选择。社会责任作为企业一项重要的战略选择，应该也会受到高层管理者的认知基础和价值观的影响，并由高管的人口统计特征所体现。托马斯和什莫利（Thomas and Simerly，1995）较早从高阶理论的视角研究了企业社会责任问题，发现高管的背景和任期是企业社会责任绩效的决定因素。孙德升（2009）提出了一个运用高阶理论研究企业社会责任问题较为全面的分析框架，认为企业的社会责任行为能够通过高管团队的某些特征，如年龄、教育、任期、职业经验等预测出来。但上述研究都没有将性别因素纳入到高管团队的人口统计特征中，而且没有进行实证研究。张正勇和吉利（2013）研究发现企业家（董事长）性别特征与企业社会责任信息披露水平之间的关系不显著。孟晓华等研究表明女性高管比例的提高有助于企业环境责任的履行。曼勒（Manner，2010）以650家美国公司为样本，研究发现企业社会责任表现与女性CEO正相关，而这种正相关关系仅存在于社会责任表现好的公司。以上实证研究结论存在较大的差异，原因可能在于：（1）不同国家的制度文化会影响到企业社会责任的表现，同一国家不同时期的企业社会责任表现也是不同的；（2）以上实证研究对企业社会责任表现评价指标的选择存在较大差异；（3）不同实证研究关于高管范围的界定不同，部分探讨高管团队的人口统计特征，而另一部分则重点探讨董事长（CEO）个人的背景特征。

多元化的董事会构成更加有利于发挥其科学决策的功能，具有 3 名[1]或者更多女性董事的董事会能够与外部利益相关者进行更有效的沟通，更加倾向于关注顾客满意度、员工满意度以及企业社会责任等。王和科菲（Wang and Coffey，1992）的研究表明，董事会成员中有女性时公司参与社会责任活动的水平更高。张（Zhang，2012）以 475 家美国《财富》500 强公司为样本，研究发现董事会性别多元化与企业社会绩效正相关。伯洛塔（Boulouta，2013）以 126 家标准普尔公司的面板数据为样本，研究发现董事会性别多样性与企业社会绩效显著正相关，但这种影响取决于企业社会绩效的衡量指标[2]。费尔南德斯 – 费久等（Fernandez – Feijoo et al.，2012）使用来自毕马威的一项调查数据研究了董事会性别构成对企业社会责任报告的影响，结果发现拥有 3 名及以上女性董事的公司会披露更多的企业社会责任战略和担保声明方面的信息，进一步研究发现女性董事调节了文化特征对企业社会责任报告的影响。

综上所述，国内外现有的文献表明女性高管在企业社会责任活动中产生了重要的影响，也为女性高管与企业社会责任问题的进一步研究提供了理论基础和大量的经验证据。但基于高阶理论的研究只是将性别作为高管人口统计特征的一个方面纳入到企业社会责任的研究中，基于董事会性别多元化的研究仅仅关注女性董事对企业社会责任的影响，且已有研究关注的多是企业社会责任的履行方面，专门针对高管性别特征对企业社会责任信息披露影响的研究还鲜见于当前的学术文献中，这也为本节的研究提供了机会。

---

[1]　关键多数理论认为女性董事达到一定数量才能对董事会决策和效率产生实质影响，随后研究指出"3"是一个有魔力的临界值。

[2]　对关注负面商业行为的社会绩效指标如 KLD 评级，董事会性别多元化对企业社会绩效的影响更为显著，因为这样的社会绩效评级，有可能产生更高水平的"移情关怀"而强烈吸引了女性董事。

### (二) 理论分析与研究假设

在处理道德问题时，女性与男性有着明显不同的思维方式。女性主义关怀伦理学（Feminine Ethics of Care）认为，女性倾向于把道德定义为基于人与人之间的相互依赖关系而产生的对他人的责任意识，奉行一种强调"关系与责任"的关怀伦理；而男性则倾向于将道德视为基于个人独立存在的对个人权利和独立性的追求，奉行一种重视"权利和规则"的公正伦理。女性对企业社会责任的影响正是通过女性所特有的"移情关怀"来实现的。"移情"是女性主义关怀伦理学的核心，是指对那些处在困境中的人们给予帮助的一种情感回应，包括同情和关心。女性主义关怀伦理学所提倡的"关怀"则是以联系为基础，并认为人与人之间总是以各种方式联系在一起，相互依赖，进而基于这种依赖关系产生了相互责任的意识，"关怀"可以理解为一种责任，包含了人类最深的情感因素。因此，当女性参与到企业的高管团队中，可能因为"移情关怀"而更加关注企业与周围环境的关系以及企业在社会责任方面的表现。伯纳迪等（Bernardi et al.，2009）研究发现董事会中女性董事比例越高，公司进入"全球最具商业道德企业"排行榜的可能性更大。

社会角色理论（Social Role Theory）认为，很多社会中劳动分工以性别为基础。传统社会，女性通常扮演着照顾家庭、养育子女的角色，而男性更多地被赋予外出赚钱养家的责任。由于社会分工的不同，女性（尤其是已婚或有孩子的女性）在家庭事务方面投入了更多的时间和精力，而在工作方面投入的相对较少。这种角色分工和性别认知造成了社会对女性的期望是抚养性和社会导向的，而非竞争性和绩效导向的。因此，当女性高管参与企业决策时，为了与"性别角色"相匹配，会更多地关注企业对社会的贡献、员工的工作质量和心理需求、客户的满意度等社会绩效方面的指标（男性高管则更多地关注企业的利润、销量、投资回报率等经济绩效方面的指标），以符合社会期望的方式获取社会的认同。易卜拉欣和安吉利迪斯（Ibrahim and Angelidis，1994）采用标准普尔的公司数据分析发现，男性董事比较注重企业的经济绩效，而女性董事更多地关注企业社会责任的履行。伯洛塔（Boulouta，2011）也认为，女性董事更加关注企业的社会责任问题。

董事会的性别多元化提高了董事会的决策质量和效率，进而提升了董事会监督公司信息披露的能力。有研究表明，女性董事可能会花更多的时间和精力为董事会会议做准备，因而女性董事在履行董事会职责方面比男性董事做得更好。此外，由于背景和资源的不同，女性董事对企业内外部环境及发展战略有着不同于男性董事的解读，女性董事参与到董事会决策中，增加了董事会的异质性，给董事会决策带来了多样化的观点和多维的信息，从而提高了董事会决策的质量。古尔等（Gul et al.，2013）发现女性董事比例高的上市公司股价反映了更多的公司特征信息，即女性董事有助于增加股价信息含量。费尔南德斯 - 费久（Fernandez - Feijoo）等研究发现，拥有 3 名及以上女性董事的公司会披露更多的企业社会责任信息。

综上所述，由于女性的移情动机和性别的角色差异，女性有更强烈的社会责任导向。女性董事通过参与董事会决策，会积极促进企业披露高水平的社会责任信息。因此，本节提出如下假设 H3 - 11：

H3 - 11：限定其他条件，女性高管与企业社会责任信息披露水平显著正相关。

信任是一国传统文化的产物，往往代表着传统的信仰和价值观，在一个地区经过世代相传而不易发生变化。不论对于一个国家的经济增长和社会进步，还是对于个体交易双方，社会信任都是一种重要的社会资本。在商业经济领域，社会信任的重要功能在于能够为人们提供稳定的心理预期，从而降低由于信息不对称所产生的交易双方事前的信息搜集成本、事后的监督执行成本以及协商成本。考虑到社会信任存在着基于声誉的"连坐机制"，地区声誉的好坏将会影响到企业及个人交易行为的选择，因此一个地区社会信任环境的差异会对该地区企业和个人的行为产生重要影响，按此逻辑，企业的社会责任行为可能也会受到信任文化的冲击。

具体来说，企业所在地区的信任程度越高，该地区企业的交易成本越低，交易的风险也越小，企业自愿披露社会责任信息作为一种信号传递行为，就更容易被资本市场和社会公众识别，从而提高企业的声誉，以便获取更多的社会资本。在重复博弈的过程中，基于经济理性的考虑，企业会积极披露社会责任信息。在信任的社会环境下，人与人之间相互信赖并能友好真诚地合作，尤其对重视和谐、强调关系与责任的女性高管来说，会有更强烈的意愿促进企业关注员工利益、消费者利益，以及环境保护等社会责任方面的问题并如实披露社会责任信息，企业社会责任信息的透明度和可靠性就更高。另外，女性在经济决策中往往表现出风险厌恶的特质，当企业面临的信任环境较差时，人与人之间的信任度较低，信号传递的有效性将会减弱，企业自愿披露社会责任信息作为信号传递以获取社会资本的行为便具有较大的风险和不确定性，对厌恶风险的女性高管而言，可能就会减少甚至放弃对该项社会资本的投入，使得企业履行社会责任和自愿披露社会责任信息的积极性大大降低。

签于此，本节提出如下假设 H3 – 12：

H3 – 12：限定其他条件，相对于低信任度地区，信任度较高地区的女性高管与企业社会责任信息披露水平的正相关关系更为显著。

## 三、研究设计

### （一）样本选择与数据来源

本节选择披露社会责任报告的沪深 A 股上市公司作为初始样本，研究区间为 2008 ~ 2012 年，并按以下标准进行筛选：（1）剔除了上海证券交易所"上证公司治理板块"样本公司、发行境外上市外资股的公司、金融类公司以及深圳证券交易所"深圳 100 指数"成分股这四类要求强制披露社会责任报告的上市公司；（2）剔除了金融行业的上市公司；（3）剔除了 ST、*ST 等非正常交易状态的上市公司；（4）剔除了净资产小于 0 的上市公司；（5）剔除了相关数据缺失的上市公司。最终，本节得到 753 个样本观测值，2008 ~ 2012 年的样本观测值个数分别为 67、115、147、181 和 243。文中社会责任报告信息来自巨潮资讯网（http：//www. cninfo. com. cn/），社会责任报告评分来自润灵环球责任评级官方网站（http：//www. rksratings. com/），企业性质和交易状态数据来自 CCER 数据库，其余数据来自 CSMAR 数据库。

### （二）模型设定与变量定义

为了检验女性高管对企业社会责任信息披露的影响，即假设 H3 – 11，本节构建如下模型：

$$CSR = \alpha + \beta_1 FEMALE + \beta_2 TRUST + \beta_3 OWNERSHIP + \beta_4 DUAL + \beta_5 BOARD +$$
$$\beta_6 MSHARE + \beta_7 SIZE + \beta_8 LEV + \beta_9 ROE + \beta_{10} SOE +$$
$$\beta_{11} LIST + \beta_{12} INDUS + \lambda YEAR + \varepsilon \qquad (3-13)$$

在模型（3-13）中，*CSR* 是因变量，代表企业社会责任信息披露水平。由于目前我国上市公司披露的社会责任报告还没有统一的编制标准，普通读者尚无法从专业的角度对社会责任报告做出整体评价，因此本节采用润灵环球（RKS）社会责任报告评级系统①对上市公司社会责任报告的评分结果作为企业社会责任信息披露水平的衡量指标，评分越高表示社会责任信息披露水平越高（戴治勇，2014）。

*FEMALE* 是解释变量，代表女性高管，本节采用两种方式加以度量：女性高管人数 *FNUM* 和女性高管虚拟变量 *FDUM*（若女性高管人数大于 3/4 分位数时取 1，否则取 0）②。*TRUST* 表示社会信任度，本节借鉴张维迎和柯荣住（2002）委托"中国企业家调查系统"2000 年通过中国跨省信任调查得出的我国各地区（包括 31 个省、自治区和直辖市）社会信任指数，社会信任指数越大表示信任度越高，信任状况越好。

此外，参考以往的研究，模型还控制了以下变量：公司治理变量（*OWNERSHIP*、*DUAL*、*BOARD*、*MSHARE*）；公司特征变量（*SIZE*、*LEV*、*ROE*）；产权性质 *SOE*；上市地点 *LIST*；行业和年度虚拟变量。变量的具体定义如表 3-34 所示。

表 3-34　　　　　　　　　　变量定义

| 类型 | 符号 | 名称 | 定义 |
|---|---|---|---|
| 因变量 | *CSR* | 社会责任信息披露水平 | *RKS* 社会责任报告评分 |
| 解释变量 | *FNUM* | 女性高管人数 | 女性高管的人数 |
| | *FDUM* | 女性高管虚拟变量 | 若女性高管人数大于 3/4 分位数（4 人）时取 1，否则取 0 |

---

①　RKS 社会责任报告评级系统是根据 GRI3.0 报告编制国际指南和 Sustain Ability 报告评价指南研发的三级评价体系，从 Macrocosm—整体性、Content—内容性、Technique—技术性三个零级指标出发，分别设立一级指标和二级指标对报告进行全面评价。Macrocosm—整体性突出了企业社会责任战略方面的评价，Content—内容性突出了企业社会责任履行方面的评价，Technique—技术性突出了社会责任信息披露方面的评价（详见 http://www.rksratings.com/）。

②　虚拟变量通常选择是否或中位数进行刻画，但在本文的研究样本中，拥有女性高管的公司占比达到 88.57%，女性高管人数的中位数为 2，3/4 分位数为 4，最大值为 9，呈现明显右偏。关键多数理论也认为女性达到一定数量才能对董事会决策和效率产生实质影响。因此本书参考古尔（Gul）[19] 的做法，选择 3/4 分位数刻画女性高管虚拟变量。

续表

| 类型 | 符号 | 名称 | 定义 |
|---|---|---|---|
| 控制变量 | *TRUST* | 社会信任度 | 社会信任指数 |
| | *OWNERSHIP* | 股权集中度 | 前十大股东持股比例之和 |
| | *DUAL* | 两职合一虚拟变量 | 若董事长兼任总经理时取 1，否则取 0 |
| | *BOARD* | 董事会规模 | 董事会总人数 |
| | *MSHARE* | 管理层持股比例 | 管理层持股占总股本的比例 |
| | *SIZE* | 公司规模 | 年末总资产的自然对数 |
| | *LEV* | 资产负债率 | 年末总负债/年末总资产 |
| | *ROE* | 净资产收益率 | 净利润/年末所有者权益 |
| | *SOE* | 产权性质 | 最终控制人是国有时取 1，否则取 0 |
| | *LIST* | 上市地点 | 若公司上市地点为上海证券交易所时取 1，否则取 0 |
| | *INDUS* | 行业虚拟变量 | 重污染行业①取 1，否则取 0 |
| | *YEAR* | 年度虚拟变量 | 涉及 5 个年份，设置 4 个年度虚拟变量 |

进一步，为了检验不同社会信任环境下女性高管对企业社会责任信息披露影响的差异，即假设 H3 - 12，本节基于模型（3 - 13），根据样本所在地区的社会信任指数（*TRUST*）按高于 3/4 分位数和低于 1/4 分位数进行分组，将样本观测值区分为高信任组（127 个）和低信任组（175 个），分别对女性高管与企业社会责任信息披露的关系进行检验。

## 四、实证研究结果分析

### （一）描述性统计和相关性分析

1. 变量的描述性统计

各变量详细的描述性统计结果如表 3 - 35 所示。在本节的样本公司中，*CSR* 的均值仅为 32.9402，远没有达到及格线 60 分，标准差为 9.8769（最小值为 15.5600，最大值为 75.2200），反映我国上市公司自愿披露社会责任报

---

① 根据《上市公司行业分类指引》（2001）将环保部公布的《上市公司环境信息披露指南》中 16 类重污染行业归入：采掘业（B）；食品、饮料（C0）；纺织、服装、皮毛（C1）；造纸、印刷（C3）；石油、化学、塑胶、塑料（C4）；金属、非金属（C6）；医药、生物制品（C8）；电力、煤气及水的生产和供应业（D）。

告的整体水平不高，而且披露水平差异较大。样本公司中，*FDUM* 的均值达
到 15.67%，依据表 1 的定义，女性高管多于 4 人的公司已占据一定的比例。
*TRUST* 的最小值为 2.7000，最大值为 218.9000，反映我国各地区间信任度
存在较大的差异。在董事会特征方面，约 19.12% 的样本公司选择了董事长
兼任总经理的岗位设置模式；*BOARD* 的均值为 8.9960，中位数和 3/4 分位
数均为 9，表明样本公司的董事会平均规模已达到 9 人，但绝大部分公司的
董事会规模都在平均水平及以下，呈现明显的左偏。*ROE* 的均值为 0.0918，
标准差为 0.1160（最小值为 -1.5011，最大值为 0.6179），表明自愿披露社
会责任报告的公司有盈利有亏损，而且经营业绩之间差异较大。此外，在自
愿性披露社会责任报告的公司中，国有企业占据 41.04%，重污染行业达到
42.50%，深交所上市的公司相当于上交所的两倍。

表 3-35 变量的描述性统计

| 变量 | 观测值 | 均值 | 标准差 | 最小值 | 1/4 分位数 | 中位数 | 3/4 分位数 | 最大值 |
|---|---|---|---|---|---|---|---|---|
| *CSR* | 753 | 32.9402 | 9.8769 | 15.5600 | 26.1000 | 30.6698 | 36.8300 | 75.2200 |
| *FNUM* | 753 | 2.7131 | 1.8616 | 0.0000 | 1.0000 | 2.0000 | 4.0000 | 11.0000 |
| *FDUM* | 753 | 0.1567 | 0.3638 | 0.0000 | 0.0000 | 0.0000 | 0.0000 | 1.0000 |
| *TRUST* | 753 | 70.5329 | 61.5228 | 2.7000 | 24.3000 | 32.1000 | 117.2000 | 218.9000 |
| *OWNERSHIP* | 753 | 0.6172 | 0.1736 | 0.1335 | 0.4978 | 0.6416 | 0.7508 | 1.0000 |
| *DUAL* | 753 | 0.1912 | 0.3935 | 0.0000 | 0.0000 | 0.0000 | 0.0000 | 1.0000 |
| *BOARD* | 753 | 8.9960 | 1.6651 | 5.0000 | 9.0000 | 9.0000 | 9.0000 | 15.0000 |
| *MSHARE* | 753 | 0.1334 | 0.2164 | 0.0000 | 0.0000 | 0.0002 | 0.2103 | 0.8973 |
| *SIZE* | 753 | 21.8369 | 1.1458 | 18.2659 | 21.0421 | 21.7234 | 22.5718 | 26.7086 |
| *LEV* | 753 | 0.4302 | 0.2207 | 0.0140 | 0.2497 | 0.4470 | 0.6079 | 0.9458 |
| *ROE* | 753 | 0.0918 | 0.1160 | -1.5011 | 0.0517 | 0.0904 | 0.1389 | 0.6179 |
| *SOE* | 753 | 0.4104 | 0.4922 | 0.0000 | 0.0000 | 0.0000 | 1.0000 | 1.0000 |
| *LIST* | 753 | 0.3054 | 0.4609 | 0.0000 | 0.0000 | 0.0000 | 1.0000 | 1.0000 |
| *INDUS* | 753 | 0.4250 | 0.4947 | 0.0000 | 0.0000 | 0.0000 | 1.0000 | 1.0000 |

2. 变量的相关性分析

表 3-36 报告了本节主要变量间的 Pearson 相关系数。企业社会责任信
息披露水平 *CSR* 与女性高管人数 *FNUM* 和女性高管虚拟变量 *FDUM* 均在 1%
的水平上显著正相关，初步支持了假设 H3-11。*CSR* 与社会信任度 *TRUST*

显著正相关，表明在信任度高的地区，企业社会责任信息披露的水平也较高。*CSR* 与前十大股东的持股比例 *OWNERSHIP* 在 1% 的水平上显著正相关，说明上市公司的股权集中会有助于提高社会责任信息披露水平。*CSR* 与董事会规模 *BOARD* 显著正相关，表明在本节的研究样本中，董事会规模越大的公司社会责任表现越好。*CSR* 与产权性质 *SOE* 在 5% 的水平上显著正相关，说明国有企业承担了较多的社会责任。另外，其余自变量之间相关系数均小于 0.40，表明模型不存在严重的多重共线性问题（限于篇幅略去）。

表 3 – 36　　　　　　　　　　主要变量间的 Pearson 相关系数

| 变量 | CSR | FNUM | FDUM | TRUST | OWNERSHIP | BOARD | SOE |
|---|---|---|---|---|---|---|---|
| *CSR* | 1.0000 | | | | | | |
| *FNUM* | 0.1124*** | 1.0000 | | | | | |
| *FDUM* | 0.1017*** | 0.7518*** | 1.0000 | | | | |
| *TRUST* | 0.1533*** | 0.0683* | 0.0986*** | 1.0000 | | | |
| *OWNERSHIP* | 0.1149*** | − 0.1063*** | − 0.0966*** | 0.0480 | 1.0000 | | |
| *BOARD* | 0.1305*** | 0.0331 | 0.0625* | − 0.0440 | − 0.0468 | 1.0000 | |
| *SOE* | 0.0864** | − 0.1036*** | − 0.1071*** | − 0.0139 | − 0.1872*** | 0.2713*** | 1.0000 |

注：*、**、*** 分别代表在 10%、5%、1% 水平上显著（双尾）。

### （二）普通 OLS 回归分析

表 3 – 37 报告了女性高管与企业社会责任信息披露的 OLS 多元回归结果。第（1）列和第（2）列分别以女性高管人数 *FNUM* 和女性高管虚拟变量 *FDUM* 为测试变量。

表 3 – 37　　　　　　　　　　普通 OLS 回归结果

| 变量 | （1）FNUM 作为测试变量 | | （2）FDUM 作为测试变量 | |
|---|---|---|---|---|
| | 系数 | T 值 | 系数 | T 值 |
| *C* | − 25.0505*** | − 3.1682 | − 24.1133*** | − 3.0678 |
| *FNUM* | 0.4784*** | 2.6677 | — | — |
| *FDUM* | — | — | 2.6843*** | 2.9140 |
| *TRUST* | 0.0185*** | 3.3828 | 0.0178*** | 3.2311 |
| *OWNERSHIP* | 5.0171** | 2.4228 | 4.9223** | 2.3856 |

续表

| 变量 | （1）FNUM 作为测试变量 | | （2）FDUM 作为测试变量 | |
|---|---|---|---|---|
| | 系数 | T 值 | 系数 | T 值 |
| DUAL | 0.9064 | 1.0392 | 1.0610 | 1.2133 |
| BOARD | 0.4916 ** | 2.3761 | 0.4662 ** | 2.2478 |
| MSHARE | 0.6974 | 0.3605 | 1.2824 | 0.6599 |
| SIZE | 1.9320 *** | 4.8093 | 1.9242 *** | 4.7976 |
| LEV | − 2.9232 | − 1.5050 | − 2.5744 | − 1.3264 |
| ROE | 1.0601 | 0.3595 | 1.2157 | 0.4129 |
| SOE | 0.9954 | 1.2278 | 1.1046 | 1.3569 |
| LIST | − 0.5155 | − 0.6590 | − 0.2944 | − 0.3763 |
| INDUS | 1.4104 ** | 2.1219 | 1.4604 ** | 2.1967 |
| YEAR | Control | | Control | |
| N（Obs） | 753 | | 753 | |
| Adj_R$^2$ | 0.2027 | | 0.2042 | |
| F 值（P 值） | 12.9492（0.0000） | | 13.0583（0.0000） | |

注：*、**、*** 分别代表在 10%、5%、1% 水平上显著（双尾）。

第（1）列结果显示，*FNUM* 的系数在 1% 的水平上显著为正（系数 = 0.4784，T 值 = 2.6677），表明上市公司女性高管人数越多，企业社会责任信息披露的水平越高。第（2）列中，*FDUM* 与 *CSR* 在 1% 的水平上显著正相关（系数 = 2.6843，T 值 = 2.9140），说明当上市公司女性高管人数超过 4人时，企业社会责任信息披露的水平会显著提高。上述结果联合支持了假设 H3 – 11，即女性高管与企业社会责任信息披露水平显著正相关。

在控制变量中，第（1）列和第（2）列基本保持一致。社会信任度 *TRUST* 均在 1% 的水平上显著正相关，表明在信任度高的地区，企业社会责任信息披露的水平也较高，说明企业社会责任行为确实受到了信任文化的影响。前十大股东的持股比例 *OWNERSHIP* 的系数均在 5% 的水平上显著为正，说明上市公司的股权集中度越高，企业社会责任表现越好。当股权集中度达到一定水平时，大股东有能力监督管理层，而且大股东更关注企业的长远利益以及企业与利益相关者的关系，因此，股权集中度的提高可能会促进企业社会责任的履行和社会责任信息的披露。董事会规模 *BOARD* 的系数均在 5%的水平上显著为正，说明董事会规模越大，企业社会责任信息披露的水平越高。关于董事会规模与企业社会责任信息披露的关系，沈洪涛等研究发现董事会规模与社会责任信息披露之间呈现倒"U"型的关系，其原因可能是，随着董事会人数的增多，董事会的监督能力和决策能力增强，但是当董事会成员人数达到一定规模时，董事会的沟通和决策更加困难，董事会的效率降低。本节的研究样本中董事会规模普遍较小，尚未到达倒"U"型曲线的拐点，因此董事会规模与企业社会责任信息披露水平可能呈正相关关系。产权性质 SOE 的系数为正（T 值分别为 1.2278 和 1.3569），说明国有企业的社会责任信息披露水平要高于非国有企业。在中国特殊的制度环境下，受政府干预的影响，国有企业承担了更多的社会责任。此外，规模大的、资产负债率低的企业社会责任表现更好，这与以往的文献研究结论保持一致。

## （三）Heckman 两阶段回归分析

上述普通 OLS 回归中并没有考虑样本选择性偏差问题，如果仅以自愿披露社会责任报告的公司为研究样本，得到的结果只表明那些自愿披露社会责任报告的公司中女性高管与社会责任信息披露水平的关系，而并不揭示女性高管对企业社会责任信息披露水平的实际影响。因此，本节使用 Heckman 两阶段回归对不可观测的样本选择性偏差进行控制。第一阶段，构造"自愿披露选择"的 Probit 模型（3 - 14），以全样本（由 753 个自愿披露社会责任报告的观测值和 6693 个未披露社会责任报告的观测值共同组成）为研究对象，以企业是否自愿披露社会责任报告 VOLUNTARY 作为被解释变量，模型中自变量的选择包括公司治理变量（OWNERSHIP、DUAL、BOARD、MSHARE）、公司特征变量（SIZE、LEV、ROE）、顾客远近度 CP[①]、产品市场竞争 HHI[②]、再融资 SEO[③]、产权性质 SOE、社会信任度 TRUST、上市地点 LIST，从回归结果得到逆米尔斯比率（Inverse Mills Ration，IMR）。第二阶段，将 IMR 加入模型（3 - 13）中作为控制变量，控制可能的样本选择偏差，如果 IMR 的系数是显著的，则表明研究样本存在选择性偏差，且通过 Heckman 两阶段回归可以有效纠正这种偏差。

---

① 若公司所在行业为纺织、服装、皮毛、食品、饮料、药品时取 1，否则取 0。
② 赫芬达尔指数，用每个公司的营业收入除以该行业所有公司当年营业收入总和得到百分比，再将百分比的平方按照行业每年进行加总。
③ 若公司在 t 年或 t + 1 年提出增发或配股预案时取 1，否则取 0。

$$VOLUNTARY = \alpha + \beta_1 OWNERSHIP + \beta_2 DUAL + \beta_3 BOARD + \beta_4 MSHARE +$$
$$\beta_5 SIZE + \beta_6 LEV + \beta_7 ROE + \beta_8 CP + \beta_9 HHI + \beta_{10} SEO +$$
$$\beta_{11} SOE + \beta_{12} TRUST + \beta_{13} LIST + \varepsilon \qquad (3-14)$$

Heckman 两阶段回归结果如表 3 – 38 所示。第（1）列、第（2）列 $FNUM$ 和 $FDUM$ 的系数均在 1% 的水平上显著为正（系数分别为 0.4862 和 2.7175，T 值分别为 2.7082 和 2.9476），与表 3 – 37 相比，$FNUM$ 和 $FDUM$ 的系数略有增大，显著性不变。这说明 Heckman 两阶段回归的结果仍然支持本节的假设 H3 – 11，女性高管与企业社会责任信息披露水平显著正相关。

表 3 – 38　　　　　　　　　　Heckman 两阶段回归结果

| 变量 | （1）$FNUM$ 作为测试变量 | | （2）$FDUM$ 作为测试变量 | |
|------|------|------|------|------|
|  | 系数 | T 值 | 系数 | T 值 |
| $C$ | 74.8608 | 0.7016 | 74.5948 | 0.6998 |
| $FNUM$ | 0.4862 *** | 2.7082 | — | — |
| $FDUM$ | — | — | 2.7175 *** | 2.9476 |
| $TRUST$ | 0.0405 * | 1.6867 | 0.0394 * | 1.6451 |
| $OWNERSHIP$ | 3.0711 | 1.0482 | 2.9966 | 1.0243 |
| $DUAL$ | 3.4357 | 1.2133 | 3.5609 | 1.2579 |
| $BOARD$ | 0.4642 ** | 2.2212 | 0.4389 ** | 2.0952 |
| $MSHARE$ | − 0.8550 | − 0.3360 | − 0.2437 | − 0.0957 |
| $SIZE$ | − 1.5629 | − 0.4175 | − 1.5282 | − 0.4086 |
| $LEV$ | 1.3186 | 0.2681 | 1.6203 | 0.3295 |
| $ROE$ | − 7.2890 | − 0.7780 | − 7.0281 | − 0.7514 |
| $SOE$ | 2.6567 | 1.3650 | 2.7459 | 1.4110 |
| $LIST$ | 2.8929 | 0.7790 | 3.0754 | 0.8284 |
| $INDUS$ | 1.5270 ** | 2.2580 | 1.5759 ** | 2.3298 |
| $IMR$ | − 16.0384 | − 0.9389 | − 15.8418 | − 0.9285 |
| $YEAR$ | Control | | Control | |
| N(Obs) | 753 | | 753 | |
| Adj_$R^2$ | 0.2026 | | 0.2040 | |
| F 值（P 值） | 12.2374（0.0000） | | 12.3386（0.0000） | |

注：*、**、***分别代表在 10%、5%、1% 水平上显著（双尾）。

## （四）基于不同信任环境分组的回归分析

为了更深入了解女性高管对企业社会责任信息披露水平影响的作用机理，本节引入信任环境，对样本进行分组回归。表 3 - 39 列示了不同的信任环境下女性高管与企业社会责任信息披露的 OLS 多元回归结果，第（1）列和第（2）列分别以女性高管人数 *FNUM* 和女性高管虚拟变量 *FDUM* 为测试变量。在高信任组，*FNUM* 和 *FDUM* 的系数分别在 10% 和 5% 的水平上显著为正（系数分别为 1.0110 和 6.7718，T 值分别为 1.7472 和 2.5403）；而在低信任组，*FNUM* 和 *FDUM* 的系数都不显著（系数分别为 0.2339 和 2.9308，T 值分别为 0.5835 和 1.2887）。上述结果联合支持了假设 H3 - 12，即相对于低信任度地区，信任度较高地区的女性高管与企业社会责任信息披露水平的正相关关系更为显著。这也进一步表明，女性高管对企业社会责任信息披露的影响受到企业所在地区信任文化的约束，只有在信任的社会环境下，女性高管才会对企业的社会责任行为产生显著的积极影响。

## （五）进一步分析

我国特殊的制度背景下，国有企业在一定程度上承担了本来应由社会和政府承担的职能。国务院国资委要求中央企业做好履行社会责任的表率，有条件的企业要定期发布社会责任报告或可持续发展报告。相对于非国有企业，国有企业履行社会责任的压力更大，公众对其披露社会责任报告的期望更高。因此，对奉行"关系与责任"的关怀伦理的女性来说，当她们参与到国有企业的高管团队时，会积极促进企业履行社会责任并披露社会责任报告以满足政府和社会公众等利益相关者的诉求。另外，在我国不同产权性质企业高管的选聘路径是不一样的。国有企业高管的选聘通常有三种渠道：国资委直接任命①、内部竞聘和面向海内外公开招聘②。近年来，国资委逐渐淡化国企高管"直接任命"的选聘机制，国企高管的独立性和决策能力随之不

---

① 国资委直接任命主要针对企业的董事长和党委书记两个职位。

② 据新京报，2003 年国资委联合中组部首次面向海内外招聘央企高管 7 人，此后央企全球招聘逐渐成为一种趋势（资料来源：http://news.china.com/pinglun/gdrd/11132979/20130117/17637122.html）。

表3-39　基于信任环境分组的回归结果

| 变量 | (1) FNUM 作为测试变量 | | | | (2) FDUM 作为测试变量 | | | |
| --- | --- | --- | --- | --- | --- | --- | --- | --- |
| | 高信任组 | | 低信任组 | | 高信任组 | | 低信任组 | |
| | 系数 | T值 | 系数 | T值 | 系数 | T值 | 系数 | T值 |
| C | -28.0666 | -1.3854 | -30.8384 | -1.5215 | -26.2459 | -1.3380 | -29.7244 | -1.4863 |
| FNUM | 1.0110* | 1.7472 | 0.2339 | 0.5835 | — | — | — | — |
| FDUM | — | — | — | — | 6.7718** | 2.5403 | 2.9308 | 1.2887 |
| OWNERSHIP | 4.3597 | 0.7038 | 16.1106*** | 3.2417 | 3.2984 | 0.5642 | 16.4869*** | 3.4136 |
| DUAL | 3.1545 | 1.2071 | -0.4699 | -0.2131 | 3.3990 | 1.3199 | -0.3291 | -0.1497 |
| BOARD | -0.7122 | -1.0184 | -0.0682 | -0.1458 | -0.9138 | -1.3108 | -0.1280 | -0.2749 |
| MSHARE | -5.9576 | -0.8930 | -11.4290** | -2.5053 | -3.2364 | -0.5011 | -10.9262** | -2.4147 |
| SIZE | 2.6205*** | 2.7309 | 2.3770** | 2.2203 | 2.6091*** | 2.7757 | 2.3220** | 2.1860 |
| LEV | -1.8262 | -0.2802 | -3.0839 | -0.6514 | -0.4877 | -0.0757 | -2.8022 | -0.6058 |
| ROE | 2.9326 | 0.2734 | -2.5678 | -0.4391 | 5.1367 | 0.4837 | -2.5276 | -0.4340 |
| SOE | 1.3593 | 0.5271 | -4.2261** | -2.1041 | 1.7868 | 0.7329 | -3.6607* | -1.8065 |
| LIST | -1.2628 | -0.5112 | -0.2523 | -0.1375 | -0.9038 | -0.3720 | -0.0085 | -0.0046 |
| INDUS | -0.2130 | -0.0940 | 0.3959 | 0.2738 | 0.2898 | 0.1288 | 0.6303 | 0.4351 |
| YEAR | Control | | Control | | Control | | Control | |
| N(Obs) | 127 | | 175 | | 127 | | 175 | |
| Adj_R² | 0.1067 | | 0.2694 | | 0.1325 | | 0.2754 | |
| F值（P值） | 2.0031 (0.0210) | | 5.2783 (0.0000) | | 2.2835 (0.0074) | | 5.4099 (0.0000) | |

注：*、**、***分别代表在10%、5%、1%水平上显著（双尾）。

断增强。而在非国有企业，高管选聘通常也有三种渠道：由企业家的家属或亲戚出任、内部竞聘和面向社会招聘。但由于大股东掌握着高管的聘任权，不管通过哪种方式选聘的高管，其决策都更多地体现大股东的意志，难以发挥实质性的作用。因此，较之非国有企业，国有企业的女性高管的独立性和决策能力更强，对企业社会责任行为的影响更大。

表3-40进一步根据最终控制人性质不同，将所有样本观测值区分为国有企业组和非国有企业组进行回归分析。结果显示，不论以女性高管人数 *FNUM* 还是以女性高管虚拟变量 *FDUM* 为测试变量，在国有企业组 *FNUM* 和 *FDUM* 的系数均在1%的水平上显著为正（系数分别1.1210和7.0856，T值分别为3.3649和3.9503），而在非国有企业组 *FNUM* 和 *FDUM* 的系数都不显著（系数分别为0.1489和0.5605，T值分别为0.6853和0.5122）。上述结果表明，相对于非国有企业，国有企业的女性高管对企业社会责任信息披露的影响更为显著。这意味着，尽管女性高管对企业社会责任信息披露水平产生了重要影响，但是针对不同的产权性质，这种影响的机理和影响程度是不同的，国有企业的社会责任面临社会公众的预期更强，国有企业的女性高管的独立性和决策能力相对更强，因此国有企业的女性高管对企业社会责任的正面影响更大。

表3-40　　　　　　　基于产权性质分组的回归结果

| 变量 | (1) *FNUM* 作为测试变量 | | | | (2) *FDUM* 作为测试变量 | | | |
| | 国有企业组 | | 非国有企业组 | | 国有企业组 | | 非国有企业组 | |
| | 系数 | T值 | 系数 | T值 | 系数 | T值 | 系数 | T值 |
| *C* | -34.2548 *** | -3.0032 | -11.9177 | -1.0237 | -32.9201 *** | -2.9438 | -11.6338 | -1.0005 |
| *FNUM* | 1.1210 *** | 3.3649 | 0.1489 | 0.6853 | — | — | — | — |
| *FDUM* | — | — | — | — | 7.0856 *** | 3.9503 | 0.5605 | 0.5122 |
| *TRUST* | 0.0149 | 1.6002 | 0.0127 * | 1.7870 | 0.0108 | 1.1401 | 0.0125 * | 1.7580 |
| *OWNERSHIP* | 4.7881 | 1.4764 | 6.3842 ** | 2.2674 | 3.7588 | 1.1714 | 6.3467 ** | 2.2494 |
| *DUAL* | 1.7629 | 0.8339 | 0.3508 | 0.3678 | 1.6458 | 0.7837 | 0.3785 | 0.3939 |
| *BOARD* | -0.2187 | -0.6956 | 1.0813 *** | 3.8771 | -0.2059 | -0.6624 | 1.0720 *** | 3.8195 |
| *MSHARE* | 40.2918 | 1.4920 | -1.0350 | -0.5053 | 51.2154 * | 1.8955 | -0.9439 | -0.4583 |
| *SIZE* | 2.5569 *** | 4.4395 | 1.1343 * | 1.9215 | 2.5740 *** | 4.5202 | 1.1372 * | 1.9253 |
| *LEV* | -0.9230 | -0.3065 | -3.6346 | -1.3421 | 0.1891 | 0.0642 | -3.6476 | -1.3457 |
| *ROE* | 5.0409 | 1.3985 | -3.0326 | -0.5496 | 5.0215 | 1.4031 | -2.7632 | -0.5035 |

续表

| 变量 | （1）*FNUM* 作为测试变量 | | | | （2）*FDUM* 作为测试变量 | | | |
|---|---|---|---|---|---|---|---|---|
| | 国有企业组 | | 非国有企业组 | | 国有企业组 | | 非国有企业组 | |
| | 系数 | T 值 | 系数 | T 值 | 系数 | T 值 | 系数 | T 值 |
| *LIST* | 1.2955 | 1.1671 | −1.3993 | −1.1971 | 1.7729 | 1.6109 | −1.3326 | −1.1350 |
| *INDUS* | 1.2081 | 1.0964 | 1.6113 * | 1.8913 | 1.4893 | 1.3534 | 1.6214 * | 1.9028 |
| *YEAR* | Control | | Control | | Control | | Control | |
| N（Obs） | 309 | | 444 | | 309 | | 444 | |
| Adj_R² | 0.2576 | | 0.1788 | | 0.2679 | | 0.1784 | |
| F 值（P 值） | 8.1261（0.0000） | | 7.4292（0.0000） | | 8.5152（0.0000） | | 7.4118（0.0000） | |

注：*、**、*** 分别代表在 10%、5%、1% 水平上显著（双尾）。

## （六）稳健性测试

为了检验以上研究结论的可靠性，本节进行了如下的稳健性测试，限于篇幅未报告回归结果。

（1）润灵环球（RKS）社会责任报告评级系统每年都会更新至新版本①，为了企业社会责任信息披露水平评价指标的可比性，本节进一步引入社会责任报告的评级得分 CREDIT 作为因变量进行稳健性测试。社会责任报告评级转换体系根据 MCT 评分将上市公司社会责任情况分为 19 个不同的等级（AAA、AA、A、BBB、BB、B、CCC、CC、C；除 AAA、CCC 及以下等级以外，每一个责任报告评级可用"＋"、"－"符号进行微调，表示略高或略低于本等级②）。CREDIT 为每个等级的评级得分，C 为 1 分，CC 为 2 分，以此类推，最高组 AAA 为 19 分（张敦力和李四海，2012）。重复上述表 3-37、表 3-38、表 3-39 的回归，结果显示：（1）在全样本、高信任组和国有企业组，*FNUM* 和 *FDUM* 的系数均显著为正；（2）在低信任组和非国有企业组，*FNUM* 和 *FDUM* 的系数均不显著。上述结果与前文保持一致，假设 H3-11 和假设 H3-12 得到了进一步的经验证据支持。

---

① MCT2009-1.0 版本 MCT 的权重分别为 40%、40% 和 20%；MCT2010-1.1 版本 MCT 的权重调整为 30%、50% 和 20%；MCT2011-1.1 版本加入行业因素 I，MCTI 权重分别为 30%、45%、20% 和 5%；MCT 2012_1.2i 版本 MCTI 的权重调整为 30%、45%、15% 和 10%，每个版本的评级系统均为对前一年企业社会责任报告评分时采用。

② 详见 http://www.rksratings.com/。

（2）2008 年是监管部门出台强制披露社会责任报告政策的第一年，加上 2008 年汶川地震这样一个突发性灾难事件的影响，企业社会责任活动可能呈现出非常规状态。因此本节进一步剔除 2008 年数据的影响，仅选择 2009~2012 年的样本重复前面的检验，具体结果无实质性变化。

（3）在国内由于 IPO 的资源相对稀缺，企业为了成功上市而向资本市场传递更多的社会责任信息以树立良好的声誉和形象，可能是争取 IPO 资源的一种有效手段。因此，为了使本节的结论更为稳健，进一步剔除当年 IPO 的样本重复上述回归，具体结果也没有发生明显的变化。

总之，在上述的稳健性测试中，所得出的主要结论与前文基本一致，表明本节的研究结论是稳健、可靠的。

## 五、研究结论与进一步研究方向

本节以 2008~2012 年沪深两市自愿披露社会责任报告的 A 股上市公司为样本，实证检验了女性高管对企业社会责任信息披露的影响。研究结果发现：（1）女性高管与企业社会责任信息披露水平显著正相关，表明女性高管参与企业决策对企业的社会责任活动产生了重要的影响。（2）进一步区分信任环境和产权性质后研究发现，女性高管对企业社会责任信息披露水平的显著正面影响仅在信任度较高的地区和国有企业存在，而在信任度较低的地区和非国有企业女性高管对企业社会责任信息披露水平无显著影响，这表明女性高管对企业社会责任活动的影响受到企业所在地区的信任文化和产权性质的制约。本节不仅拓展了企业社会责任信息披露的影响因素的研究，同时也从高管性别特征的角度为高阶理论与企业社会责任的研究提供了新的证据。

本节研究的政策启示意义在于：（1）在当前的形势下，企业社会责任已经受到了社会各界的高度关注，也逐渐成为企业竞争优势新的增长点，而我们的研究结论表明女性高管对企业的社会责任活动产生了积极的影响。因此，我国监管部门可以以此为参考，在政策层面鼓励企业吸引更多的女性加入到高管团队中，积极改善高管团队的性别结构，促进企业社会责任的履行和社会责任信息的披露。（2）本节的研究还表明女性高管对企业社会责任活动的影响受制于信任环境和产权性质，因此监管部门在制定政策时还应考虑企业所处的制度环境，以保证政策切实有效施行。

　　由于数据和文章研究主题的制约，本节还存在以下改进之处：（1）从女性高管个人特征（如年龄、受教育程度、任职经验、是否为关键高管等）的角度研究女性高管对企业社会责任信息披露影响的调节作用。本节在研究女性高管与企业社会责任信息披露的关系时主要考虑了企业所在地区信任环境和产权性质的影响，而女性高管自身所具备的特征也会对其决策能力产生影响，进而影响企业社会责任行为的决策。（2）润灵环球（RKS）对企业社会责任报告的评分不仅从企业社会责任履行本身，也从企业社会责任战略的制定和企业社会责任信息披露技术等方面给予了评价，本节仅选择了社会责任报告的综合评分作为企业社会责任信息披露水平的替代变量，因此可以进一步深入研究女性高管对企业社会责任战略的制定、企业社会责任的履行和企业社会责任信息披露技术等方面的具体的影响，丰富女性高管与企业社会责任研究的相关文献。（3）应用张维迎和柯荣住（2002）委托"中国企业家调查系统"2000 年对全国跨省的信任调查数据作为社会信任的衡量指标，距离本节的研究区间已有较长时间，社会信任程度、地区的差异可能发生了一定程度的变化，这将可能对本节的研究结论造成影响，未来将适时引入学术界所使用的新度量方法展开进一步测试。以上是本节未来的研究方向。

| 第四章 |

# 女性高管与投资决策

## 第一节　女性董事与经营多元化

　　女性董事已经成为我国资本市场上市公司中普遍存在的现象。本节以中国 2001～2010 年的 A 股上市公司为样本，实证分析了女性董事对于经营多元化行为的影响。研究发现：（1）女性董事显著降低了企业的经营多元化；（2）当将女性董事区分为女性独立董事和女性非独立董事两种类型后，发现主要是女性非独立董事降低了经营多元化；（3）进一步的测试结果揭示，女性关键职位董事（包括董事长和总经理）降低经营多元化的程度最大。本节丰富了女性董事的经济后果研究，有助于深入理解公司内部不同类型和层级董事之间的差异。

### 一、引言

　　在中国几千年的历史文化沉淀中，"女子无才便是德"、"贤妻良母"等思想已经被视为一种正统观念，女性在中国传统社会中更多地被定性为家庭角色，而其社会角色总是可以忽略不计的。自新中国成立以来，尤其是改革开放以后，党和政府充分调动和发挥女性参与经济建设的积极性，女性地位逐步得到提高。《中国妇女发展纲要（2001～2010）》要求"结合建立现代企业制度的实践，注意培养和发现高层次的女性管理人才。国有企业要积极探索在企业董事会、监事会、经理等决策、管理层发挥妇女民主参与的新形式，提高企业领导班子成员中的女性比例"。2011 年 7 月 30 日，国务院印发的《中国妇女发展纲要（2010～2020）》更是进一步要求"企业董事会、监事会成员及管理层中的女性比例逐步提高"。2012 年胡润女富豪榜显示，中国女富豪上榜的比例已经达到 13%，其中在全球 22 位拥有 10 亿美元的白手起家女富豪中，有 11 位来自中国，所占比例达到了一半，甚至连胡润百富创始人兼首席调研员胡润都表示："中国女企业家在全球的地位类似于中国乒乓球队，绝对的世界第一"。《中国企业家》杂志发布的中国上市公司女性高管 2010 年度报告显示，拥有女性董事上市公司所占比例达到上市公司总数的 59.65%，聘任女性独立董事和非独立董事的人数分别为 718 人和 814人，女性董事通常表现出风险规避、低过度自信等行为特征（Peng and Wei，2007；Martin et al.，2009），从而会进一步对企业的管理决策和财务行为等产生了广泛的影响（况学文和陈俊，2011；祝继高等，2012）。

　　基于上述分析，本节以 2001～2010 年中国资本市场 A 股上市公司作为研究样本，选择经营多元化这一日趋普遍的典型企业行为作为分析对象，考察女性董事、不同类型和层级的女性董事对于经营多元化的影响。研究发现，女性董事显著降低了企业经营多元化，当将女性董事区分为女性独立董事和女性非独立董事后，结果表明，女性独立董事对经营多元化无显著影响，主要是女性非独立董事发挥着降低经营多元化的作用。进一步区分女性董事层级的测试结果揭示，女性关键职位董事（包括董事长和总经理）降低经营多元化的程度显著高于女性非关键职位董事。

　　相对于以往的研究文献，本节可能的贡献之处体现在以下 3 个方面：（1）尽管有大量现象揭示出女性董事的决策行为特征，但是在国内较少有文献关注到这一领域，尤其是女性董事对经营多元化的影响，因此本节丰富了女性董事的经济后果及经营多元化的影响因素文献。（2）在国内，独立董事的贡献评价、有无发挥实质性作用历来备受理论界和实务界的高度重视，不同文献的研究结论之间呈现出较大差异，本节的研究发现揭示女性独立董事与经营多元化之间无显著相关关系，因而有助于从女性董事视角科学评价独立董事在我国资本市场中的作用。（3）以往大多数关注女性董事领域的研究忽略了不同类型和层级董事之间的差异，这显然不符合企业的现实情况，本节将女性董事区分为女性独立董事和女性非独立董事两种类型、女性非关键职位董事和女性关键职位董事两个层级，从而拓展了女性董事的相关文献。

余下的章节安排如下：第二部分是文献综述、理论分析与研究假设，第三部分是样本选择与研究模型，第四部分是实证研究结果及分析，第五部分是研究结论与未来展望。

## 二、文献综述、理论分析与研究假设

### （一）文献综述

1. 女性董事对公司财务行为的影响

女性董事对公司财务行为的影响一直是近些年来学术界广泛研究的一个问题，文献主要围绕两条主线展开：一是女性董事表现出的风险厌恶、不过度自信、更具同情心等内在特征是否在董事会的财务决策中有所体现，二是女性董事改善公司治理功能对财务行为的影响。在不同的研究当中，可能会由于分析对象的差异，部分文献将女性董事进一步拓宽至包括董事、监事和其他高管在内的女性高管范畴，也有部分文献仅关注到女性 CEO 或 CFO 等某一类群体。

围绕第一条主线展开研究的文献主要包括：莱维等（Levi et al.，2008）研究发现如果并购的目标公司女性董事比例越高，并购溢价越小。祝继高等的研究结果表明在金融危机时期，女性董事比例高的上市公司投资水平下降更快，且女性董事比例高的公司倾向于通过减少长期借款规避债务风险。财务重述和盈余管理无疑会增加企业面临的财务风险，何威风和刘启亮（2010）、王霞等（2011）从财务重述的角度展开研究，发现女性高管（或 CFO）降低了财务重述行为的概率，斯里尼迪等（Srinidhi et al.，2011）、格威斯等（Gavious et al.，2012）的研究显示当公司拥有女性董事时，盈余管理程度显著较低。李小荣和刘行（2012）的研究结果揭示女性 CEO 降低了股价崩盘风险，且 CEO 的权力和年龄越大时，女性 CEO 降低股价崩盘风险的作用越大。杜兴强和冯文滔（2012）以公司捐赠为考察对象，研究揭示女性高管更具同情心，从而显著增强了企业的捐赠额度。

围绕第二条主线展开研究的文献主要包括：古尔等（Gul et al.，2008）的研究揭示女性董事显著降低了资本成本，作者认为这一发现与女性董事改进了公司治理、更加风险规避等研究结论是一致的。亚当斯和费雷拉（Adams and Ferreira，2009）研究发现较男性董事而言，女性董事出席会议的记录更加良好，女性董事加入专门的监督委员会（审计委员会、提名委员会和公司治理委员会）概率更高，提高了 CEO 更换业绩敏感性和董事会权益性激励薪酬的比例。公司治理的改善无疑会增进会计信息质量和增加股利支付，以更好地保护中小投资者的利益，古尔等（2011）的研究表明女性董事显著增进了股价的信息含量，比恩等（Byoun et al.，2011）发现女性董事更倾向于支付股利，且股利支付率更高。

2. 经营多元化的影响因素分析

经营多元化已经成为企业发展过程中面临的重要问题之一，大量学术研究围绕经营多元化的影响因素展开，早期的相关文献（如 Montgomery et al.，1994）基本上是以市场势力理论、资源基础理论为理论基础，研究对象通常为企业。市场势力理论认为经营多元化的目的在于获取市场势力，通过横向补贴、互惠交换等获取竞争优势，寻求占据市场的支配地位。资源基础理论则认为由于市场的不完备性或资产的专用性导致企业无法出售剩余资源，而经营多元化则可以充分利用企业资源。

近些年来，委托代理理论逐渐成为研究的主流，它们一般以管理者为研究对象（如张敏和黄继承，2009）。股权结构是解决委托代理问题的重要机制安排，围绕股权结构与经营多元化之间关系的研究历来为学者们所关注。丹尼斯等（Denis et al.，1997）以代理成本理论为基础，研究发现经营多元化与管理层持股、外部大股东持股均显著负相关，此外进一步分析揭示外部控制权威胁、财务困境和经理层更换降低了经营多元化。阿米胡德和列弗（Amihud and Lev，1999）进一步研究发现股权集中度的上升会显著降低经营多元化程度。王化成和胡国柳（2005）对股权结构和经营多元化之间的关系进行了实证考察，研究结果显示股权集中度与经营多元化显著负相关，流通A 股比例与经营多元化显著正相关，国有股、法人股的影响不显著。

良好的公司治理可以在一定程度上降低代理成本，从而可以减少经营多元化所导致的股东价值损失。亚尔波恩等（Jiraporn et al.，2006）的研究结果表明股东权利保护强度与多元化的可能性之间呈现显著负相关关系，进一步的经验证据显示股东权利受限于公司治理的约束越多，多元化折价越高。金等（Kim et al.，2009）检验了董事长和 CEO 两职合一对经营多元化的影响，研究结论显示两职合一会显著导致企业进行无关多元化，但是董事会持股、机构投资者持股等公司治理机制显著减弱了二者之间的正相关关系。陈信元和黄俊（2007）分析了政府干预对经营多元化的影响，研究发现政府直接控股的上市公司更易实行多元化经营，在政府干预严重的地区这种现象越加明显。姜付秀（2006）从经济理性动机、组织理性动机和个人理性动机三重维度实证分析了我国上市公司多元化程度的决定因素，研究发现多元化更多地是受到基于降低公司风险的组织理性动机和公司高管利己行为的个人理性动机支配，同时公司规模、股权结构、上市时间及行业也对经营多元化产生了显著影响。

部分研究分析了企业家特征对经营多元化的影响。陈传明和孙俊华（2008）从企业家人口特征视角考察了经营多元化的影响因素，研究揭示企业家的学历、曾任职的企业数及男性企业家与多元化程度显著正相关，技术专业背景加剧了经营多元化程度，而财务背景则降低了经营多元化程度。巫景飞等（2008）、胡旭阳和史晋川（2008）、张敏和黄继承（2009）都关注到企业政治资源（或政治关系）对于经营多元化的影响，研究显示企业的政治资源（或政治关系）对于经营多元化均具有显著的促进作用。

## （二）理论分析与研究假设

高管阶梯理论认为企业管理人员的价值观和认知因素（包括性别、学历和年龄等）会对企业行为产生重要影响（Hambrick and Mason，1984），具体到女性董事与经营多元化之间的关系方面，我们可以从风险厌恶和公司治理两个维度加以分析。

（1）风险厌恶维度。企业在迅速的扩张过程中，选择经营多元化已经成为当前的潮流。但是不可否认的是，几乎所有的衰败和危机都或多或少的与企业多元化扩张战略有关，这一事实表明经营多元化蕴涵着巨大的经营风险，上市公司的经营多元化会带来企业股票市场风险的上升（张敏和黄继承，2009）。相关经验证据表明多元化投资减损了企业价值（Lang and Stulz，1994；柳建华，2009），这也从另一个侧面支持了多元化投资可能会加大企业的经营风险。已经有众多的研究表明女性投资者更为谨慎（Wang，1994），在做财务决策时女性显示出更低的风险偏好（Powell and Ansic，1997；祝继高等，2012），投资时更为保守，她们更少的投资于风险资产（Huang and Kisgen，2013）。经营多元化会带来更多的不确定性，使得企业面临的风险显著提升，因此可以合理预期女性董事会由于更加厌恶风险而不倾向于经营多元化。

（2）公司治理维度。女性董事参与企业决策将会带入新的观点、改善会议的讨论质量（Gul et al.，2011），在监督管理层行为方面会投入更多精力，相应地管理层更换业绩敏感度和权益性激励薪酬比例得以提升（Adams and Ferreira，2009），女性董事将利用自身独特的人力资本优势、构建更易于为利益相关者接受的商业制度（Terjesen et al.，2009），女性加入管理层将会降低代理问题（Jurkus et al.，2011），因此女性董事势必在一定程度上会提升企业的公司治理质量。经营多元化是管理层追求自身利益、构建个人帝国的重要方式，加剧了企业的代理成本问题（Goetz et al.，2013）。因此，女性董事改善公司治理的特质将会一定程度上抑制源于代理问题的多元化行为。

依据上述分析，我们认为女性董事的风险厌恶和改善公司治理两方面特质将会使得企业经营多元程度降低，基于此，本节提出如下的假设 H4 - 1：

H4 - 1：限定其他条件，女性董事与经营多元化显著负相关。

在我国现行的董事会中，按照发挥作用的路径差异可以将董事划分为独立董事和非独立董事两类，这两种不同类型董事在公司决策中的重要性和作用存在明显的差异。大部分研究结果表明独立董事在我国资本市场上大多数时候充当"花瓶"的角色，在我国经理人市场声誉机制未能有效发挥作用的前提下，而独立董事又与企业无太大的利益关系（杜兴强和周泽将，2009），且独立董事的聘任权掌握在股东的代理人非独立董事手中，独立董事的企业经营参与度较低，因此难以对公司的经营管理发挥实质性作用，如较多的经验研究表明独立董事比例与企业绩效之间不存在显著相关关系（Hermalin and Weisbach，1991；Bhagat and Black，2002）。《证券时报》（2013 年 1 月 14 日）的调查报告显示由于独立董事的定位是咨询专家、独立董事独立性严重不足等影响监督者的定位确立和相应作用发挥。

而在我国，非独立董事则往往兼任企业的高层管理人员，他们直接参与企业的经营管理，拥有更多的信息优势，在企业经营中拥有更多的话语权。如薛有志等（2010）的研究揭示执行董事人数比例及持股比例可以显著抑制经营多元化，且执行董事人数比例及持股比例对多元化与企业绩效之间的关系具有明显的正向调节作用。按照上述推理，当女性董事为女性独立董事时，难以对经营多元化产生重大影响，而当为女性非独立董事时，则可以充分利用自身的职权和影响力，发挥女性厌恶风险和提升公司治理的决策优势，降低了经营多元化程度。基于上述分析，本节提出假设 H4 - 2a 和 H4 - 2b：

H4-2a：限定其他条件，女性独立董事对经营多元化无显著影响。

H4-2b：限定其他条件，女性非独立董事与经营多元化显著负相关。

在企业内部，不同层级董事在企业决策中发挥的作用存在较大差异，菲格纳（Fiegener，2010）注意到关键职位（董事长和总经理）的话语权举足轻重。在我国，《公司法》第二章"有限公司的设立和组织机构"规定董事长召集和主持董事会会议、董事会决定聘任或者解聘经理及其报酬事项、根据经理的提名决定聘任或者解聘公司副经理、财务负责人，经理可以提请聘任或者解聘公司副经理、财务负责人。因此，相对于其他人员而言，关键职位的领导风格将会在更大程度上影响到企业决策（Gul et al.，2012）。当关键职位包含女性董事时，他们将会更加风险厌恶、改善公司治理的动机将会提升，此时可以推断女性关键职位董事将会更加不倾向于采取经营多元化战略。此外，女性关键职位董事的利益同企业经营之间更加密切，这将进一步促使其规避风险（Miller and Lester，2011），降低多元化程度将是合理地选择。所以本节提出如下的假设 H4-3：

H4-3：限定其他条件，相对于其他类型董事，女性关键职位董事降低经营多元化的程度最大。

## 三、样本选择与研究模型

### （一）样本选择

本节选择 2001～2010 年中国资本市场沪深两市的全部 A 股上市公司作为初始样本，并参照研究惯例、按照如下顺序进行样本筛选：（1）剔除处于金融保险行业（中国证监会行业代码 I）的上市公司；（2）剔除同时发行 B/H/N 股的交叉上市公司；（3）剔除 ST、*ST 等特殊交易状态的上市公司；（4）剔除资产负债率大于 1 的资不抵债类型上市公司；（5）剔除数据缺失的上市公司。最终得到 10704 个样本观测值，为了减弱极端值可能带来的影响，本节对所有连续变量在 1% 和 99% 分位进行 *winsorize* 处理。在数据来源方面，女性董事数据系对 CSMAR 数据库中的高管简历数据自行整理而得，其余数据来自于 CCER 中国经济金融数据库。

表 4-1 报告了女性董事分布情况。女性董事平均人数（*FEN*）和所占

比例（*FER*）基本上呈现逐年增长的趋势，总体而言，每家上市公司平均女性董事人数和比例分别约为 1.1000 人和 10.85%。其中，由于 2001 年中国证监会颁布实施的《关于在上市公司建立独立董事制度的指导意见》对上市公司设立独立董事提出强制性要求，因此 2002 年相较于 2001 年而言，无论是女性独立董事人数（*FEIN*）还是比例（*FEIR*）均出现大幅增长，增幅均达到 5 倍以上，在 2002 年及以后各年仍然保持持续增长。女性非独立董事人数（*FEEN*）和比例（*FEER*）在 2001 年以后基本上变化不大，平均值分别为 0.7262 人和 7.16%，大约接近女性独立董事平均值的 2 倍。女性关键职位董事人数（*FENK*）均值为 0.0879，表明 2001 ~ 2010 年上市公司中女性董事长或总经理所占比例较低、不足 10%。

表 4 - 1　　　　　　　　　　　　女性董事分布情况

| 分类 | 2001 年 | 2002 年 | 2003 年 | 2004 年 | 2005 年 | 2006 年 | 2007 年 | 2008 年 | 2009 年 | 2010 年 | 总体 |
|------|------|------|------|------|------|------|------|------|------|------|------|
| *FEN* | 0.9784 | 1.0380 | 1.0427 | 1.0852 | 1.0556 | 1.0481 | 1.0919 | 1.1364 | 1.1533 | 1.2208 | 1.1000 |
| *FEIN* | 0.0446 | 0.2456 | 0.3440 | 0.3754 | 0.3753 | 0.3917 | 0.4027 | 0.4260 | 0.4464 | 0.4691 | 0.3738 |
| *FEEN* | 0.9338 | 0.7924 | 0.6987 | 0.7098 | 0.6803 | 0.6565 | 0.6892 | 0.7105 | 0.7068 | 0.7517 | 0.7262 |
| *FER* | 0.0982 | 0.0978 | 0.0979 | 0.1030 | 0.1030 | 0.1030 | 0.1080 | 0.1113 | 0.116 | 0.1266 | 0.1085 |
| *FEIR* | 0.0040 | 0.0234 | 0.0327 | 0.0359 | 0.0371 | 0.0385 | 0.0397 | 0.0413 | 0.0446 | 0.0490 | 0.0370 |
| *FEER* | 0.0941 | 0.0744 | 0.0653 | 0.0671 | 0.0659 | 0.0646 | 0.0683 | 0.0699 | 0.0713 | 0.0776 | 0.0716 |
| *FENN* | 0.8959 | 0.9456 | 0.9668 | 1.0095 | 0.9811 | 0.9778 | 1.0058 | 1.0491 | 1.0603 | 1.1241 | 1.0154 |
| *FENE* | 0.8527 | 0.7051 | 0.6263 | 0.6372 | 0.6101 | 0.5870 | 0.6040 | 0.6248 | 0.6161 | 0.6569 | 0.6439 |
| *FENK* | 0.0824 | 0.0937 | 0.0819 | 0.0799 | 0.0786 | 0.0731 | 0.0886 | 0.0915 | 0.0960 | 0.1011 | 0.0879 |

注：*FEN*、*FEIN*、*FEEN* 分别代表女性董事人数、女性独立董事人数、女性非独立董事人数，*FER*、*FEIR*、*FEER* 分别代表女性董事比例、女性独立董事比例、女性非独立董事比例，*FENN*、*FENE*、*FENK* 分别代表女性非关键董事人数、除独立董事外女性非关键董事人数、女性关键职位董事人数。

## （二）研究模型

为了检验假设 H4 - 1，参照丹尼斯等（Denis et al.，1997）、陈信元和黄俊（2007）、张敏和黄继承（2009）等文献中采用的研究模型，构建如下模型（4 - 1）：

$$DIV = \alpha_0 + \alpha_1 FE + \alpha_2 LEV + \alpha_3 SIZE + \alpha_4 AGE +$$
$$\alpha_5 MOLD + \sum INDUS + \sum YEAR + \varepsilon \qquad (4 - 1)$$

在模型（4-1）中，*DIV* 代表经营多元化，借鉴姜付秀的研究，本节分别从业务多元化和收入多元化两个维度进行度量。其中，业务多元化 *N* 等于上市公司主营业务收入所涉及的行业个数，收入多元化 *EI* 等于 $\sum P_i \times \ln(1/P_i)$，$P_i$ 代表第 *i* 行业收入占总收入的比重。*N* 和 *EI* 越大时，经营多元化程度越高。*FE* 代表女性董事变量，为了使得研究结论更加稳健，本节选取女性董事数量高低虚拟变量 *FED*①、人数多少 *FEN* 和所占比例 *FER* 进行测试。此外，模型（4-1）选取的控制变量包括财务杠杆 *LEV*、公司规模 *SIZE*、上市年限 *AGE*、董事平均年龄 *MOLD*、行业虚拟变量 *INDUS* 和年度虚拟变量 *YEAR*，具体变量定义参见表 H4-2。

**表4-2**　　　　　　　　　　　　　　　**变量定义**

| 变量性质 | 变量代码 | 变量名称 | 变量定义 |
|---|---|---|---|
| 因变量 | *N* | 业务多元化 | 上市公司主营业务收入所涉及的行业个数 |
| | *EI* | 收入多元化 | 等于 $\sum P_i \times \ln(1/P_i)$，$P_i$ 代表第 *i* 行业收入占总收入的比重 |
| 测试变量 | *FE* | 女性董事 | 分别用数量高低（*FED*）、人数多少（*FEN*）和女性比例（*FER*）度量 |
| | *FEI* | 女性独立董事 | 采用数量高低（*FEID*）、人数多少（*FEIN*）和女性比例（*FEIR*）度量 |
| | *FEE* | 女性非独立董事 | 采用数量高低（*FEED*）、人数多少（*FEEN*）和女性比例（*FEER*）度量 |
| 控制变量 | *LEV* | 财务杠杆 | 等于年末总负债/年末总资产 |
| | *SIZE* | 公司规模 | 公司规模，等于年末总资产的自然对数 |
| | *AGE* | 上市年限 | 上市年限，等于研究年度减去上市年度的差值 |
| | *MOLD* | 董事平均年龄 | 等于全部董事年龄的平均值 |
| | *INDUS* | 行业虚拟变量 | 涉及 12 个行业（参照证监会标准），设置 11 个虚拟变量 |
| | *YEAR* | 年度虚拟变量 | 涉及 10 个自然年份，设置 9 个虚拟变量 |

---

①　采用虚拟变量法度量女性董事时，通常文献中包含两种方法，一是女性董事的有无，二是女性董事人数的多少，当女性董事人数大于中位数时赋值1，否则 0。到底采用何种方法，参照古尔等（Gul et al.）[14]，可以对按照虚拟变量分组的组间差异进行 T 检验，只要分组时组间存在显著差异即可。本书采用第二种方法进行赋值，T 值分别等于 -3.0442（P 值 = 0.0023）和 -3.3008（P 值 = 0.0010），均在 1% 水平上显著。

为了检验假设 H4-2，在模型（4-1）的基础上，将女性董事区分为女性独立董事和女性非独立董事两种类型，构建如下模型（4-2）：

$$DIV = \beta_0 + \beta_1 FEI + \beta_2 FEE + \beta_3 LEV + \beta_4 SIZE + \beta_5 AGE +$$
$$\beta_6 MOLD + \sum INDUS + \sum YEAR + \varepsilon \qquad (4-2)$$

模型（4-2）中 FEI 和 FEE 分别代表女性独立董事和女性非独立董事，采用模型（4-1）同样的方法，从数量高低虚拟变量、人数多少和所占比例三个方面对 FEI 和 FEE 进行度量，其余变量定义与模型（4-1）相同，不再赘述。

为了检验假设 H4-3，进一步构建如下模型（4-3），将女性董事区分为女性非关键职位董事 FENN（包括女性独立董事 FENI 和除独立董事外女性非关键董事 FENE）和女性关键职位董事 FENK 两个层级。由于女性关键职位董事的赋值范围为 [0, 2]，计算比例高低（哑变量）或比例多少与女性非关键职位董事的比例高低及比例多少缺乏可比性，因此，此处仅选取赋值变量以观察关键职位与非关键职位之间的差异。

$$DIV = \gamma_0 + \gamma_1 FENN + \gamma_2 FENK + \gamma_3 LEV + \gamma_4 SIZE + \gamma_5 AGE +$$
$$\gamma_6 MOLD + \sum INDUS + \sum YEAR + \varepsilon \qquad (4-3)$$

## 四、实证研究结果及分析

### （一）描述性统计

表4-3报告了本节主要变量的描述性统计结果。

表4-3　　　　　　　　主要变量的描述性统计

| 变量 | 观测值 | 平均值 | 标准差 | 最小值 | 25%分位 | 中位数 | 75%分位 | 最大值 |
|------|--------|--------|--------|--------|---------|--------|---------|--------|
| $N$ | 10704 | 4.2282 | 2.4617 | 1.0000 | 3.0000 | 4.0000 | 5.0000 | 29.0000 |
| $EI$ | 10704 | 0.7307 | 0.5015 | -1.3586 | 0.3217 | 0.7136 | 1.0919 | 2.7138 |
| $FED$ | 10704 | 0.3019 | 0.4591 | 0.0000 | 0.0000 | 0.0000 | 1.0000 | 1.0000 |
| $FEID$ | 10704 | 0.3228 | 0.4676 | 0.0000 | 0.0000 | 0.0000 | 1.0000 | 1.0000 |
| $FEED$ | 10704 | 0.1700 | 0.3757 | 0.0000 | 0.0000 | 0.0000 | 0.0000 | 1.0000 |
| $FEN$ | 10704 | 1.1000 | 1.0632 | 0.0000 | 0.0000 | 1.0000 | 2.0000 | 7.0000 |
| $FEIN$ | 10704 | 0.3738 | 0.5841 | 0.0000 | 0.0000 | 0.0000 | 1.0000 | 4.0000 |

续表

| 变量 | 观测值 | 平均值 | 标准差 | 最小值 | 25%分位 | 中位数 | 75%分位 | 最大值 |
|---|---|---|---|---|---|---|---|---|
| *FEEN* | 10704 | 0.7262 | 0.8779 | 0.0000 | 0.0000 | 1.0000 | 1.0000 | 7.0000 |
| *FER* | 10704 | 0.1085 | 0.1055 | 0.0000 | 0.0000 | 0.1000 | 0.1667 | 0.6667 |
| *FEIR* | 10704 | 0.0370 | 0.0589 | 0.0000 | 0.0000 | 0.0000 | 0.0833 | 0.4000 |
| *FEER* | 10704 | 0.0716 | 0.0865 | 0.0000 | 0.0000 | 0.0625 | 0.1111 | 0.6364 |
| *FENN* | 10704 | 1.0154 | 1.0184 | 0.0000 | 0.0000 | 1.0000 | 2.0000 | 7.0000 |
| *FENE* | 10704 | 0.6440 | 0.8250 | 0.0000 | 0.0000 | 0.0000 | 1.0000 | 7.0000 |
| *FENK* | 10704 | 0.0879 | 0.3139 | 0.0000 | 0.0000 | 0.0000 | 0.0000 | 2.0000 |
| *LEV* | 10704 | 0.4705 | 0.1884 | 0.0091 | 0.3363 | 0.4820 | 0.6135 | 0.9970 |
| *SIZE* | 10704 | 21.4660 | 1.1018 | 18.1572 | 20.7150 | 21.3156 | 22.0525 | 28.1356 |
| *AGE* | 10704 | 7.0646 | 4.5057 | 0.0000 | 3.0000 | 7.0000 | 10.0000 | 20.0000 |
| *MOLD* | 10704 | 48.1226 | 3.8234 | 34.6667 | 45.5000 | 48.1000 | 50.7000 | 60.7778 |

（1）被解释变量 $N$ 的平均值为 4.2282，说明上市公司的主营业务平均而言涉及 4 个以上行业，主营业务涉及行业数目最多的达到 29 个之多。此外，被解释变量 $EI$ 的最大值和最小值分别为 2.7138 和 −1.3586，表明不同公司之间的经营多元化程度差异明显，平均数和中位数均大于 0.70 反映出我国上市公司的经营多元化程度较高。

（2）主要的解释变量方面，$FED$、$FEID$ 和 $FEED$ 的平均值小于 0.50，主要原因在于定义女性董事哑变量时以大于女性董事人数的中位数为依据、而女性董事人数为非连续变量所致。女性董事人数 $FEN$ 的平均值为 1.1000，标准差为 1.0632，揭示出不同公司之间的女性董事人数波动较大，同样，女性独立董事、女性非独立董事（包括人数和比例）也呈现出波动较大的特征。此外，$FEN$ 的 25% 分位数为 0.0000，表明至少 25% 以上的上市公司董事会中没有女性成员。

（3）控制变量的描述性统计结果如下：$LEV$ 的结果表明，上市公司的财务杠杆较高，平均达到 0.4705，且财务杠杆在不同公司之间存在巨大差异，最大值约为最小值的 100 倍。$SIZE$ 的平均值和标准差分别等于 21.4660 和 1.1018，折射出公司规模波动较小。$AGE$ 的结果表明，样本公司的平均上市年限为 7 年左右，$MOLD$ 的均值等于 48.1226，揭示出我国上市公司董事的平均年龄较为年轻，不到 50 岁。

### （二）相关性分析

表 4 - 4 报告了本节模型中所涉及的主要变量之间 Pearson 相关性分析结果。由表 4 - 4 可以看出，无论是 $N$ 还是 $EI$，均在 1% 水平上与 $FED$、$FEN$、$FER$ 显著负相关，说明女性董事显著减少了经营多元化，假设 H4 - 1 得到了经验证据的初步支持。$N$、$EI$ 与各种度量方法下的女性独立董事变量 $FEID$、$FEIN$、$FEIR$ 之间均呈现微弱的正相关关系，但基本上不显著；$N$、$EI$ 与各种度量方法下的女性非独立董事变量 $FEED$、$FEEN$、$FEER$ 之间均在 1% 水平上显著负相关；上述现象联合揭示出女性独立董事对经营多元化无显著影响，而女性非独立董事则显著降低了经营多元化，基本上支持了假设 H4 - 2a 和假设 H4 - 2b。此外，$N$、$EI$ 与女性关键职位董事 $FENK$ 的 Pearson 相关系数分别等于 - 0. 0319 和 - 0. 0407、在 1% 水平上显著，初步表明女性关键职位董事显著降低了经营多元化程度，但是比较非关键职位和关键职位之间差异需要进一步检验。其余同一模型中的各测试变量之间相关系数均小于 0. 40，模型不存在严重的多重共线性问题。当然，上述结果是在没有控制其他影响因素下的单变量分析，更为严谨的经验证据有待下文的多元线性回归。

### （三）女性董事与经营多元化：假设 H4 - 1 的检验

表 4 - 5 报告了女性董事与经营多元化的 OLS 回归结果，各个模型总体显著。为了减弱异方差可能带来的影响，所有回归结果均经过 White 调整。如 Panel A 中第 （1） 列所示，$FED$ 与 $N$ 在 5% 水平上显著负相关（系数 = - 0. 0982，T 值 = - 1. 9666），说明当董事会中女性成员较多时（超过中位数 1），可以显著降低公司的业务多元化程度。进一步地，第（2）列和第（3）列的回归结果揭示，$FEN$、$FER$ 与 $N$ 分别在 10% （系数 = - 0. 0371，T 值 = - 1. 7189）和 5% （系数 = - 0. 4697，T 值 = - 2. 1466）水平上显著负相关，说明女性董事人数越多、比例越高，业务多元化程度越低。Panel B 中第 （4） 列、第 （5） 列和第 （6） 列中 $FED$、$FEN$、$FER$ 与 $EI$ 分别在 5% （系数 = - 0. 0227，T 值 = - 2. 2855）、10% （系数 = - 0. 0080，T 值 = - 1. 8410） 及 5% （系数 = - 0. 1058，T 值 = - 2. 4289）水平上显著负相关，进一步揭示出女性董事显著降低了收入多元化程度。上述结果联合支持了本节的假设 H4 - 1。

表 4 - 4

## 主要变量的 Pearson 相关性分析

| 变量 | N | EI | FED | FEID | FEED | FEN | FEIN | FEEN | FER | FEIR | FEER | FENN | FENE | FENK | LEV | SIZE | AGE | MOLD |
|---|---|---|---|---|---|---|---|---|---|---|---|---|---|---|---|---|---|---|
| N | 1 | | | | | | | | | | | | | | | | | |
| EI | 0.7266*** | 1 | | | | | | | | | | | | | | | | |
| FED | -0.0293*** | -0.0323*** | 1 | | | | | | | | | | | | | | | |
| FEID | 0.0187* | 0.0196** | 0.4264*** | 1 | | | | | | | | | | | | | | |
| FEED | -0.0389*** | -0.0388*** | 0.6882*** | 0.0125 | 1 | | | | | | | | | | | | | |
| FEN | -0.0261*** | -0.0287*** | 0.8349*** | 0.5202*** | 0.6781*** | 1 | | | | | | | | | | | | |
| FEIN | 0.0117 | 0.0127 | 0.4742*** | 0.9270*** | 0.0199** | 0.5643*** | 1 | | | | | | | | | | | |
| FEEN | -0.0394*** | -0.0432*** | 0.6957*** | 0.0132 | 0.8081*** | 0.8356*** | 0.0181* | 1 | | | | | | | | | | |
| FER | -0.0323*** | -0.0327*** | 0.7999*** | 0.5113*** | 0.6338*** | 0.9535*** | 0.5455*** | 0.7919*** | 1 | | | | | | | | | |
| FEIR | 0.0086 | 0.0123 | 0.4529*** | 0.9098*** | 0.0055 | 0.5355*** | 0.9683*** | 0.0043 | 0.5726*** | 1 | | | | | | | | |
| FEER | -0.0452*** | -0.0482*** | 0.6674*** | 0.0045 | 0.7693*** | 0.7985*** | 0.0064 | 0.9629*** | 0.8299*** | 0.0179* | 1 | | | | | | | |
| FENN | -0.0169* | -0.0170* | 0.8007*** | 0.5386*** | 0.6222*** | 0.9586*** | 0.5820*** | 0.7738*** | 0.9032*** | 0.5491*** | 0.7279*** | 1 | | | | | | |
| FENE | -0.0295*** | -0.0305*** | 0.6549*** | 0.0126 | 0.7528*** | 0.7853*** | 0.0139 | 0.9418*** | 0.7307*** | -0.0039 | 0.8938*** | 0.8198*** | 1 | | | | | |
| FENK | -0.0319*** | -0.0407*** | 0.2230*** | 0.0072 | 0.2734*** | 0.2721*** | 0.0165* | 0.3187*** | 0.2961*** | 0.0257*** | 0.3436*** | -0.0080 | -0.0083 | 1 | | | | |
| LEV | 0.0752*** | -0.0042 | -0.0161* | 0.0197* | -0.0168* | -0.0087 | 0.0105 | -0.0175* | -0.0314*** | -0.0054 | -0.0346*** | -0.0054 | -0.0141 | -0.0122 | 1 | | | |
| SIZE | 0.0876*** | 0.0093 | -0.0562*** | -0.0146 | -0.0614*** | -0.0768*** | -0.0043 | -0.0902*** | -0.1177*** | -0.0344*** | -0.1201*** | -0.0671*** | -0.0802*** | -0.0436*** | 0.3297*** | 1 | | |
| AGE | -0.0428*** | -0.0614*** | 0.0343*** | 0.0446*** | 0.0141 | 0.0417*** | 0.0471*** | 0.0192* | 0.0408*** | 0.0464*** | 0.0182* | 0.0422*** | 0.0180* | -0.0017 | 0.2898*** | 0.2320*** | 1 | |
| MOLD | 0.0255*** | 0.0182* | -0.0522*** | -0.0051 | -0.0617*** | -0.0724*** | -0.0057 | -0.0839*** | -0.0942*** | -0.0208** | -0.1007*** | -0.0632*** | -0.0756*** | -0.0390*** | 0.0311*** | 0.3425*** | 0.1410*** | 1 |

注：*、**、*** 分别代表 10%、5%、1% 水平上显著（双尾）。

表4-5                                  女性董事与经营多元化

| 变量 | Panel A：女性董事与业务多元化 | | | Panel B：女性董事与收入多元化 | | |
|---|---|---|---|---|---|---|
| | （1） | （2） | （3） | （4） | （5） | （6） |
| 截距项 | 1.6597 *** (2.9315) | 1.6841 *** (2.9520) | 1.7730 *** (3.0850) | 0.9148 *** (8.2019) | 0.9183 *** (8.1973) | 0.9397 *** (8.3299) |
| FED | -0.0982 ** (-1.9666) | — | — | -0.0227 ** (-2.2855) | — | — |
| FEN | — | -0.0371 * (-1.7189) | — | — | -0.0080 * (-1.8410) | — |
| FER | — | — | -0.4697 ** (-2.1466) | — | — | -0.1058 ** (-2.4289) |
| LEV | 1.0866 *** (8.3699) | 1.0892 *** (8.3859) | 1.0856 *** (8.3579) | 0.1130 *** (4.0624) | 0.1136 *** (4.0847) | 0.1128 *** (4.0530) |
| SIZE | 0.2195 *** (8.5288) | 0.2191 *** (8.4890) | 0.2167 *** (8.3679) | 0.0083 (1.6304) | 0.0083 (1.6203) | 0.0077 (1.5042) |
| AGE | -0.0481 *** (-8.3723) | -0.0481 *** (-8.3680) | -0.0480 *** (-8.3579) | -0.0106 *** (-9.0114) | -0.0106 *** (-9.0065) | -0.0106 *** (-8.9945) |
| MOLD | -0.0053 (-0.7550) | -0.0054 (-0.7662) | -0.0058 (-0.8218) | -0.0002 (-0.1174) | -0.0002 (-0.1230) | -0.0003 (-0.1917) |
| YEAR/INDUS | 控制 | 控制 | 控制 | 控制 | 控制 | 控制 |
| Obs | 10704 | 10704 | 10704 | 10704 | 10704 | 10704 |
| Adj $R^2$ | 0.0618 | 0.0617 | 0.0618 | 0.0962 | 0.0960 | 0.0962 |
| F值 | 29.1851 *** | 29.1465 *** | 29.2119 *** | 46.5492 *** | 46.4738 *** | 46.5740 *** |

注：*、**、***分别代表10%、5%、1%水平上显著（双尾），括号中报告的是经过White调整的T值。

控制变量方面，表4-5的第（1）列~第（6）列基本保持一致。LEV与N、EI均在1%水平上显著正相关，说明公司的资产负债率越大，经营多元化程度越高，这可能是由于公司举债扩张所形成的，该结果与陈信元和黄俊的研究结果一致。SIZE与N在1%水平上显著正相关，说明公司规模越大，业务多元化程度越高，这一点不难理解，公司规模的扩大可能会直接导致业务多元化程度的提升。AGE与N、EI均在1%水平上显著负相关，说明公司上市年限越长，经营多元化程度越低，可能原因在于公司刚上市时由于募集到大量资金，进而进行大规模扩张以使得多元化程度短期内迅速提升。上述SIZE、AGE的发现与张敏和黄继承保持一致。

### （四）女性董事类型与经营多元化：假设 H4 - 2 的检验

表 4 - 6 报告了女性董事类型与经营多元化的 OLS 回归结果①，各个模型总体显著。第（1）列表明，$FEID$ 与 $N$ 正相关、但不显著（系数 = 0.0811，T 值 = 1.5600），说明女性独立董事对业务多元化无显著影响；$FEED$ 与 $N$ 在 1% 水平上显著负相关（系数 = - 0.1679，T 值 = - 2.8382），说明女性非独立董事显著降低了业务多元化程度；上述现象联合表明假设 H4 - 2a 和假设 H4 - 2b 得到了经验证据的支持。

表 4 - 6　　　　　　　　女性董事类型与经营多元化

| 变量 | Panel A：女性董事与业务多元化 | | | Panel B：女性董事与收入多元化 | | |
|---|---|---|---|---|---|---|
| | （1） | （2） | （3） | （4） | （5） | （6） |
| 截距项 | 1.5925 *** (2.7865) | 1.6885 *** (2.9607) | 1.7718 *** (3.0824) | 0.8974 *** (8.0301) | 0.9189 *** (8.2012) | 0.9395 *** (8.3264) |
| $FEID$ | 0.0811 (1.5600) | — | — | 0.0103 (1.0302) | — | — |
| $FEED$ | - 0.1679 *** ( - 2.8382) | — | — | - 0.0247 ** ( - 2.0758) | — | — |
| $FEIN$ | — | 0.0357 (0.8758) | — | — | 0.0015 (0.1911) | — |
| $FEEN$ | — | - 0.0705 *** ( - 2.7403) | — | — | - 0.0123 ** ( - 2.3381) | — |
| $FEIR$ | — | — | 0.2689 (0.6714) | — | — | 0.0046 (0.0596) |
| $FEER$ | — | — | - 0.8229 *** ( - 3.1617) | — | — | - 0.1586 *** ( - 2.9892) |
| $LEV$ | 1.0767 *** (8.2737) | 1.0815 *** (8.3052) | 1.0780 *** (8.2821) | 0.1120 *** (4.0259) | 0.1126 *** (4.0446) | 0.1116 *** (4.0091) |
| $SIZE$ | 0.2210 *** (8.5554) | 0.2188 *** (8.4883) | 0.2165 *** (8.3699) | 0.0087 * (1.7023) | 0.0083 (1.6118) | 0.0077 (1.5010) |
| $AGE$ | - 0.0482 *** ( - 8.3830) | - 0.0481 *** ( - 8.3734) | - 0.0481 *** ( - 8.3699) | - 0.0107 *** ( - 9.0232) | - 0.0106 *** ( - 9.0112) | - 0.0106 *** ( - 9.0034) |
| $MOLD$ | - 0.0050 ( - 0.7141) | - 0.0053 ( - 0.7517) | - 0.0057 ( - 0.8074) | - 0.0001 ( - 0.0563) | - 0.0002 ( - 0.1133) | - 0.0002 ( - 0.1805) |

---

① 第（1）列～第（6）列中系数差异的 Wald 检验揭示，$FEE$ 系数均显著小于 $FEI$ 系数。

| 变量 | Panel A：女性董事与业务多元化 | | | Panel B：女性董事与收入多元化 | | |
|---|---|---|---|---|---|---|
| | （1） | （2） | （3） | （4） | （5） | （6） |
| *YEAR/INDUS* | 控制 | 控制 | 控制 | 控制 | 控制 | 控制 |
| Obs | 10704 | 10704 | 10704 | 10704 | 10704 | 10704 |
| Adj R$^2$ | 0.0622 | 0.0620 | 0.0622 | 0.0961 | 0.0961 | 0.0964 |
| F 值 | 28.3059 *** | 28.2157 *** | 28.2900 *** | 44.7532 *** | 44.7670 *** | 44.8971 *** |

注：＊、＊＊、＊＊＊分别代表 10%、5%、1% 水平上显著（双尾），括号中报告的是经过 White 调整的 T 值。

第（2）列揭示，*FEIN* 与 *N* 正相关、但不显著（系数 = 0.0357，T 值 = 0.8758），*FEEN* 与 *N* 在 1% 水平上显著负相关（系数 = -0.0705，T 值 = -2.7403）；第（3）列揭示，*FEIR* 与 *N* 正相关、但不显著（系数 = 0.2689，T 值 = 0.6714），*FEER* 与 *N* 在 1% 水平上显著负相关（系数 = -0.8229，T 值 = -3.1617）；第（4）列揭示，*FEID* 与 *EI* 正相关、但不显著（系数 = 0.0103，T 值 = 1.0302），*FEED* 与 *EI* 在 5% 水平上显著负相关（系数 = -0.0247，T 值 = -2.0758）；第（5）列揭示，*FEIN* 与 *EI* 正相关、但不显著（系数 = 0.0015，T 值 = 0.1911），*FEEN* 与 *EI* 在 5% 水平上显著负相关（系数 = -0.0123，T 值 = -2.3381）；第（6）列揭示，*FEIR* 与 *EI* 正相关、但不显著（系数 = 0.0046，T 值 = 0.0596），*FEER* 与 *EI* 在 1% 水平上显著负相关（系数 = -0.1586，T 值 = -2.9892）；第（2）列~第（6）列的结果联合表明，正如本节理论预期的，女性独立董事对经营多元化无显著影响、女性非独立董事显著降低了经营多元化，进一步支持了假设 H4 - 2a 和假设 H4 - 2b。

控制变量部分与表 4 - 5 基本上保持一致，不再赘述。

### （五）女性董事层级与经营多元化：假设 H4 - 3 的检验

女性董事层级与经营多元化的多元回归结果如表 4 - 7 所示，其中第（1）列和第（2）列比较分析关键职位与非关键职位之间差异，第（3）列和第（4）列比较分析关键职位与除独立董事外非关键职位之间差异，第（5）列和第（6）列比较分析关键职位与两种非关键职位（包括独立董事和除独立董事外非关键职位）之间差异。第（1）列~第（6）列女性关键职位董事 *FENK* 均在 1% 水平上显著为负；进一步地，第（1）列关键职位

*FENK* 与非关键职位 *FENN* 系数之差等于 − 0. 2096，wald 检验显示 F 值 = 8. 7910、P 值 = 0. 0030；第（2）列关键职位 *FENK* 与非关键职位 *FENN* 系数之差等于 − 0. 0481，wald 检验显示 F 值 = 11. 3330、P 值 = 0. 0008；第（3）列关键职位 *FENK* 与除独立董事外非关键职位 *FENE* 系数之差等于 − 0. 1835，wald 检验显示 F 值 = 6. 4647、P 值 = 0. 0110；第（4）列关键职位 *FENK* 系数与除独立董事外非关键职位 *FENE* 之差等于 − 0. 0453，wald 检验显示 F 值 = 9. 6488、P 值 = 0. 0019；第（5）列关键职位 *FENK* 系数与除独立董事外非关键职位 *FENE* 之差等于 − 0. 1837，wald 检验显示 F 值 = 6. 4839、P 值 = 0. 0109，关键职位 *FENK* 与女性独立董事 *FENI* 系数之差等于 − 0. 2681，wald 检验显示 F 值 = 11. 3288、P 值 = 0. 0008；第（6）列关键职位 *FENK* 与除独立董事外非关键职位 *FENE* 系数之差等于 − 0. 0453，wald 检验显示F 值 = 9. 6523、P 值 = 0. 0019，关键职位 *FENK* 与女性独立董事 *FENI* 系数之差等于 − 0. 0507，wald 检验显示 F 值 = 11. 4263、P 值 = 0. 0007。上述所有结果联合揭示出女性关键职位董事较普通女性董事而言，降低经营多元化的程度更加显著，支持了假设 H4 − 3。

表 4 − 7　　　　女性董事与经营多元化：关键职位与非关键职位的差异

| 变量 | (1) N | (2) EI | (3) N | (4) EI | (5) N | (6) EI |
|---|---|---|---|---|---|---|
| 截距项 | 1. 7197 *** <br> (3. 0110) | 0. 9269 *** <br> (8. 2722) | 1. 7587 *** <br> (3. 0995) | 0. 9289 *** <br> (8. 3098) | 1. 7212 *** <br> (3. 0135) | 0. 9272 *** <br> (8. 2733) |
| *FENN* | − 0. 0194 <br> ( − 0. 8545) | − 0. 0040 <br> ( − 0. 8905) | — | — | — | — |
| *FENI* | — | — | — | — | 0. 0361 <br> (0. 8861) | 0. 0016 <br> (0. 2051) |
| *FENE* | — | — | − 0. 0477 * <br> ( − 1. 7383) | − 0. 0070 <br> ( − 1. 2534) | − 0. 0483 * <br> ( − 1. 7599) | − 0. 0070 <br> ( − 1. 2580) |
| *FENK* | − 0. 2290 *** <br> ( − 3. 4113) | − 0. 0521 *** <br> ( − 3. 8161) | − 0. 2312 *** <br> ( − 3. 4435) | − 0. 0523 *** <br> ( − 3. 8311) | − 0. 2320 *** <br> ( − 3. 4556) | − 0. 0523 *** <br> ( − 3. 8327) |
| *LEV* | 1. 0840 *** <br> (8. 3398) | 0. 1124 *** <br> (4. 0416) | 1. 0808 *** <br> (8. 3112) | 0. 1120 *** <br> (4. 0230) | 1. 0786 *** <br> (8. 2807) | 0. 1119 *** <br> (4. 0188) |
| *SIZE* | 0. 2186 *** <br> (8. 4697) | 0. 0082 <br> (1. 5948) | 0. 2177 *** <br> (8. 4709) | 0. 0081 <br> (1. 5857) | 0. 2183 *** <br> (8. 4715) | 0. 0082 <br> (1. 5903) |
| *AGE* | − 0. 0486 *** <br> ( − 8. 4717) | − 0. 0108 *** <br> ( − 9. 1033) | − 0. 0485 *** <br> ( − 8. 4573) | − 0. 0107 *** <br> ( − 9. 1014) | − 0. 0486 *** <br> ( − 8. 4675) | − 0. 0107 *** <br> ( − 9. 1025) |

续表

| 变量 | (1)$N$ | (2)$EI$ | (3)$N$ | (4)$EI$ | (5)$N$ | (6)$EI$ |
|---|---|---|---|---|---|---|
| $MOLD$ | -0.0055 (-0.7877) | -0.0002 (-0.1505) | -0.0057 (-0.8066) | -0.0002 (-0.1523) | -0.0055 (-0.7755) | -0.0002 (-0.1449) |
| $YEAR/INDUS$ | 控制 | 控制 | 控制 | 控制 | 控制 | 控制 |
| Obs | 10704 | 10704 | 10704 | 10704 | 10704 | 10704 |
| Adj R$^2$ | 0.0622 | 0.0967 | 0.0624 | 0.0968 | 0.0624 | 0.0967 |
| F 值 | 28.3209*** | 45.0932*** | 28.4071*** | 45.1251*** | 27.3844*** | 43.4513*** |

注：*、**、***分别代表10%、5%、1%水平上显著（双尾），括号中报告的是经过 White 调整的 T 值。

### （六）敏感性测试

为了使得研究结论更加可靠和稳健，本节进行了如下的敏感性测试（限于篇幅略去具体回归结果）。

1. 排除其他女性高管的影响

公司存在女性董事的同时，可能还存在其他女性高管，为了消除这一影响，本节删除包含其他女性高管的样本、剩下仅包括女性董事的样本，观测值数目减少至2922，重复表4-5、表4-6和表4-7的多元回归分析。具体地，（1）女性董事与业务多元化：$FED$ 的系数 = -0.1891、10% 水平显著（T 值 = -1.7160，P 值 = 0.0863），$FEN$ 的系数 = -0.0873、10% 水平显著（T 值 = -1.7859，P 值 = 0.0742），$FER$ 的系数 = -0.4560（T 值 = -0.8795，P 值 = 0.3792）；（2）女性董事与收入多元化：$FED$ 的系数 = -0.0297、边际显著[①]（T 值 = -1.4726，P 值 = 0.1410），$FEN$ 的系数 = -0.0138、边际显著（T 值 = -1.5728，P 值 = 0.1159），$FER$ 的系数 = -0.0804（T 值 = -0.8872，P 值 = 0.3751）；（3）女性董事类型与业务多元化：$FEED$ 的系数 = -0.1961（T 值 = -1.3859，P 值 = 0.1659），$FEEN$ 的系数 = -0.1336、5% 水平显著（T 值 = -2.2028，P 值 = 0.0277），$FEER$ 的系数 = -1.0199、边际显著（T 值 = -1.6186，P 值 = 0.1056）；（4）女

---

① 系数的 P 值位于 10% ~ 15%，即具有边际显著性（Fan 和 Wong，2005）。文献来源：Fan J. P. H.，T. J. Wong. Do External Auditors Perform A Corporate Governance Role in Emerging Markets？Evidence from East Asia [J]. Journal of Accounting Research，2005，43（1）：35 - 72.

性董事类型与收入多元化：*FEED* 的系数 = -0.0167（T 值 = -0.6336，P 值 = 0.5264），*FEEN* 的系数 = -0.0204、10% 水平显著（T 值 = -1.7949，P 值 = 0.0728），*FEER* 的系数 = -0.1747、边际显著（T 值 = -1.4982，P 值 = 0.1342）；（5）女性董事层级与经营多元化：女性关键职位董事 *FENK* 的系数均显著为负，显著高于女性非关键职位董事 *FENN*、除独立董事外女性非关键职位董事 *FENI* 系数。上述研究结果显示，测试变量系数除显著性有变化外，符号基本没有改变，与原假设 H4-1、假设 H4-2 和假设 H4-3 基本保持一致。

2. 自选择偏差的控制

莱诺克斯等（Lennox et al.，2012）指出 Heckman 两阶段回归[1]存在严重的共线性和推论结果脆弱的问题，为了克服上述问题，参考曾亚敏和张俊生（2014）的研究方法，本节进一步采用倾向得分匹配法 PSM（Propensity Score Matching）降低模型设置中的自选择问题。在 PSM 方法中分为三步：（1）估计女性关键职位董事[2]有否 *FENKDUM*（若公司拥有女性董事长或总经理赋值 1，否则 0）的 Logistic 模型（见模型 4-4），计算 *FENKDUM* 的概率；（2）按照 *FENKDUM* 的概率进行排序；（3）对每一个拥有女性关键职位董事的公司，找出概率得分最接近的无女性关键职位董事的公司进行配对。最终经 PSM 后剩余 1710 个观测值。

$$\Pr(FENKDUM = 1) = \theta_0 + \theta_1 OTHER + \theta_2 LEV + \theta_3 SIZE + \theta_4 GROW +$$
$$\theta_5 ROA + \theta_6 AGE + \theta_7 GOV +$$
$$\sum YEAR + \sum INDUS + \varepsilon \qquad (4-4)$$

在模型（4-4）中，选择同行业同年度的其他公司女性董事平均比例 *OTHER* 作为排除性约束变量，*GROW* 代表企业成长性，等于营业收入增长率，*ROA* 代表盈利能力，等于营业利润除以期末总资产，其余变量同上文相同。具体的 OLS 回归结果显示女性董事 *FE* 和女性非独立董事 *FEE* 项系数均显著小于 0，女性关键职位董事 *FENK* 项均在 1% 水平上显著为负、显著小

---

① 本文采用 Heckman 两阶段回归控制自选择问题时，结论未改变，若有兴趣，可向作者索取详细结果。

② 之所以选择女性关键职位董事进行配对的原因在于拥有女性关键职位董事公司的数目为 855，在 PSM 过程中可以选择配对样本。而如果按照拥有女性董事（观测值数目 7089）或女性非独立董事（观测值数目 5419）进行配对，将会由于样本数目（总样本 10704 个观测值）而受限。

于女性非关键职位董事项系数。以上经验证据进一步支持了假设 H4 - 1、假设 H4 - 2 和假设 H4 - 3。

## 五、研究结论与未来展望

伴随着世界经济一体化和我国经济的迅速发展，企业经营多元化日益普遍，经营多元化的影响因素及经济后果研究已经成为学术界和实务界关注的焦点问题之一。以往的研究大多从企业特征、公司治理等角度展开，围绕管理层决策特点视角的相关文献较为匮乏。事实上，管理层的决策风格对于企业经营多元化的影响可能是至关重要的，基于此，本节选择女性董事这一独特出发点，实证考察了女性董事风险厌恶、改善公司治理等决策特征对经营多元化所带来的影响。研究结论揭示，女性董事显著减少了经营多元化，进一步的经验证据显示女性独立董事对经营多元化无显著影响，主要是女性非独立董事显著抑制了经营多元化；当将女性董事区分为女性非关键职位董事和女性关键职位董事后，研究发现女性关键职位董事抑制经营多元化的程度最大。

本研究结果的政策含义在于：本节为理解中国企业经营多元化动机提供了新的解释，揭示了董事乃至管理层的决策风格会对企业经营形成重要影响，从而可以为企业完成自身确定的目标而改善管理层的构成提供理论依据。如为了减少企业面临的风险，可以考虑适当增加女性董事的比例；而当企业需要迅速扩张时，则可以相应地减少女性董事的比例。此外，本节的研究有助于科学评价女性董事的积极作用，为相关决策部门制定培养女性干部、提高女性地位的政策提供了参考。不同层级的女性董事之间作用发挥呈现出较大差异，可以为企业合理决策、完善内部治理结构提供经验证据支持。

限于研究主题，本节仅分析了女性董事与经营多元化之间的关系，未来研究可以考虑从以下两个方面进行进一步拓展：（1）女性董事的决策风格除了会对经营多元化产生影响外，还会影响到一系列企业财务行为，未来可以考虑进一步结合中国的制度背景展开更大范围的实证研究；（2）女性董事降低经营多元化是否有经济动机，本节缺乏直接的实证检验，这将是另一个重要的未来研究方向。

## 第二节　女性董事、企业性质与慈善捐赠

　　女性董事在中国资本市场中已日趋普遍，本节利用这一自然实验机会，以 2003～2010 年的上市公司为样本，实证分析了女性关怀主义伦理是否会影响到企业慈善捐赠行为。研究发现：（1）女性董事显著增加了上市公司的慈善捐赠水平；（2）将女性董事区分为女性独立董事和女性非独立董事后，主要是女性非独立董事促进了慈善捐赠水平的提升；（3）女性董事（女性非独立董事）对于慈善捐赠的促进效应在国有上市公司中显著减弱。本节的研究结论表明，在中国，女性在情境决策中的关怀主义伦理已经影响到企业决策，并进而表现出乐善好施行为，而国有企业的经济理性制约了女性关怀主义伦理的作用发挥。此外，独立董事在企业决策中的作用有限。

## 一、引言

　　女性董事在中国资本市场上已成为普遍现象，《中国企业家》杂志发布的上市公司女性高管 2010 年度报告显示，聘任女性董事的公司数目达 983 家，约占总数的 59.65%。大量研究表明，与男性董事相比较，女性董事在处理公司日常事务中表现出明显的性别差异特性（Adams and Ferreira, 2009; Byoun et al. , 2011; 祝继高等，2012），究其本质而言，这一现象是女性内在特质在董事会财务决策中的集中体现。吉利甘（Gilligan, 1993）系统地阐述了女性关怀主义伦理的相关理论（Feminine Ethics of Care），他认为女性倾向于将道德定义为避免伤害和实现关怀，在进行决策时更多地体现为关怀个体、关怀生命和关心他人，这一决策模式已经对公司财务行为产生了重要影响（Stanwick and Stanwick, 1998）。具体到慈善事业领域，女性正在逐渐超越男性（Williams, 2003），而在女性关怀主义伦理的支配下，女性更加注重和谐的关系和帮助他人（Betz et al. , 1989），因此，女性关怀主义伦理将会如何影响女性董事在公司慈善捐赠行为中的决策值得关注。进一步地，国有企业面临的激励约束机制和经营环境与民营企业完全不同（李晓玲等，2012），这一差异将是否以及如何影响到女性董事与慈善捐赠行为之间

的关系同样值得深入探究。为回答上述问题，本节利用中国资本市场中女性董事日益增多的自然实验机会、以 2003～2010 年的上市公司作为研究样本展开实证分析。

本节可能的贡献之处体现在以下 4 个方面：（1）尽管已有文献关注到女性关怀主义伦理对个体决策行为的影响（Burton and Dunn，1996；Sevenhuijsen，2003），但是这方面的研究大多是描述性的、关于公司决策方面的经验证据较少，本节有助于加深对董事性别是如何影响公司行为这一问题的理解，为女性关怀主义伦理的经济后果提供了增量的经验证据。（2）董事会结构会影响到企业的经济行为（Fama and Jensen，1983；Boyd，1994），但是较少有研究从董事会成员性别角度展开分析，本节从女性董事视角丰富了董事会结构与企业经济行为尤其是捐赠行为之间的关系研究。（3）独立董事是否已经在公司决策中拥有充分的话语权、独立客观地发表第三方意见一直以来在中国的理论界和学术界备受争议，本节的研究结论表明女性独立董事没有显著影响到公司慈善捐赠，从性别视角增进了关于独立董事功用的理解。（4）产权性质与企业经济行为之间的关系备受关注（Coase，1960），本节的经验证据揭示出在国有企业决策中女性关怀主义伦理受到了制约，有助于加深对于产权性质经济后果这一重要理论问题的理解，进而一定程度上表明企业制度安排可以一定程度上克服基于个人情感的主观行为。

本节剩余的章节部分安排如下，第二部分是文献述评、理论分析与研究假设，第三部分给出实证研究模型和样本选择，第四部分报告实证研究结果及其分析，第五部分是文章的研究结论与启示。

## 二、文献述评、理论分析与研究假设

### （一）文献述评

关于慈善捐赠的动因研究，目前主要存在如下两类文献：（1）以代理理论为基础，这类文献认为当信息不对称存在时，由于行为的隐蔽性或监督成本等原因而会使得经理人可以通过慈善捐赠获取非货币化的私人利益（Jensen and Meckling，1976；Hemingway and Maclagan，2004），如构建良好的个人形象、提高社会声誉等。在这一理论下，良好的公司治理安排应该有助于减弱代理问题的影响、进一步会影响到企业捐赠行为。管理层持股比例的提升会使得股东和管理层的利益趋于一致，因此源于代理问题的慈善捐赠会由于管理层持股比例的增加而降低（Atkinson and Galaskiewicz，1988）。巴特库斯等（Bartkus et al.，2002）的经验证据揭示股东难以认可公司进行大规模地慈善捐赠，因此大股东和机构持有者会限制慈善捐赠水平的提升。韦伯和卡特（Werbel and Carter，2002）的研究表明当 CEO 兼任公司基金会成员时，为了个人光环等私人利益，CEO 会更倾向于利用任职便利通过基金会进行更多地捐赠；当 CEO 离开基金会时，上述促进捐赠提升的效应显著降低。布朗等（Brown et al.，2006）研究发现当公司董事会规模较大时，代理问题愈加严重，从而导致企业的慈善捐赠显著增加，而债权人的监督增强则会降低慈善捐赠水平。(2) 另一类文献以理性经济人假说为基础，大多认为慈善捐赠的背后蕴涵着实施公司战略的强烈经济动机。布拉莫和弥林顿（Brammer and Millington，2005）认为公司进行捐赠有助于形成良好的市场声誉，并进一步有助于改善利益相关者的印象，因此，在全球化扩张日益频繁的今天，慈善捐赠是市场进入的有效战略之一（Hess et al.，2002）。梁建等（2010）和高勇强等（2011）的研究均表明民营企业出于政治参与的战略考虑，显著增加了企业慈善捐赠，进一步地，政府会在税收优惠、银行贷款等方面给予捐赠企业支持（薛爽和肖星，2011）。李四海等（2012）研究发现，获得政府补助越多的民营亏损企业捐赠意愿和水平均显著增加，主要原因在于企业和政府之间存在基于互惠交换的隐性契约。

综上所述，大多数慈善捐赠的动因研究文献是以经济学理论为基础、基于公司角度展开的分析，从决策者个人行为特征视角的考察较少，而决策者的认知基础、价值观和洞察力等个人特质是影响公司战略制定的关键因素（文芳，2009），缺乏这一方面的研究无疑是不完整的。经济学中"理性人"假设已经无法对大量现实的经济生活和行为做出解释（李心丹，2006），借鉴心理学、伦理学等相关理论展开交叉学科研究已逐渐成为学术研究的主流方向之一。具体到慈善捐赠领域，海明威和麦克拉甘（Hemingway and Maclagan，2004）直接指出经理人的个人价值观会直接影响到公司社会责任履行；王和科菲（Wang and Coffey，1992）、威廉姆斯（Williams，2003）的经验证据揭示女性董事显著促进了慈善捐赠的增加，威廉姆斯（2003）进一步区分慈善捐赠类别后，上述关系仅在社区服务和艺术方面的捐赠中成立。杜兴强和冯文滔（2012）分析了女性高管与慈善捐赠之间的关系，研究结论显示女性高管显著增加了慈善捐赠，但制度环境的完善削弱了上述关系。在中国，董事会在企业决策中的作用是普通高管无法比拟的，《公司法》明确规定，董事会负责制定公司的战略规划、经营目标、重大投融资决策和选聘、监督、考核经理人员等，因此不能将董事与普通高管人员混为一谈。慈善捐赠作为公司的一项重要战略（梁建等，2010），显然董事会将在其中发挥着无可替代的重要影响力，且限于本研究的重要目标之一是比较独立董事和非独立董事的影响差异，在国内基于董事会成员的性别特征角度开展慈善捐赠的影响因素研究文献较为少见，因此进行本节的研究显得很有必要。

**（二）理论分析与研究假设**

与男性处理问题时所采用的普遍道德原则不同，女性处理问题时更注重感情、实际关系和分析具体所处情境，呈现出女性关怀主义伦理（Gilligan，1993）。慈善捐赠是公司关心他人、回报社会的重要途径，当公司拥有女性董事时，女性关怀主义伦理理应在公司决策中有所体现，增加慈善捐赠水平也在情理当中。实际上，传统的经济学观点认为企业通过同外部其他厂商的竞争以获取自身利益最大化，忽略了外部合作的重要性，而在企业的现实经营中，合作往往占据了绝大多数，弗里曼和吉尔伯特（Freeman and Gilbert，1992）更是进一步指出企业的本质是同外部利益相关者各种关系的集合，在企业追求自身利润最大化的过程中，应当以各利益相关者对公司的影响作为决策依据（陈玮，2006）。慈善捐赠是企业树立外部正面形象、获得社会认同的重要途径之一（Fombrun et al.，2000），在中国社会，由于父权传统的影响女性往往更多的是扮演顺从、温顺的家庭角色承担者，尽管近些年来这一局面有所转变，女性白领阶层逐渐增多，但一个不可忽视的现实是，女性相对于男性而言更渴望通过工作和表现获取社会认同（朱健刚和暳凯，2001）。因此，可以合理地预测当公司的女性董事增多时，相应地公司女性董事更乐意通过增加慈善捐赠这一符合女性关怀主义伦理的方式回馈政府、公众等利益相关者的隐性诉求、以获取社会认同。此外，女性董事的加入有助于改善公司治理（Adams and Ferreira，2009），而公司治理则会对企业社会绩效产生积极的正面影响（Wang and Coffey，1992），慈善捐赠是影响企业社会绩效的关键因素之一，因此女性董事增加慈善捐赠是有效促进公司社会绩效提升的重要手段（Zhang et al.，2009）。综上所述，本节提出假设 H4 - 4：

H4 - 4：限定其他条件，女性董事显著提升了慈善捐赠水平。

在我国现行上市公司董事会中，存在两种类型的董事：独立董事和非独立董事，这两种不同类型董事在公司决策中的作用路径差异明显。《证券时报》① 的调查报告显示由于独立董事的定位是咨询专家、独立性严重不足等影响监督者的定位确立和相应作用发挥，独立董事在我国资本市场上大多数时候充当"花瓶"的角色。较多的经验研究同样支持了上述观点，独立董事比例与企业绩效之间不存在显著相关关系（Hermalin and Weisbach，1991；Bhagat and Black，2001；于东智和王化成，2003；李常青和赖建清，2004）。而非独立董事则往往兼任企业的高层管理人员，他们直接参与企业的经营管理，拥有更多的信息优势，在企业经营中拥有更多的话语权。如薛有志等（2010）的研究揭示执行董事人数比例及持股比例可以显著抑制经营多元化，且执行董事人数比例及持股比例对多元化与企业绩效之间的关系具有明显的正向调节作用。按照上述推理，当为女性独立董事时，由于缺乏足够的话语权往往难以对慈善捐赠产生重大影响，而当为女性非独立董事时，则可以充分利用自身的职权和影响力，促进慈善捐赠水平的提升。综上所述，本节提出假设 H4 - 5：

H4 - 5：限定其他条件，女性非独立董事显著提升了慈善捐赠水平，而女性独立董事对慈善捐赠水平无显著影响。

进一步地，国有企业和民营企业之间面临的经营环境迥然不同，从而在一定程度上直接影响到慈善捐赠行为。国有企业由于股权性质而产生的"父爱主义"，直接拥有了与掌握大量行政资源的政府部门之间的天然关系，而民营企业则完全不同，他们缺乏与国有企业同等的待遇，往往在行业准入、税收政策、财政补贴等方面受到歧视（郭剑花和杜兴强，2011），在这一情形下，民营企业往往会采用战略性捐赠方式以建立政治联系（薛爽和肖星，2011），进而最大程度上获得政府相关的政策倾斜、谋取自身利益最大化。张等（Zhang et al.，2009）的经验证据表明在汶川大地震中民营企业的捐赠相对较多，在日常性捐赠中，民营企业的捐赠水平也高于国有企业（李晓玲

---

① 详见 2013 年 1 月 14 日的《证券时报》A11 版中《我国独立董事制度研究和履职情况分析》，网址：http://epaper.stcn.com/paper/zqsb/html/2013 - 01/14/content_435703.htm。

和任宇，2012）。同样，国有企业进行相对较少的慈善捐赠符合经济理性逻辑，源于同政府之间的天然联系，他们采用慈善捐赠这一方式以获取政府层面相关支持的动力和必要性都明显降低。基于上述分析，可以合理预期在国有企业中，受到经济理性的制约，女性董事由于关怀主义伦理而产生的对慈善捐赠的促进效应显著降低。综上所述，本节提出假设 H4－6：

H4－6：限定其他条件，在国有企业中女性董事（女性非独立董事）对于慈善捐赠的促进效应显著减弱。

## 三、研究模型和样本选择

### （一）研究模型

为了检验女性董事与慈善捐赠之间的关系，即假设 H4－4，借鉴张（Zhang et al.，2009）、高勇强等（2011）的研究设计，构建如下模型（4－5）：

$$DONA = \alpha_0 + \alpha_1 FEMALE + \alpha_2 MKT + \alpha_3 ROA + \alpha_4 LEV + \alpha_5 SIZE +$$

$$\alpha_6 AGE + \sum INDUS + \sum YEAR + \varepsilon \qquad (4-5)$$

在模型（4－5）中，被解释变量慈善捐赠 $DONA$，等于企业捐赠额/当期营业收入×1000，被解释变量乘以1000的原因在于，企业捐赠额相对于营业收入而言较小，采用原始值乘以1000作为因变量可以使得回归系数的数量级增大以便于分析，且不影响回归分析的实质性结果（伍德里奇，2003）。主要测试变量女性董事 $FEMALE$ 存在虚拟变量（$FDUM$）、赋值变量（$FNUM$）和比例变量（$FRAT$）三种形式。控制变量中，$MKT$ 代表地区制度环境，采用樊纲等（2009）提供的上市公司注册地所在省份（市或自治区）的市场化进程指数衡量，由于缺乏 2008～2010 年的各地区市场化进程指数且各年度之间变化较小，因此以 2007 年该地区的市场化进程指数近似替代；$ROA$ 代表资产收益率，体现盈利能力；$LEV$ 代表资产负债率；$SIZE$ 代表公司规模，等于期末总资产的自然对数；$AGE$ 代表研究年度的公司上市年限；$INDUS$ 和 $YEAR$ 分别代表行业虚拟变量和年度虚拟变量，其中行业分类参照中国证监会的标准。

进一步地，为了检验不同类型女性董事对慈善捐赠的影响，即假设

H4-5，本节在模型（4-5）的基础上，构建如下模型（4-6）：

$$DONA = \alpha_0 + \beta_1 FIND + \beta_2 FEXE + \alpha_2 MKT + \alpha_3 ROA + \alpha_4 LEV + \alpha_5 SIZE +$$
$$\alpha_6 AGE + \sum INDUS + \sum YEAR + \varepsilon \qquad (4-6)$$

在模型（4-6）中，将女性董事区分为女性独立董事 $FIND$ 和女性非独立董事 $FEXE$ 两种类型，$FIND$ 和 $FEXE$ 又包括 $FDIND$、$FNIND$、$FRIND$ 和 $FDEXE$、$FNEXE$、$FREXE$ 等度量方法，其余的变量定义与模型（4-5）相同。

为了比较女性董事对慈善捐赠的影响在国有企业和民营企业中的差异，本节进一步在模型（4-7）中放入企业性质 $NATURE$ 及其同女性董事 $FEMALE$ 的交乘项，按照假设 H4-6 的预期，交乘项 $NATURE \times FEMALE$ 项的系数 $\gamma_1$ 显著为负。

$$DONA = \alpha_0 + \alpha_1 FEMALE + \gamma_1 FEMALE \times NATURE + \gamma_2 NATURE +$$
$$\alpha_2 MKT + \alpha_3 ROA + \alpha_4 LEV + \alpha_5 SIZE + \alpha_6 AGE +$$
$$\sum INDUS + \sum YEAR + \varepsilon \qquad (4-7)$$

同样，本节在模型（4-7）中将女性董事进一步区分为女性独立董事 $FIND$ 和女性非独立董事 $FEXE$，并将其依次同企业性质 $NATURE$ 相乘，以观察不同性质企业中不同类型女性董事对慈善捐赠的影响差异。

上述模型（4-5）~模型（4-7）中所涉及的变量及其定义详见表4-8。

表4-8　　　　　　　　　　　　变量定义

| 性质 | 名称 | 代码 | 定义 |
|---|---|---|---|
| 因变量 | 慈善捐赠 | DONA | 企业捐赠额/当期营业收入×1000 |
| 测试变量 | 女性董事 | FDUM | 若董事会成员中包含女性董事，赋值为1，否则0 |
| | | FNUM | 董事会成员中女性的人数 |
| | | FRAT | 女性董事人数/董事会总人数 |
| | 女性独立董事 | FDIND | 若董事会成员中包含女性独立董事，赋值为1，否则0 |
| | | FNIND | 董事会成员中女性独立董事的人数 |
| | | FRIND | 女性独立董事人数/董事会总人数 |
| | 女性非独立董事 | FDEXE | 若董事会成员中包含女性非独立董事，赋值为1，否则0 |
| | | FNEXE | 董事会成员中女性非独立董事的人数 |
| | | FREXE | 女性非独立董事人数/董事会总人数 |

| 性质 | 名称 | 代码 | 定义 |
|------|------|------|------|
| 控制变量 | 市场环境 | *MKT* | 上市公司注册地所在省份的市场化进程指数 |
| | 企业性质 | *NATURE* | 若最终控制人性质为国有，赋值为1，否则0 |
| | 盈利能力 | *ROA* | 净利润/期末总资产 |
| | 财务杠杆 | *LEV* | 期末负债/期末总资产 |
| | 公司规模 | *SIZE* | 期末总资产的自然对数 |
| | 上市年限 | *AGE* | 研究年度－公司上市年度 |
| | 行业 | *INDUS* | 涉及12个行业，设置11个行业虚拟变量 |
| | 年度 | *YEAR* | 涉及8个研究年度，设置7个年度虚拟变量 |

## （二）样本选择

本节以2003～2010年[①]深沪两市的全部A股上市公司作为初始研究对象，并按照如下原则进行样本选择：（1）剔除ST、*ST、PT等交易状态异常的公司；（2）剔除金融保险行业的公司；（3）剔除资不抵债的公司（资产负债率大于1）；（4）剔除同时在B/H/N股上市的公司；（5）剔除数据缺失的公司。最终本节得到6149个样本观测值。为了消除极端值可能带来的影响，本节对所有连续变量上下1%分位进行了Winsorize缩尾处理。女性董事数据和慈善捐赠数据系分别对CSMAR数据库中高管动态及报表附注数据手工整理所得，企业性质数据来源于CCER数据库，其余数据均从CSMAR数据库中直接获取。

表4-9揭示了本节样本范围内、中国上市公司女性董事分布的基本情况，67.51%的上市公司中至少拥有1名女性董事，其中样本公司中至少拥有1名女性独立董事和1名女性非独立董事的比例分别达到36.09%和49.91%，这足以表明女性董事在中国上市公司中的普遍存在性。具体地，大多数上市公司中仅包括1名女性董事，所占比例达到36.98%，随着女性董事人数的增加，样本观测值数目会相应减少，当女性董事的人数增至6人

---

① 选择样本从2003年开始主要是基于以下考虑：证监会2001年开始强制在上市公司中推行独立董事制度，在这一过程中对于独立董事的人数和比例要求在逐步增加，到2003年6月30日前独立董事比例不低于1/3得以强制执行，选择2003年为研究起点可以消除董事会结构变化可能带来的影响。同时，上市公司营业外收支项目中也是从2003年开始详细披露慈善捐赠的相关信息。

时，样本观测值仅为 2 个。同样，女性独立董事和女性非独立董事也呈现出上述特征，不再赘述。

**表 4 - 9** 　　　　　　　　　　　女性董事人数分布情况

| 女性人数 | 0 | 1 | 2 | 3 | 4 | 5 | 6 |
|---|---|---|---|---|---|---|---|
| 全部董事 | 1998 | 2274 | 1273 | 447 | 128 | 27 | 2 |
| 占比/% | 32.49 | 36.98 | 20.70 | 7.27 | 2.08 | 0.44 | 0.03 |
| 独立董事 | 3930 | 1880 | 326 | 12 | 1 | 0 | 0 |
| 占比/% | 63.91 | 30.57 | 5.30 | 0.20 | 0.02 | 0 | 0 |
| 非独立董事 | 3080 | 2112 | 764 | 169 | 19 | 5 | 0 |
| 占比/% | 50.09 | 34.35 | 12.42 | 2.75 | 0.31 | 0.08 | 0 |

## 四、实证研究结果

### （一）描述性统计与变量的相关性分析

表 4 - 10 报告了本研究所涉及各变量的描述性统计结果。从表 3 可以看出：（1）$DONA$ 的均值为 0.641，标准差为 1.766、约为均值的 2.76 倍，一定程度上揭示出中国上市公司内部慈善捐赠存在着较大差距。（2）$FNUM$ 的均值为 1.109，$FNIND$ 和 $FNEXE$ 的均值分别为 0.418 和 0.691，说明尽管女性董事已较为普遍，但是人数尚相对较少。女性董事比例 $FRAT$ 的均值仅为 0.110 也能揭示出这一点。（3）地区制度环境 $MKT$ 的最小值为 0.790、最大值为 11.710，反映出我国不同地区之间的市场化进程和经济发展水平差异明显。$NATURE$ 的均值为 0.601，揭示出在中国上市公司内部，国有企业仍然占据了大多数。此外，公司的平均上市年龄约为 7 年。

**表 4 - 10** 　　　　　　　　　　　变量的描述性统计

| 变量 | N | 平均值 | 标准差 | 最小值 | 25%分位 | 中位数 | 75%分位 | 最大值 |
|---|---|---|---|---|---|---|---|---|
| $DONA$ | 6149 | 0.641 | 1.766 | 0.000 | 0.005 | 0.176 | 0.589 | 50.158 |
| $FDUM$ | 6149 | 0.675 | 0.468 | 0.000 | 0.000 | 1.000 | 1.000 | 1.000 |

续表

| 变量 | N | 平均值 | 标准差 | 最小值 | 25%分位 | 中位数 | 75%分位 | 最大值 |
|---|---|---|---|---|---|---|---|---|
| *FNUM* | 6149 | 1. 109 | 1. 038 | 0. 000 | 0. 000 | 1. 000 | 2. 000 | 6. 000 |
| *FRAT* | 6149 | 0. 110 | 0. 104 | 0. 000 | 0. 000 | 0. 100 | 0. 167 | 0. 667 |
| *FDIND* | 6149 | 0. 361 | 0. 480 | 0. 000 | 0. 000 | 0. 000 | 1. 000 | 1. 000 |
| *FNIND* | 6149 | 0. 418 | 0. 603 | 0. 000 | 0. 000 | 0. 000 | 1. 000 | 4. 000 |
| *FRIND* | 6149 | 0. 041 | 0. 061 | 0. 000 | 0. 000 | 0. 000 | 0. 100 | 0. 333 |
| *FDEXE* | 6149 | 0. 499 | 0. 500 | 0. 000 | 0. 000 | 0. 000 | 1. 000 | 1. 000 |
| *FNEXE* | 6149 | 0. 691 | 0. 825 | 0. 000 | 0. 000 | 0. 000 | 1. 000 | 5. 000 |
| *FREXE* | 6149 | 0. 068 | 0. 082 | 0. 000 | 0. 000 | 0. 000 | 0. 111 | 0. 500 |
| *MKT* | 6149 | 8. 491 | 2. 165 | 0. 790 | 7. 000 | 8. 660 | 10. 000 | 11. 710 |
| *NATURE* | 6149 | 0. 601 | 0. 490 | 0. 000 | 0. 000 | 1. 000 | 1. 000 | 1. 000 |
| *ROA* | 6149 | 0. 039 | 0. 061 | -0. 714 | 0. 015 | 0. 037 | 0. 064 | 0. 400 |
| *LEV* | 6149 | 0. 483 | 0. 191 | 0. 008 | 0. 348 | 0. 501 | 0. 628 | 0. 997 |
| *SIZE* | 6149 | 21. 559 | 1. 008 | 18. 865 | 20. 842 | 21. 450 | 22. 159 | 26. 709 |
| *AGE* | 6149 | 7. 207 | 4. 592 | 0. 000 | 3. 000 | 7. 000 | 11. 000 | 20. 000 |

表 4 – 11 列示了本节主要变量的相关性分析结果，由于 Pearson 相关性分析和 Spearman 相关性分析结果相类似，为了简便起见，仅以 Pearson 相关性分析为例进行说明。（1）*DONA* 同 *FDUM*、*FNUM*、*FRAT* 分别在 5%、1%、1% 的显著性水平上正相关，初步支持了本节的假设 H4 – 4，即女性董事显著提升了慈善捐赠水平。（2）*DONA* 同 *FDIND*、*FNIND*、*FRIND* 的相关性不显著，与 *FDEXE*、*FNEXE*、*FREXE* 均在 1% 水平上显著正相关，上述结果符合"女性独立董事对慈善捐赠无显著影响、女性非独立董事显著促进了慈善捐赠水平提升"的预测，支持了假设 H4 – 5。（3）*DONA* 与 *NATURE* 在 1% 水平上显著负相关，反映出国有企业的慈善捐赠水平较低，同假设 H4 – 6 中的理论分析相一致。当然，上述现象仅由单变量分析所揭示，更确切的研究结论有待下文的多元回归分析。

表 4 – 11　　　　　　　　　变量的相关性分析

| 变量 | DONA | FDUM | FNUM | FRAT | FDIND | FNIND | FRIND | FDEXE | FNEXE | FREXE | NATURE |
|---|---|---|---|---|---|---|---|---|---|---|---|
| DONA | 1 | 0.028** | 0.038*** | 0.053*** | -0.015 | -0.011 | -0.000 | 0.039*** | 0.056*** | 0.068*** | -0.111*** |
| FDUM | 0.026** | 1 | 0.742*** | 0.732*** | 0.521*** | 0.482*** | 0.472*** | 0.693*** | 0.581*** | 0.578*** | -0.080*** |
| FNUM | 0.029** | 0.852*** | 1 | 0.956*** | 0.556*** | 0.607*** | 0.582*** | 0.684*** | 0.814*** | 0.781*** | -0.100*** |
| FRAT | 0.043*** | 0.827*** | 0.964*** | 1 | 0.541*** | 0.584*** | 0.615*** | 0.674*** | 0.777*** | 0.812*** | -0.151*** |
| FDIND | 0.001 | 0.521*** | 0.577*** | 0.546*** | 1 | 0.924*** | 0.905*** | 0.020 | 0.025* | 0.016 | -0.007 |
| FNIND | 0.007 | 0.515*** | 0.596*** | 0.565*** | 0.987*** | 1 | 0.970*** | 0.029** | 0.033* | 0.022* | -0.015 |
| FRIND | 0.014 | 0.505*** | 0.582*** | 0.586*** | 0.969*** | 0.981*** | 1 | 0.026** | 0.024* | 0.039* | -0.053*** |
| FDEXE | 0.037*** | 0.693*** | 0.735*** | 0.722*** | 0.020 | 0.024* | 0.023* | 1 | 0.839*** | 0.834*** | -0.110*** |
| FNEXE | 0.030** | 0.658*** | 0.794*** | 0.773*** | 0.023* | 0.027** | 0.024* | 0.950*** | 1 | 0.967*** | -0.115*** |
| FREXE | 0.039*** | 0.642*** | 0.768*** | 0.795*** | 0.013 | 0.017 | 0.032** | 0.927*** | 0.974*** | 1 | -0.152*** |
| NATURE | -0.179*** | -0.080*** | -0.098*** | -0.148*** | -0.007 | -0.011 | -0.041*** | -0.110*** | -0.117*** | -0.147*** | 1 |

注：上半角 Pearson 相关系数，下半角 Spearman 相关系数；*、**、*** 分别代表在 10%、5%、1% 的显著性水平（双尾）。

### （二）回归结果及其分析

表 4-12 报告了女性董事、女性董事类型和企业慈善捐赠的 OLS 回归结果，所有模型均经过 White 异方差调整，其中 Panel A 没有区分董事类型，Panel B 将女性董事区分为女性独立董事 *FEMIND* 和女性非独立董事 *FE-MEXE* 两种类型。各模型均在 1% 水平上显著，说明模型整体上有意义。

表 4-12　　　　　　　女性董事、女性董事类型与企业慈善捐赠

| 变量 | Panel A：不区分董事类型 | | | Panel B：区分董事类型 | | |
|---|---|---|---|---|---|---|
| | （1）虚拟变量 | （2）赋值变量 | （3）比例变量 | （4）虚拟变量 | （5）赋值变量 | （6）比例变量 |
| C | 4.959 *** | 4.917 *** | 4.830 *** | 4.985 *** | 4.850 *** | 4.772 *** |
| | (6.920) | (6.882) | (6.766) | (6.883) | (6.877) | (6.762) |
| FEMALE | 0.069 * | 0.045 ** | 0.557 ** | — | — | — |
| | (1.695) | (2.176) | (2.504) | | | |
| FEMIND | — | — | — | -0.057 | -0.041 | -0.270 |
| | | | | (-1.305) | (-1.235) | (-0.757) |
| FEMEXE | — | — | — | 0.076 * | 0.093 *** | 1.040 *** |
| | | | | (1.819) | (2.882) | (3.049) |
| MKT | -0.026 ** | -0.026 ** | -0.026 ** | -0.027 ** | -0.028 ** | -0.028 ** |
| | (-2.194) | (-2.171) | (-2.210) | (-2.238) | (-2.281) | (-2.312) |
| ROA | 1.397 ** | 1.398 ** | 1.393 ** | 1.414 ** | 1.408 ** | 1.397 ** |
| | (2.405) | (2.408) | (2.401) | (2.416) | (2.407) | (2.391) |
| LEV | -0.563 *** | -0.559 *** | -0.556 *** | -0.546 *** | -0.551 *** | -0.548 *** |
| | (-3.218) | (-3.187) | (-3.175) | (-3.089) | (-3.136) | (-3.120) |
| SIZE | -0.182 *** | -0.180 *** | -0.176 *** | -0.183 *** | -0.178 *** | -0.174 *** |
| | (-5.207) | (-5.158) | (-5.055) | (-5.182) | (-5.130) | (-5.033) |
| AGE | 0.004 | 0.004 | 0.004 | 0.004 | 0.004 | 0.004 |
| | (0.744) | (0.736) | (0.699) | (0.711) | (0.731) | (0.709) |
| INDUS | 控制 | 控制 | 控制 | 控制 | 控制 | 控制 |
| YEAR | 控制 | 控制 | 控制 | 控制 | 控制 | 控制 |
| No | 6149 | 6149 | 6149 | 6149 | 6149 | 6149 |
| Adj R² | 0.058 | 0.058 | 0.058 | 0.058 | 0.059 | 0.059 |
| F 值（P 值） | 16.654 (0.000) | 16.754 (0.000) | 16.855 (0.000) | 16.079 (0.000) | 16.443 (0.000) | 16.523 (0.000) |

注：*、** 和 *** 分别代表在 10%、5%、1% 水平显著（双尾），括号中报告的是均经过 White 调整的 T 值。

表 4 - 12 的 Panel A 第 (1) 列揭示, *FDUM* 与 *DONA* 在 10% 水平上显著正相关 (系数 = 0.069, T 值 = 1.695), 说明当公司拥有女性董事时, 慈善捐赠水平会相应增加。进一步地, 如第 (2) 列和第 (3) 列所示, *FNUM* 与 *DONA* 在 5% 水平上显著正相关 (系数 = 0.045, T 值 = 2.176), *FRAT* 与 *DONA* 在 5% 水平上显著正相关 (系数 = 0.557, T 值 = 2.504), 表明女性董事人数越多、所占比例越高, 企业慈善捐赠水平越高。上述经验证据联合支持了假设 H4 - 4。综上所述, 女性董事显著促进了公司慈善捐赠的增加, 原因在于, 在情景决策中, 女性和男性之间有着显著差别。具体而言, 女性由于天然的关怀主义伦理而表现出更倾向于帮助别人, 而男性则往往更关注于挣钱和获得职位提升 (Betz et al., 1989; Bernardi and Arnold, 1997), 男女之间迥异的处事风格会进一步影响到女性董事的相关决策行为, 表现在慈善捐赠上, 女性关怀主义伦理必将会使得女性董事做出帮助他人的决策, 进而促进慈善捐赠增加应在情理当中。此外, 相对而言, 女性更加注重外在表现 (Fishman, 1978), 慈善捐赠的增加无疑有助于树立企业的外部形象、使得女性董事获得心理满足感, 同时也有助于企业绩效的改善 (杜兴强和杜颖洁, 2010), 因此增加慈善捐赠势必进一步符合女性的决策风格。

表 4 - 12 中 Panel B 的第 (4) 列表明, 女性独立董事虚拟变量 *FDIND* 与 *DONA* 负相关、但不显著 (系数 = - 0.057, T 值 = - 1.305), *FDEXE* 与 *DONA* 在 10% 水平上显著正相关 (系数 = 0.076, T 值 = 1.819); 与第 (4) 列呈现的结果相类似, 第 (5) 列、第 (6) 列中女性独立董事赋值变量 *FNIND*、女性独立董事比例变量 *FRIND* 的回归系数均不显著, 女性非独立董事赋值变量 *FNEXE*、女性非独立董事比例变量 *FREXE* 的回归系数均在 1% 水平上显著为正; 上述发现联合揭示在女性董事内部主要是女性非独立董事促进了慈善捐赠水平的显著提升, 支持了假设 H4 - 5。造成这一现象的原因不难理解, 在我国名义上独立董事的聘任权属于全体股东, 但是实际上往往掌握在非独立董事等大股东的代言者手中, 因而在实际履行职责时, 独立董事往往难以发挥实质性的作用, 鉴于此, 女性独立董事难以对慈善捐赠产生显著影响。

表 4 - 12 中 Panel A 和 Panel B 的控制变量方面, *MKT* 与 *DONA* 均在 5% 水平上显著负相关, 说明当上市公司所处地区的制度环境越好, 慈善捐赠水平越低, 造成这一现象的原因可能在于当地区制度环境越完善时, 上市公司

通过捐赠而形成和加强政治联系的动机越弱（罗党论和唐清泉，2009）。
*ROA* 与 *DONA* 均在 5% 水平上显著正相关，*LEV* 与 *DONA* 均在 1% 水平上显著
负相关，反映出当公司盈利能力越强、资产负债率越低时，企业的财务压力
较小，因此可以进行慈善捐赠的能力增强，慈善捐赠水平因此得到相应提
升。此外，公司规模显著降低了慈善捐赠水平，而上市年限对慈善捐赠水平
无显著影响。

表 4 - 13 报告了在不同性质企业中女性董事及其不同类型对慈善捐赠影
响差异的 OLS 多元回归分析结果，所有模型总体上均在 1% 水平上显著。
Panel A 中第（1）列中 *FDUM × NATURE* 在 5% 水平上显著小于 0（系数 =
- 0.187，T 值 = - 2.164），第（2）列中 *FNUM × NATURE* 在 5% 水平上小
于 0（系数 = - 0.086，T 值 = - 1.990），第（3）列中 *FRAT × NATURE* 在
5% 水平上小于 0（系数 = - 0.975，T 值 = - 2.156）；上述经验证据联合表
明在国有企业中，女性董事提升慈善捐赠水平的程度显著下降，假设 H4 - 6
得到支持。第（1）列～第（3）列中，女性董事均在 5% 水平上与慈善捐赠
正相关，假设 H4 - 4 进一步得到支持。此外，*NATURE* 与 *DONA* 均呈现显著
负相关关系，符合假设 H4 - 6 的逻辑推理。Panel B 中第（4）列～第（6）
列的回归结果揭示，*FEMEXE × NATURE* 项的系数均在 5% 水平上显著为负，
*FEMIND × NATURE* 项的系数为正、但不显著，进一步支持了假设 H4 - 6。
同时应注意到，*FEMEXE* 项系数分别在 5%、1% 和 1% 水平上大于 0，*FEM-
IND* 项系数小于 0、但不显著，这同假设 H4 - 5 的理论预期是一致的。控制
变量中结果基本与表 4 - 12 保持一致，不再赘述。

表 4 - 13　　　　　　　　　　企业性质、女性董事与企业慈善捐赠

| 变量 | Panel A：不区分董事类型 | | | Panel B：区分董事类型 | | |
|---|---|---|---|---|---|---|
| | (1)虚拟变量 | (2)赋值变量 | (3)比例变量 | (4)虚拟变量 | (5)赋值变量 | (6)比例变量 |
| *C* | 4.432*** (6.337) | 4.445*** (6.309) | 4.395*** (6.233) | 4.540*** (6.340) | 4.390*** (6.302) | 4.342*** (6.225) |
| *FEMALE* | 0.175** (2.449) | 0.085** (2.278) | 0.935** (2.473) | —— | —— | —— |
| *FEMALE ×* *NATURE* | - 0.187** ( - 2.164) | - 0.086** ( - 1.990) | - 0.975** ( - 2.156) | —— | —— | —— |

续表

| 变量 | Panel A：不区分董事类型 | | | Panel B：区分董事类型 | | |
|---|---|---|---|---|---|---|
| | (1)虚拟变量 | (2)赋值变量 | (3)比例变量 | (4)虚拟变量 | (5)赋值变量 | (6)比例变量 |
| FEMIND | — | — | — | -0.090<br>(1.052) | -0.068<br>(-1.076) | -0.372<br>(-0.607) |
| FEMEXE | — | — | — | 0.168 **<br>(2.216) | 0.164 ***<br>(2.800) | 1.658 ***<br>(2.812) |
| FEMIND × NATURE | — | — | — | 0.057<br>(0.606) | 0.045<br>(0.636) | 0.101<br>(0.143) |
| FEMEXE × NATURE | — | — | — | -0.184 **<br>(-2.042) | -0.152 **<br>(-2.231) | -1.548 **<br>(-2.220) |
| MKT | -0.036 ***<br>(-2.999) | -0.035 ***<br>(-2.945) | -0.035 ***<br>(-2.930) | -0.035 ***<br>(-2.946) | -0.036 ***<br>(-2.960) | -0.035 ***<br>(-2.953) |
| NATURE | -0.161 **<br>(-2.481) | -0.189 ***<br>(-3.175) | -0.173 ***<br>(-2.828) | -0.213 ***<br>(-3.410) | -0.192 ***<br>(-3.216) | -0.173 ***<br>(-2.831) |
| ROA | 1.219 **<br>(2.136) | 1.220 **<br>(2.136) | 1.214 **<br>(2.128) | 1.240 **<br>(2.151) | 1.218 **<br>(2.120) | 1.206 **<br>(2.104) |
| LEV | -0.606 ***<br>(-3.497) | -0.598 ***<br>(-3.438) | -0.594 ***<br>(-3.424) | -0.585 ***<br>(-3.316) | -0.590 ***<br>(-3.380) | -0.588 ***<br>(-3.377) |
| SIZE | -0.149 ***<br>(-4.332) | -0.148 ***<br>(-4.304) | -0.147 ***<br>(-4.246) | -0.151 ***<br>(-4.340) | -0.146 ***<br>(-4.282) | -0.144 ***<br>(-4.227) |
| AGE | 0.011 **<br>(1.986) | 0.011 **<br>(1.962) | 0.011 *<br>(1.949) | 0.011 **<br>(1.960) | 0.010 *<br>(1.946) | 0.011 *<br>(1.944) |
| INDUS | 控制 | 控制 | 控制 | 控制 | 控制 | 控制 |
| YEAR | 控制 | 控制 | 控制 | 控制 | 控制 | 控制 |
| No | 6149 | 6149 | 6149 | 6149 | 6149 | 6149 |
| Adj $R^2$ | 0.063 | 0.063 | 0.063 | 0.063 | 0.065 | 0.065 |
| F 值<br>(P 值) | 16.861<br>(0.000) | 16.933<br>(0.000) | 17.028<br>(0.000) | 15.743<br>(0.000) | 16.149<br>(0.000) | 16.185<br>(0.000) |

注：*、** 和 *** 分别代表在 10%、5%、1% 水平显著（双尾），括号中报告的是均经过 White 调整的 T 值。

上述研究发现表明，纵使女性关怀主义伦理已经使得女性董事对企业的慈善捐赠决策产生影响，但是公司产权机制设计将会对这一关系起到明显的约束作用。国有企业与政府之间的天然联系使得慈善捐赠战略的重要性有所下降，从而在国有企业中女性董事对慈善捐赠的正面促进效应相应下降。

### （三）稳健性测试

在中国的上市公司中，可能不仅仅是董事们会对企业慈善捐赠行为产生影响，经理人员、监事等高管人员同样也会对企业的相关决策发挥重要作用（杜兴强和冯文滔，2012）。为了使得本节的研究结论更加稳健，进一步扩大高管范围，将董事、监事和其他高管均纳入测试范围，构建女性高管 *FEMANA* 这一变量，包括虚拟变量（是否拥有女性高管）、赋值变量（女性高管人数）和比例变量（女性高管占比）三种度量方式，其余变量定义与上文相同，重复表 4 - 12 和表 4 - 13 的研究，回归结果见表 4 - 14。

表 4 - 14　　　　　　　　扩大高管范围的稳健性测试

| 变量 | (1)虚拟变量 | (2)赋值变量 | (3)比例变量 | (4)虚拟变量 | (5)赋值变量 | (6)比例变量 |
|---|---|---|---|---|---|---|
| *C* | 4.916*** (6.879) | 4.896*** (6.796) | 4.670*** (6.505) | 4.381*** (6.209) | 4.440 (6.314) | 4.282*** (6.064) |
| *FEMANA* | 0.112** (2.426) | 0.026** (2.142) | 0.774*** (2.874) | 0.245*** (3.064) | 0.045* (1.756) | 1.185** (2.380) |
| *FEMANA × NATURE* | — | — | — | -0.214** (-2.152) | -0.037 (-1.338) | -1.119** (-2.309) |
| *NATURE* | — | — | — | -0.036*** (-2.998) | -0.035*** (-2.862) | -0.035*** (-2.864) |
| *MKT* | -0.026** (-2.153) | -0.025** (-2.105) | -0.027** (-2.228) | -0.097 (-1.111) | -0.193** (-2.379) | -0.111 (-1.252) |
| *ROA* | 1.399** (2.408) | 1.383** (2.380) | 1.367** (2.358) | 1.238** (2.165) | 1.231** (2.152) | 1.222** (2.143) |
| *LEV* | -0.552*** (-3.148) | -0.556*** (-3.176) | -0.546*** (-3.124) | -0.593*** (-3.406) | -0.592 (-3.405) | -0.581*** (-3.349) |
| *SIZE* | -0.183*** (5.231) | -0.180*** (-5.149) | -0.171*** (-4.924) | -0.151*** (-4.368) | -0.149*** (-4.309) | -0.145*** (-4.179) |
| *AGE* | 0.004 (0.730) | 0.003 (0.671) | 0.003 (0.600) | 0.011** (1.990) | 0.010* (1.910) | 0.010* (1.873) |

续表

| 变量 | (1)虚拟变量 | (2)赋值变量 | (3)比例变量 | (4)虚拟变量 | (5)赋值变量 | (6)比例变量 |
|---|---|---|---|---|---|---|
| *INDUS* | 控制 | 控制 | 控制 | 控制 | 控制 | 控制 |
| *YEAR* | 控制 | 控制 | 控制 | 控制 | 控制 | 控制 |
| No | 6149 | 6149 | 6149 | 6149 | 6149 | 6149 |
| Adj $R^2$ | 0.058 | 0.058 | 0.059 | 0.063 | 0.063 | 0.064 |
| F 值<br>（P 值） | 16.658<br>(0.000) | 16.741<br>(0.000) | 17.052<br>(0.000) | 16.806<br>(0.000) | 16.856<br>(0.000) | 17.184<br>(0.000) |

注：＊、＊＊和＊＊＊分别代表在 10%、5%、1% 水平显著（双尾），括号中报告的是均经过 White 调整的 T 值。

第（1）列 ~ 第（3）列揭示，*FEMANA* 的系数分别在 5%（系数 = 0.112，T 值 = 2.426）、5%（系数 = 0.026，T 值 = 2.142）和 1%（系数 = 0.774，T 值 = 2.874）水平上显著大于 0，表明女性高管的存在与否、人数多少、比例高低均显著促进了企业慈善捐赠的提升，假设 H4-4 进一步得到经验证据支持。第（4）列和第（6）列中交乘项 *FEMANA × NATURE* 的系数均在 5% 的显著性水平上小于 0，第（5）列 *FEMANA × NATURE* 的系数为负、但不显著，基本上反映出女性高管对于慈善捐赠的促进作用在国有企业中有所减弱，假设 H4-6 同样得到支持。

## 五、研究结论与启示

女性在经济发展中发挥着重要作用，随之而来的是女性所特有的关怀主义伦理将如何影响到微观企业行为尤其是慈善捐赠值得探究。本节运用 2003 ~ 2010 年的沪深两市 A 股上市公司为样本，实证分析了女性董事及其不同类型对于慈善捐赠的影响、女性董事的关怀主义伦理是否会在不同性质企业中表现出差异。研究结果表明，总体上女性董事显著促进了慈善捐赠水平的提升，划分女性董事类型后发现，主要是女性非独立董事有助于慈善捐赠的增加，女性独立董事作用不明显。进一步，在国有企业中，由于受到经济理性的限制，女性董事/女性非独立董事对于慈善捐赠的促进作用显著减弱。

本节的研究结果具有如下方面的政策启示意义。（1）鉴于女性董事的关怀主义伦理已经影响到企业慈善捐赠等公司行为，因此企业在未来选聘董事和管理人员的过程中，应结合经营实际，合理充分发挥女性董事及女性高管的优点，为增进企业形象、改善市场声誉等服务，最终有助于企业绩效的提升。（2）女性独立董事与企业慈善捐赠之间无显著的相关性，一定程度上揭示了独立董事在中国目前的资本市场上可能的作为仍然有限。因此，相关部门应积极注意独立董事的履职环境、选聘机制等配套措施完善，使得独立董事在企业决策中真正有所作为、不再是"花瓶"。（3）国有企业同民营企业相比，慈善捐赠水平较低且女性董事（女性非独立董事）对慈善捐赠的正面促进作用显著减弱，反映出国有企业通过慈善捐赠建立政治联系的动机较弱，侧面佐证了可能存在于不同性质企业间的政策歧视，未来应进一步在政策层面上保障为不同性质企业提供公平的发展机会、消除政策歧视。

本节研究可能存在的不足之处在于：（1）不仅仅董事的性别特征会影响到企业慈善捐赠，董事的年龄、社会资本、任职年限等个人特征也会对慈善捐赠产生重要影响，与此同时，即使在女性董事内部，不同层级的女性董事（如董事长、CEO、执行董事等）之间同样存在较大差异。（2）女性董事会对慈善捐赠产生影响，同样也会影响到诸如是否进行行业扩张、业务经营多元化、过度投资等公司行为，中国的女性董事是否由于制度环境、情境因素等方面的差异而有所特色，上述问题本节均未进行深入探索。这些不足和问题，将是本节未来进一步的研究方向。

## 第三节　女性高管、宏观经济环境与现金持有决策

女性高管在日常经营中表现出明显的风险厌恶特征，这一行为特征是否会进一步影响到企业财务决策值得关注。本节以 2001～2012 年的中国资本市场 A 股上市公司为样本，实证分析了女性高管对于现金持有的影响。结果表明，女性高管显著增加了企业现金持有水平，当宏观经济环境良好时，女性高管对于现金持有水平的促进作用明显减弱。本节有助于增进对现实社会中女性高管风险厌恶经济后果这一问题的理解。

## 一、引言

近些年来，女性高管日益普遍，据致同国际会计师事务所于 2013 年发布的《女性高管：增长的阶段》① 国际商业问卷调查报告结果揭示，全球范围内女性高管大约占到 24%，而在受访的中国内地企业中女性高管比例更是高达 51%，居全球首位。众多的国内外文献研究已表明，相较于男性高管而言，女性高管表现出明显的风险厌恶特征（Eckel and Grossman，2008；Martin et al.，2009；祝继高等，2012），这一行为特征已经影响到包括财务报告稳健性（Francis et al.，2009；周泽将，2012）、盈余管理程度（Gul et al.，2007；Gavious et al.，2012）和投资决策（祝继高等，2012；李世刚，2013）等在内的多方面财务行为。在当前全球经济一体化加速、金融风险溢出效应明显增加的背景下，现金持有在企业经营中的作用日益凸显。凯恩斯（Keynes，1936）指出公司可以通过持有现金满足日常流动性需要（交易性动机）和消除未来资金短缺的风险（预防性动机），已有大量研究从上述两个动机维度对现金持有的影响因素展开研究（Opler et al.，1999；Ozkan and Ozkan，2004；Han and Qiu，2007；陈德球等，2011；王福胜和宋海旭，2012），但上述研究大多是围绕公司治理、企业财务特征或外部环境等展开，鲜有文献关注到高管团队特征这一外部因素。高管团队特征是影响企业财务行为的重要方面（Chen et al.，2010；Jurkus et al.，2011），若缺少从高管团队特征视角对现金持有的影响因素展开研究无疑是不完整的，因此本节选择从高管团队性别构成（女性高管）的独特视角展开分析，试图增进理论界和实务界对于现金持有这一重要理论问题的理解。

本节以 2001~2012 年的中国资本市场深沪两市 A 股上市公司为样本，实证分析了女性高管对现金持有的影响。结果表明，女性高管比例越高，上市公司则更倾向于持有更多的现金。进一步地，当宏观经济环境良好时，女性高管对于现金持有的正面影响显著减弱。相较于以往的研究文献，本节可能的创新之处体现在以下两点：（1）尽管女性高管的风险规避特征已经为大

---

① 详见 http://www.internationalbusinessreport.com/files/ibr2013_wib_report_final.pdf，英文报告名称为 "Women in Senior Management：Setting the Stage for Growth"。

量经验研究所证实（Eckel and Grossman，2008），但从现金持有这一角度展开实证检验的文献较为少见，因此本节从现金持有视角增进了对于女性高管经济后果的认识；（2）宏观经济环境是影响现金持有的重要外部因素（江龙和刘笑松，2011；孙杰，2013），本节的研究结论表明良好的宏观经济环境可以在一定程度上改变女性高管的现金持有决策，从而丰富了女性高管的情境决策文献。

## 二、文献综述、理论分析与假设发展

### （一）文献综述

围绕现金持有的影响因素研究自奥普勒等（Opler et al.，1999）的开创性文献以来，目前这一主题正在不断扩大，基本上形成了围绕成本收益权衡、公司治理、企业经营战略和宏观经济环境等视角展开分析的四大领域文献。

（1）成本收益权衡视角。这种观点认为现金持有在可以预防外部风险冲击的同时，不可避免地会受到现金的高流动性及低收益特征影响，因此企业的现金持有决策是在权衡成本收益基础上做出的，延续这一视角展开的研究大多是针对企业财务状况所诱致的现金持有成本收益展开的。如奥普勒等（1999）发现成长性良好、现金流风险高的公司持有较多现金，而资本市场融资渠道的便利性则减少了企业的现金持有；有研究以英国上市公司为对象展开分析，结论表明现金流量和成长机会对现金持有产生了正面影响，而流动资产、财务杠杆和银行负债等则降低了现金持有（Ozkan and Ozkan，2004）；韩和邱（Han and Qiu，2007）的研究揭示当企业存在融资约束时，现金流波动性与现金持有显著正相关，当不存在融资约束时，现金流波动性与现金持有之间无显著关系。

（2）公司治理视角。詹森（Jensen，1986）指出由于存在信息不对称而导致的道德风险和代理成本问题，经理人更偏好持有容易被处置和被侵占的现金以满足在职消费、帝国构建等方面的自利行为需要。公司治理是约束经理人自利行为的重要机制，按照理论预期，良好的公司治理应有助于减少经理人的现金持有行为。迪特玛等（Dittmar et al.，2003）以45个国家的企业为样本，考察了股东权益保护程度差异对现金持有的影响，结果显示股东权益保护较差国家的企业持有现金约为股东权益保护较好国家的 2 倍，说明股东权益保护较差时股东难以抑制经理人的代理行为；陈等（Chen et al.，2012）的研究结论显示，中国的股权分置改革促使大小股东利益一致，因而在股改后第二类代理问题降低、上市公司的现金持有水平显著下降，且在股改前公司治理水平低、融资约束强的企业这一效应更加显著；而哈福德等（Harford et al.，2012）的研究发现与预期相反，较差的公司治理水平会导致更低的现金持有水平，原因在于较差的公司治理会为经理人快速使用现金进行资本支出和并购提供便利。

（3）企业经营战略视角。企业的现金持有行为在一定程度上应该服务于企业的战略需要，因此部分文献将关注重点聚焦于企业战略对现金持有的影响。萨布拉曼尼姆等（Subramaniam et al.，2011）、王福胜和宋海旭（2012）、杨兴全和曾春华（2012）发现多元化经营显著降低了现金持有水平；奥普勒（Opler et al.，2001）的研究表明公司未来的投资机会与现金持有正相关，当同竞争对手之间的投资依赖性越强时，公司倾向于持有更多现金以应对市场可能发生的变化（Haushalter et al.，2007）；韩忠雪和周婷婷（2011）的结论表明产品市场竞争对现金持有表现出明显的掠夺风险效应，即随着产品市场竞争的加剧，公司现金持有水平会得以增加。

（4）宏观经济环境视角。企业在经营过程中不仅会考虑到自身的财务状况，而且会受到外部宏观经济环境的显著影响（姜国华和饶品贵，2011），因此部分研究进一步将研究视角拓展至宏观经济环境。鲍姆等（Baum et al.，2006）发现当宏观经济波动较大时，高管难以准确预测公司未来信息，因此会相应增加现金持有以降低不确定性风险；祝继高和陆正飞（2009）分析了货币政策与现金持有之间的关系，当货币政策趋于紧缩（宽松）时，企业现金持有水平会相应上升（下降）；江龙和刘笑松（2011）、孙杰（2013）均研究发现相较经济繁荣期而言，企业在经济衰退期的现金持有水平更高。

综上所述，目前从女性高管角度展开现金持有影响因素分析的相关文献较为少见。仅李小荣等（2013）实证研究了女性 CFO 对公司现金持有量的影响，结果表明女性 CFO 会导致企业持有更多现金，且主要存在于货币政策紧缩时期、高成长性或融资约束程度严重的公司中。在企业中，不仅 CFO 会对企业的现金持有决策产生影响，可能在某种程度上其他高管（如董事长、总经理）的作用更大，因此本节选择从全部女性高管的角度展开研究很有必要。

### （二）理论分析与假设发展

较男性而言，女性在决策行为中更加厌恶风险基本上已经成学术研究的共识（Croson and Gneezy，2009），具体原因在于男性在信息处理过程中更倾向选择支持自己一贯行为的线索，而女性则表现出更善于处理综合性信息（Graham et al.，2002）。沃森和麦克劳顿（Watson and McNaughton，2007）通过实验研究揭示女性在退休金上选择了更加稳健的投资战略，在退休资产的资源配置上更加保守（Arano et al.，2010）。贾纳科普罗斯和伯纳赛克（Jianakoplos and Bernasek，1998）发现女性在财务决策中更加风险厌恶，表现为女性持有风险资产比例随财富增长的速度相对较低，女性会更少地投资于风险资产（Charness and Gneezy，2012）。

在公司财务领域，女性高管的风险厌恶特征也逐渐引起了理论界的关注。菲瑟欧等（Faccio et al.，2012）发现女性CEO经营的企业财务杠杆低、盈余波动性小、生存机会更大；黄和基斯根（Huang and Kisgen，2013）比较分析了男女高管在财务行为上的差异，结果显示男性经理人员的并购行为和债务融资更加频繁，而女性高管的盈余估计范围更宽、更可能及时行使股票期权；帕维亚等（Palvia et al.，2013）以金融危机中的美国银行业为例，研究发现当银行CEO为女性时将会持有更多的权益资本，且小规模银行的女性CEO降低了金融危机中的破产可能性；祝继高等（2012）、李世刚（2013）发现女性高管有助于抑制过度投资，且长期借款更少。上述经验证据基本上表明了女性高管的风险厌恶已经在某种程度上影响到公司财务行为。

综上所述，女性高管在进行决策时会表现出更高的风险厌恶程度，而增加现金持有是缓解企业经营风险的有效手段之一。佟（Tong，2010）的研究发现高管人员的风险激励程度已经影响到企业的现金持有量，当风险激励减少时，企业现金持有量会相应增加。因此，可以合理地预期，当女性高管增多时，风险厌恶程度会有所增加，合理且有效地规避风险的途径之一便是增加现金持有。由此，本节提出假设H4-7：

H4-7：限定其他条件，女性高管显著增加了企业的现金持有。

宏观经济环境是影响微观企业行为的重要外部条件，如黄辉（2009）的研究结论揭示，企业资本结构在较好的宏观经济环境下有着较快的调整速度，陈艳（2013）发现在经济周期紧缩阶段加剧了公司的融资约束程度，降低了投资效率。具体到宏观经济环境和现金持有之间的关系时，可以从两个维度理解宏观经济环境与现金持有之间呈现负相关关系。其一，当宏观经济环境良好时，企业面临的外部经营风险较低，从而降低了基于预防性动机的现金持有需求；其二，良好的宏观经济环境会为企业提供充足的外部融资渠道，如货币政策宽松、股权融资开启等，因此当企业在实际经营中需要资金时，可以迅速便利地进行外部融资。较多的经验证据支持了上述观点（Baum et al.，2006；祝继高和陆正飞，2009；江龙和刘笑松，2011；孙杰，2013）。

权变理论（Contingency Theory）认为领导者的决策方法并非一成不变，在管理实践中应当依据组织内部条件和所处外部环境的发展变化而随机应变（Hofer，1975）。约基皮（Jokipii，2010）发现企业管理层会随环境不确定性和意欲达到的控制有效性改变内部控制结构，王欣和王磊（2012）指出在激烈的竞争环境中，企业会时刻关注内外部环境的发展变化、进行动态资本结构的最优化调整。同样，可以合理地预期，女性高管会根据宏观经济环境的变化调整企业现金持有策略。由此，本节提出假设 H4 - 8：

H4 - 8：限定其他条件，当宏观经济环境良好时，女性高管增加现金持有的程度显著降低。

## 三、样本选择与研究模型

### （一）样本选择

本节以 2001 ~ 2012 年在深交所和上交所上市的全部公司作为初始样本，参照研究惯例进行了如下筛选：（1）删除位于金融保险业的观测值；（2）删除 ST、PT 等特殊交易状态观测值；（3）删除资不抵债的观测值，即年末资产负债率大于 1 的样本；（4）删除数据缺失的观测值。最终本节得到 14787 个样本观测值。

文中女性高管数据系手工整理 CSMAR 数据库中的高管动态数据而得，

宏观经济环境数据取自国家统计局网站的年度国民经济和社会发展统计公报，最终控制人信息数据取自 CCER 数据库，其余数据均来源于 CSMAR 数据库。为了消除极端值可能带来的影响，我们对所有连续变量处于 1% 和 99% 分位数外的观测值进行了 Winsorize 处理。本节的数据处理采用了 Eviews6.0 软件。

### （二）研究模型

为了检验假设 H4 - 7，参考奥普勒等（Opler et al.，1999）、祝继高和陆正飞（2009）、萨布拉曼尼姆等（Subramaniam et al.，2011）的研究设计，构建模型（4 - 8）：

$$Cash = \alpha_0 + \alpha_1 Gender + \alpha_2 Ecoe + \alpha_3 Tobinq + \alpha_4 Cfo + \alpha_5 Div + \alpha_6 Lev +$$
$$\alpha_7 Size + \alpha_8 State + \sum Year + \sum Indus + \varepsilon \qquad (4 - 8)$$

其中 Cash 代表现金持有，等于货币资金与金融资产之和除以营业收入。Gender 代表女性高管，本节包括女性高管比例高低虚拟变量 Genderd 和女性高管比例变量 Genderr 两种测度方法。Ecoe 代表宏观经济环境，参照孙杰（2013）的研究，采用广义货币供应量 M2 的年度增长率 Ecoe1 和国内生产总值 GDP 的年度增长率 Ecoe2 进行度量。按照理论预期，$\alpha_1$ 应显著为正，$\alpha_2$ 应显著为负。此外，模型（4 - 8）包括如下的控制变量：企业成长性 Tobinq、经营现金流 Cfo、是否发放现金股利 Div、财务杠杆 Lev、企业规模 Size、企业性质 State、年度 Year 和行业 Indus，其中行业分类参考了中国证监会的相关标准，制造行业由于种类较多、内部差异较大，因此按照二级行业代码进行分类。具体而言，本节涉及 21 个行业（具体包括 A（农、林、牧、渔业）、B（采掘业）、C0（食品、饮料）、C1（纺织、服装、皮毛）、C2（木材、家具）、C3（造纸、印刷）、C4（石油、化学、塑胶、塑料）、C5（电子）、C6（金属、非金属）、C7（机械、设备、仪表）、C8（医药、生物制品）、C9（其他制造业）、D（电力、煤气及水的生产和供应业）、E（建筑业）、F（交通运输、仓储业）、G（信息技术业）、H（批发和零售贸易）、J（房地产业）、K（社会服务业）、L（传播与文化产业）和 M（综合类）），因此设置 21 个行业虚拟变量。

为了检验假设 H4 - 8，在模型（4 - 8）的基础上，我们进一步放入 Gender × Ecoe 交乘项，构建模型（4 - 9），以观察宏观经济环境对于女性高管与现金持有之间关系的调节作用。按照理论预期，系数 $\beta$ 应显著小于 0。各变量的详细定义参见表 4 - 15。

$$Cash = \alpha_0 + \alpha_1 Gender + \alpha_2 Ecoe + \beta Gender \times Ecoe + \alpha_3 Tobinq + \alpha_4 Cfo + \alpha_5 Div +$$

$$\alpha_6 Lev + \alpha_7 Size + \alpha_8 State + \sum Year + \sum Indus + \varepsilon \qquad (4-9)$$

表 4 - 15 变量定义

| 性质 | 变量 | 定义 |
|------|------|------|
| 因变量 | Cash | =（货币资金 + 金融资产）/营业收入 |
| 测试变量 | Genderd | 若女性高管比例大于中位数赋值为1，否则0 |
| | Genderr | 女性高管占全部高管总人数的比重 |
| | Ecoe1 | 广义货币供应量 M2 的年度增长率 |
| | Ecoe2 | 国内生产总值 GDP 的年度增长率 |
| 控制变量 | Tobinq | =（年末收盘价 × 流通股股数 + 每股净资产 × 非流通股股数 + 负债账面价值）/总资产账面价值 |
| | Cfo | =经营现金流/（总资产 - 货币资金 - 金融资产） |
| | Div | 若发放现金股利赋值1，否则0 |
| | Lev | 财务杠杆，等于年末总负债除以总资产 |
| | Size | 公司规模，等于年末总资产的自然对数 |
| | State | 若上市公司的最终控制人性质为国有则赋值1，否则0 |
| | Year/Indus | 年度/行业虚拟变量 |

## 四、实证研究结果

### （一）描述性统计与相关性分析

（1）描述性统计。本节各主要研究变量的描述性统计结果如表 4 - 16 所示。Cash 的均值为 0.4860，表明现金持有占营业收入的比重平均值为 48.60%，标准差约为平均值的 1.22 倍，表明在不同上市公司之间现金持有存在较大差异。Genderr 的 25% 分位数大于 0，均值为 0.1472，说明在我国超过 75% 的上市公司中已拥有至少 1 名女性高管，且女性高管平均所占比例已达到 14.72%，以上反映出女性在我国上市公司管理层中已占据一席之地。Ecoe1 的均值为 0.1715，Ecoe2 的均值为 0.0916，符合近些年来我国货币供应量增加、经济持续增长的事实。控制变量方面，Cfo 的 1/4 分位数值等于 0.0070，说明大多数上市公司的经营现金流为正；Div 的均值为 0.5318，说明发放现金股利的上市公司比重仅为 53.18%，明显少于经营现金流为正公司的比例，这反映出即使公司具有现金支付能力也未必分红的事实；*State* 的均值为 0.5910，说明国有企业在我们的研究区间内仍旧是上市公司的最主要组成部分。

表 4 – 16                                                               描述性统计

| 变量 | N | 平均值 | 标准差 | 最小值 | 25% 分位 | 中位数 | 75% 分位 | 最大值 |
|---|---|---|---|---|---|---|---|---|
| *Cash* | 14787 | 0.4860 | 0.5908 | 0.0227 | 0.1442 | 0.2778 | 0.5775 | 3.5125 |
| *Genderd* | 14787 | 0.5081 | 0.5000 | 0.0000 | 0.0000 | 1.0000 | 1.0000 | 1.0000 |
| *Genderr* | 14787 | 0.1472 | 0.1028 | 0.0000 | 0.0667 | 0.1333 | 0.2105 | 0.6667 |
| *Ecoe*1 | 14787 | 0.1715 | 0.0389 | 0.1360 | 0.1380 | 0.1680 | 0.1780 | 0.2770 |
| *Ecoe*2 | 14787 | 0.0916 | 0.0113 | 0.0730 | 0.0800 | 0.0910 | 0.0990 | 0.1140 |
| *Tobinq* | 14787 | 1.8659 | 1.2199 | 0.4029 | 1.1469 | 1.4226 | 2.0995 | 7.3377 |
| *Cfo* | 14787 | 0.0656 | 0.1121 | − 0.2385 | 0.0070 | 0.0579 | 0.1185 | 0.4672 |
| *Div* | 14787 | 0.5318 | 0.4990 | 0.0000 | 0.0000 | 1.0000 | 1.0000 | 1.0000 |
| *Lev* | 14787 | 0.4491 | 0.1983 | 0.0467 | 0.3017 | 0.4597 | 0.6028 | 0.8598 |
| *Size* | 14787 | 21.4399 | 1.0197 | 19.4881 | 20.7145 | 21.3086 | 22.0246 | 24.5052 |
| *State* | 14787 | 0.5910 | 0.4917 | 0.0000 | 0.0000 | 1.0000 | 1.0000 | 1.0000 |

（2）相关性分析。表 4 – 17 报告了各主要研究变量之间的 Pearson 相关系数。由表 4 – 17 可知，现金持有 *Cash* 与女性高管比例高低虚拟变量 *Genderd*、女性高管比例 *Genderr* 均在 1% 水平上显著正相关，初步支持了假设 H4 – 7。*Cash* 与宏观经济环境的代理变量广义货币供应量 M2 的年度增长率 *Ecoe*1、国内生产总值 GDP 的年度增长率 *Ecoe*2 均在 1% 水平上显著负相关，这与假设 H4 – 8 的理论推演是一致的。此外，各自变量之间的相关系数最大值为 0.3971（对应 *Size* 和 *Lev* 之间），表明在模型回归分析中不存在严重的多重共线性问题。以上仅是单变量相关性分析的初步结果，更进一步的经验证据有待控制其他影响因素的多元回归分析给出。

表 4 - 17

相关性分析

| 变量 | Cash | Genderd | Genderr | Ecoe1 | Ecoe2 | Tobinq | Cfo | Div | Lev | Size | State |
|---|---|---|---|---|---|---|---|---|---|---|---|
| Cash | 1 | | | | | | | | | | |
| Genderd | 0.0914*** | 1 | | | | | | | | | |
| Genderr | 0.0999*** | 0.7809*** | 1 | | | | | | | | |
| Ecoe1 | -0.0429*** | -0.0295*** | -0.0308*** | 1 | | | | | | | |
| Ecoe2 | -0.1066*** | -0.0196** | -0.0257*** | 0.1303*** | 1 | | | | | | |
| Tobinq | 0.1189*** | 0.0402*** | 0.0533*** | 0.3504*** | 0.2560*** | 1 | | | | | |
| Cfo | 0.1135*** | -0.0064 | 0.0136* | 0.0988*** | 0.0128 | 0.2081*** | 1 | | | | |
| Div | 0.0559*** | -0.0456*** | -0.0588*** | 0.1118*** | 0.1769*** | 0.0736*** | 0.1510*** | 1 | | | |
| Lev | -0.4276*** | -0.0660*** | -0.0753*** | 0.0744*** | 0.0928*** | -0.2512*** | -0.1906*** | -0.1642*** | 1 | | |
| Size | -0.1612*** | -0.1146*** | -0.1346*** | 0.0019 | 0.0141* | -0.2498*** | 0.0143* | 0.0994*** | 0.3971*** | 1 | |
| State | -0.1855*** | -0.1823*** | -0.2028*** | 0.0514*** | 0.0220 | -0.1362*** | 0.0228 | 0.0420*** | 0.2115*** | 0.2122*** | 1 |

注：*、**、***分别代表在10%、5%、1%水平上显著（双尾）。

### （二）多元回归分析

表 4 – 18 提供了女性高管与现金持有之间的多元回归结果，各模型均在 1% 水平上显著，调整 $R^2$ 值均略大于 0. 2670，总体效果良好①。为了减弱自相关和异方差可能带来的影响，本节对所有报告结果进行了 Newey – West 调整。表 4 – 18 第（1）列表明，女性高管比例高低虚拟变量 *Genderd* 与现金持有 *Cash* 在 1% 水平上显著正相关（系数 = 0. 0436，T 值 = 3. 3326），说明当女性高管比例高时，现金持有相应较多。第（2）列表明，女性高管比例变量 *Genderr* 与现金持有 *Cash* 在 1% 水平上显著正相关（系数 = 0. 2583，T 值 = 3. 4049），说明女性高管比例越高，现金持有越多。第（3）列、第（4）列中对应的宏观经济环境代理变量为国内生产总值 GDP 的年度增长率 *Ecoe2*，*Genderd*、*Genderr* 同样在 1% 水平上显著为正。上述发现联合支持了假设H4 – 7，随着女性高管比例的上升，公司高管团队的风险厌恶程度进一步增强，从而表现出规避风险的现有持有增加行为。

表 4 –18　　　　　　　　　　　女性高管与现金持有

| 变量 | （1） | | （2） | | （3） | | （4） | |
|---|---|---|---|---|---|---|---|---|
| | 系数 | T 值 | 系数 | T 值 | 系数 | T 值 | 系数 | T 值 |
| *C* | 1. 8169 *** | 8. 6071 | 1. 7784 *** | 8. 3501 | 2. 1878 *** | 8. 5237 | 2. 1497 *** | 8. 3207 |
| *Genderd* | 0. 0436 *** | 3. 3326 | | | 0. 0436 *** | 3. 3326 | | |
| *Genderr* | — | — | 0. 2583 *** | 3. 4049 | — | — | 0. 2583 *** | 3. 4049 |
| *Ecoe*1 | – 3. 4898 *** | – 5. 0574 | – 3. 4929 *** | – 5. 0554 | — | — | | |
| *Ecoe*2 | | | | | – 11. 9651 *** | – 5. 0574 | – 11. 9756 *** | – 5. 0554 |
| *Tobinq* | – 0. 0031 | – 0. 3821 | – 0. 0032 | – 0. 3926 | – 0. 0031 | – 0. 3821 | – 0. 0032 | – 0. 3926 |
| *Cfo* | 0. 3549 *** | 5. 4134 | 0. 3507 *** | 5. 3493 | 0. 3549 *** | 5. 4134 | 0. 3507 *** | 5. 3493 |
| *Div* | – 0. 0141 | – 1. 1509 | – 0. 0135 | – 1. 0986 | – 0. 0141 | – 1. 1509 | – 0. 0135 | – 1. 0986 |
| *Lev* | – 1. 1258 *** | – 20. 2817 | – 1. 1247 *** | – 20. 2819 | – 1. 1258 *** | – 20. 2817 | – 1. 1247 *** | – 20. 2819 |
| *Size* | – 0. 0039 | – 0. 4568 | – 0. 0029 | – 0. 3343 | – 0. 0039 | – 0. 4568 | – 0. 0029 | – 0. 3343 |
| *State* | – 0. 1103 *** | – 7. 6135 | – 0. 1085 *** | – 7. 5171 | – 0. 1103 *** | – 7. 6135 | – 0. 1085 *** | – 7. 5171 |

①　表 4 – 18 第（1）列和第（3）列、第（2）列和第（4）列之间除了 *Ecoe* 变量和截距项外的其他变量系数及 T 值均基本一致，原因主要在于 *Ecoe*1 和 *Ecoe*2 之间相关系数较高（等于 0. 1303、1% 水平显著）、*Genderd* 是 *Genderr* 的变形形式所致（相关系数 = 0. 7809、1% 水平显著）。

续表

| 变量 | (1) | | (2) | | (3) | | (4) | |
|---|---|---|---|---|---|---|---|---|
| | 系数 | T 值 | 系数 | T 值 | 系数 | T 值 | 系数 | T 值 |
| *Year* | 控制 | | 控制 | | 控制 | | 控制 | |
| *Indus* | 控制 | | 控制 | | 控制 | | 控制 | |
| No | 14787 | | 14787 | | 14787 | | 14787 | |
| Adj $R^2$ | 0.2672 | | 0.2676 | | 0.2672 | | 0.2676 | |
| F 值 | 146.6791 *** | | 147.0293 *** | | 146.6791 *** | | 147.0293 *** | |

注: *、**、*** 分别代表在 10%、5%、1% 水平上显著（双尾），所有结果均经过 Newey - West 调整。

控制变量方面，各模型之间保持了高度一致。宏观经济环境 *Ecoe*1、*Ecoe*2 与现金持有 *Cash* 均在 1% 水平上显著负相关，说明良好的宏观经济环境有助于减少企业的现金持有量，这与鲍姆等（Baum et al.，2006）、孙杰（2013）的研究发现是一致的。经营现金流量 *Cfo* 与 *Cash* 均在 1% 水平上显著正相关，说明经营现金流越多，企业现金持有越多，符合企业经营中的实际情况。财务杠杆 *Lev* 与 *Cash* 均在 1% 水平上显著负相关，反映出当资产负债率上升时，企业的债务融资减弱、相应的债务本息偿还压力增加，从而减少了现金持有，支持了债务约束假说（Jensen，1986）。企业性质 *State* 与 *Cash* 均在 1% 水平上显著负相关，说明国有企业往往现金持有水平更低，这可能是国有企业由于同政府、银行等机构的天然联系，当出现经营困难时更容易获得银行贷款（陆正飞等，2009）、政府补助（步丹璐和郁智，2012），因此减少了现金持有需求。

表 4 - 19 进一步列示了模型（4 - 9）的回归结果。第（1）列 ~ 第（4）列中 *Gender* × *Ecoe* 均在 5% 水平上显著小于 0，联合支持了本节的假设 H4 - 8，说明良好的宏观经济环境调节了女性高管与现金持有之间的正相关关系。当宏观经济环境趋好时，企业融资渠道增加，融资难度进一步降低，从而由于融资难导致的系统性外部风险会相应降低，女性高管会由此调低源于风险厌恶而产生的现金持有量。*Genderd*、*Genderr* 均在 1% 水平上显著大于 0，假设 H4 - 7 进一步得到经验证据的支持。其余各控制变量的结果与表 4 - 18 基本上保持一致，不再赘述。

表 4 - 19　　　　　　　　女性高管、宏观经济环境与现金持有

| 变量 | （1） | | （2） | | （3） | | （4） | |
|---|---|---|---|---|---|---|---|---|
| | 系数 | T 值 | 系数 | T 值 | 系数 | T 值 | 系数 | T 值 |
| $C$ | 1.7740 *** | 8.4469 | 1.7186 *** | 8.0478 | 2.1181 *** | 8.2544 | 2.0322 *** | 7.7594 |
| $Genderd$ | 0.1302 *** | 3.2335 | — | — | 0.2033 *** | 2.7491 | — | — |
| $Genderr$ | — | — | 0.6892 *** | 3.1710 | — | — | 1.1565 *** | 2.9725 |
| $Ecoe1$ | - 3.2697 *** | - 4.7388 | - 3.1645 *** | - 4.5191 | — | — | — | — |
| $Ecoe2$ | — | — | — | — | - 11.2169 *** | - 4.7496 | - 10.7245 *** | - 4.4862 |
| $Genderd \times Ecoe1$ | - 0.5038 ** | - 2.2773 | — | — | — | — | — | — |
| $Genderd \times Ecoe2$ | — | — | — | — | - 1.7419 ** | - 2.2546 | — | — |
| $Genderr \times Ecoe1$ | — | — | - 2.5207 ** | - 2.1616 | — | — | — | — |
| $Genderr \times Ecoe2$ | — | — | — | — | — | — | - 9.8313 ** | - 2.4667 |
| $Tobinq$ | - 0.0028 | - 0.3456 | - 0.0027 | - 0.3429 | - 0.0030 | - 0.3718 | - 0.0030 | - 0.3760 |
| $Cfo$ | 0.3554 *** | 5.4255 | 0.3512 *** | 5.3627 | 0.3543 *** | 5.4064 | 0.3519 *** | 5.3686 |
| $Div$ | - 0.0144 | - 1.1737 | - 0.0138 | - 1.1234 | - 0.0142 | - 1.1570 | - 0.0139 | - 1.1338 |
| $Lev$ | - 1.1253 *** | - 20.2830 | - 1.1242 *** | - 20.2850 | - 1.1248 *** | - 20.2689 | - 1.1236 *** | - 20.2810 |
| $Size$ | - 0.0037 | - 0.4306 | - 0.0027 | - 0.3172 | - 0.0039 | - 0.4545 | - 0.0028 | - 0.3209 |
| $State$ | - 0.1104 *** | - 7.6243 | - 0.1085 *** | - 7.5221 | - 0.1105 *** | - 7.6322 | - 0.1088 *** | - 7.5446 |
| $Year$ | 控制 | | 控制 | | 控制 | | 控制 | |
| $Indus$ | 控制 | | 控制 | | 控制 | | 控制 | |
| $No$ | 14787 | | 14787 | | 14787 | | 14787 | |
| Adj R$^2$ | 0.2674 | | 0.2679 | | 0.2674 | | 0.2679 | |
| F 值 | 143.0066 *** | | 143.3672 *** | | 143.0080 *** | | 143.4182 *** | |

注：* 、 ** 、 *** 分别代表在10%、5%、1%水平上显著（双尾），所有结果均经过 Newey - West 调整。

## （三）稳健性测试

为使得研究结论更加稳健，本节进行了以下稳健性测试（限于篇幅未报告详细结果）。

（1）基于 Blau 指数的女性高管度量方法。借鉴杜兴强和冯文滔（2012）的研究，为了更好地度量公司高管中男性和女性的离散程度（Blau，1977），

本节进一步采用女性高管的 Blau 指数（ $=1 - Genderr^2 - (1 - Genderr)^2$ ）度量女性高管，重复表 4 - 18 和表 4 - 19 的回归分析，所得结果如下：$Cash$ 与 Blau 指数在 1% 水平上显著正相关（无论控制 $Ecoe1$ 还是 $Ecoe2$ 时，系数 = 0.1987，T 值 = 3.4867）[①]；$Ecoe1$ 与 Blau 指数交乘项系数在 5% 水平上显著为负（系数 = -1.9643，T 值 = -2.2561），$Ecoe2$ 与 Blau 指数交乘项系数在 5% 水平上显著为负（系数 = -7.1960，T 值 = -2.3507）。

（2）划分新旧会计准则两阶段。2007 年 1 月 1 日开始在上市公司中施行的新会计准则在金融资产的认定上与旧会计准则之间存在一定差异，在我们选取数据的 CSMAR 数据库中，仅将旧会计准则中的短期投资调整为金融资产，可能会对结果造成一定影响，因此本节进一步将研究样本划分为旧会计准则实施阶段（2001 ~ 2006 年）和新会计准则实施阶段（2007 ~ 2012 年）两个子样本进行敏感性测试。结果显示所有测试变量的符号在新旧会计准则两阶段均与原文保持一致，仅在显著性水平上略有变化。

上述测试结果表明本节的研究结论基本上是稳健的，假设 H4 - 7 和假设 H4 - 8 进一步得到支持。

## 五、研究结论与未来展望

立足于女性更加风险厌恶的基本特征和高管决策的权变理论，本节研究了女性高管是否影响了企业现金持有以及宏观经济环境在其中发挥的调节作用。结果表明，女性高管显著增加了现金持有量；而当宏观经济环境良好时，女性高管增持现金以满足风险厌恶偏好的程度显著下降，即宏观经济环境调节了女性高管与现金持有之间的正相关关系。本节的研究结果为深入理解女性高管的风险厌恶特征提供了公司层面的经验证据。

本节研究的政策启示可能在于：（1）女性高管在企业经营方面表现出风险厌恶特征，未来在考虑高管团队构成等重要人事决定时，应当结合这一特征进行决策。如当企业面临较大经营风险时，可以考虑适度增加女性高管比例加以应对。（2）高管团队进行决策时必须要考虑到外部环境的影响。本节揭示宏观经济环境会影响到女性高管的现金持有，实际上，我们不仅需要关

---

[①] 在选取 $Ecoe1$ 或 $Ecoe2$ 作为控制变量时，Blau 指数的回归系数在四舍五入后近似相等。

注外部经济环境，还可以进一步将法律风险、投资者保护、行业周期性等一系列外部因素纳入情境决策当中，以增强决策的有效性。

由于受到研究主题和数据制约，本节存在如下局限性：（1）女性高管持有更多现金的真实意图是否是为了降低风险，即企业风险是否确实由此而降低，文章没有进行直接检验。（2）除了宏观经济环境外，其他外部环境因素对女性高管与现金持有之间关系的作用如何，甚至可以进一步扩展至外部环境影响女性高管情境决策的理论构建。（3）当女性高管中包括女性董事长或女性总经理等关键高管时，女性高管对现金持有的影响程度将会如何变化。以上将是本节未来进一步研究的方向。

# 第四节　女性高管与 R&D 投入

高管团队特征对 R&D 投入产生了重要影响。本节以中国 2009～2012 年的上市公司为样本，实证分析了女性高管对 R&D 投入的影响。研究结果揭示，二者之间呈现出显著的负相关关系，即女性高管数目越多、比例越高，公司 R&D 投入越少；进一步的研究表明，女性 CEO 可以显著调节女性高管对 R&D 投入的抑制效应。文章为 R&D 投入的影响因素研究提供了增量的经验证据，同时也丰富了女性高管的经济后果研究。

## 一、引言

党的十八大报告强调科技创新是提高社会生产力和综合国力的战略支撑，必须摆在国家发展全局的核心位置。研究与开发活动（Research and Development，R&D）是企业自主创新的实现路径和提升企业持续竞争力的关键环节。罗默（Romer，1986）较早注意到 R&D 投入对技术进步和经济增长具有显著的促进作用。同时 R&D 活动的风险也为学者所关注。一方面，R&D 活动是持续性投资过程，期间需要巨额资金支持并消耗人力、物力等大量资源，很多企业由于研发投资而造成资金紧张；另一方面，R&D 活动的结果有重大的不确定性，可能以失败告终①，导致前期支出全部或部分成为"沉没成本"。此外，中国目前尚不完善的知识产权保护制度可能增加企业获得研发回报的不确定性。

公司的 R&D 投资决策容易受到多方面因素的影响。近年来，国内外很多学者围绕 R&D 投入的影响因素开展了大量研究。这些因素大体可分为两类，一类为公司外部因素，包括市场结构和行业竞争程度、所在地区的制度环境和政府专项拨款投入、行业特征等；另一类为公司内部因素，诸多学者从企业规模、产权结构、基于内部现金流管理的融资约束等角度进行了研究。近年来，高管背景特征作为公司内部治理的一个方面逐渐受到学术界的关注。巴克（Barker，2002）、刘运国和刘雯（2007）研究了高管任期与 R&D 投入的关系，巴克（2002）的文献还揭示了高管年龄对 R&D 投入的显著影响，即年长的高管更倾向减少 R&D 投入。文芳（2008）以高管团队规模、平均受教育水平、人均任期等团队特征为切入点，实证检验了其对公司 R&D 强度的影响。值得注意的是，性别作为高管背景特征的重要方面及行为研究中探讨管理者行为方式的一个关键视角，其与 R&D 投资强度之间的关系如何，目前鲜有该方面的研究。

随着我国女性社会地位逐步提高，激励女性成长的社会环境日益优化，女性受教育的比例和程度均得到大幅提升，越来越多的女性在企业高管群体中获得了一席之地。京都天华会计师事务所最新公布的 2011 年《国际商业问卷调查报告》显示，在受访企业（包括上市公司和非上市公司）中，女性高管占中国企业管理层的 34%，与 2009 年（31%）和 2007 年（32%）的比例相比，稳步上升。有文献表明，相比男性，女性有明显不同的风险偏好差异，其更倾向于规避风险。斯特金等（Sitkin et al.，1995）构建了管理层风险行为决策模型来刻画管理层对风险的感知，并揭示出管理层对风险偏好程度的区别导致了企业风险行为决策差异。这一观点得到了经验证据的支持，如黄和基斯根（Huang and Kisgen，2012）的经验证据揭示 CFO 为女性时，公司并购频率低等。在创新意识方面，既有研究表明女性对创新活动的积极性不及男性。那么，R&D 作为保持企业持续竞争力的重要活动，女性

---

① 例如，赛诺菲公司研发 Iniparib 药物，成本 5.25 亿美元，以失败告终。葛兰素史克公司研发药物 Darapladib 未获成功，成本 2.46 亿美元（资料来源：Gen 网站，网址：http：//www.genengnews.com/）。

高管的风险规避特征和创新意识较弱的特点是否会影响以及如何影响企业的R&D 投入呢？

　　基于上述分析，本节以中国资本市场 2009～2012 年的上市公司为样本，将性别作为切入点，实证分析女性高管与 R&D 投入之间的关系。本节可能的理论价值体现在以下四个层面：第一，女性高管的经济后果研究逐渐引起了很多学者的重视，但是鲜有文献涉及女性高管与 R&D 投入之间的关系，本节从上述视角丰富了女性高管的相关文献。第二，以往文献大多将女性CEO 和女性普通高管视为同一主体，本节注意到尽管女性高管降低了 R&D投入，但是女性 CEO 调节了上述关系，从而为女性高管的内部层级研究提供了新的视角。第三，以往文献很少从高管性别视角展开 R&D 投入的影响因素研究，本节从上述视角为 R&D 投入的影响因素提供了增量的经验证据。第四，女性高管降低了企业 R&D 投入，但是女性 CEO 抑制了上述效应，一定程度上表明了女性高管的风险厌恶特征，而女性 CEO 未必如此，因此本节有助于深入理解女性的风险厌恶特征。

## 二、理论分析与研究假设

　　企业的成功与否更多地取决于管理决策而非外在因素，由于高管是企业决策的制定者，因此高管的认知基础和价值观等特质是影响战略决策的关键因素。汉布里克和玛森（Hambrick and Mason，1984）提出了高阶理论（Upper Echelons Theory），突出了企业高管人口统计学特征对认知模式的重要影响。该理论认为管理者的价值观和认知与个人特征密切相关，高管的基本特征背景，包括年龄、团队任期、职业背景、教育、性别、种族、社会经济基础等，是形成其认知基础和价值观的重要因素，它们决定了高管在工作中的偏好，从而影响企业战略选择。基于高阶理论，本节着力从性别这一角度出发，考察女性高管对企业的 R&D 投入决策是否产生影响。本节认为，女性高管可能会通过以下两条途径影响企业 R&D 投入。

### （一）女性高管的风险厌恶特征对 R&D 投入的影响分析

　　R&D 活动蕴藏着巨大的风险，该风险既包括企业外部环境的不确定性，也包括企业自身能力的承受性，以及项目技术创新的复杂性所导致 R&D 活动无法实现既定目标的相关后果。此外，与固定资产投资相比，创新等无形资产投资的产出更容易被员工带走从而被竞争对手获得，我国目前尚不完善的产权保护制度背景可能使得上述风险更为突出。

R&D 投入决策是企业管理层对上述风险进行评估后的权衡结果，它受管理者对风险偏爱的影响。诸多文献表明性别与风险偏好紧密相关。巴伯和欧丁（Barber and Odean，2001）、奥尔森和考克斯（Olsen and Cox，2001）研究发现，除去年龄和收入之外，性别是影响投资的重要因素，普通女性会选择风险更低的投资，因为她们相比男性更加厌恶财务风险。伯纳赛克和西维弗（Bernasek and Shwiff，2001）的研究结论支持了上述观点，相比男性，女性对投资的态度相对保守，她们缺乏投资信心并易产生自我怀疑，因而倾向选择风险较低的投资，获得的投资回报也较低。这一内在特质对女性管理者的财务行为产生了重要影响。巴鲁亚等（Barua et al.，2010）就上市公司应计盈余质量和 CFO 性别之间的关系进行了研究，结果发现女性 CFO 在做财务决策时更为谨慎与规避风险，她们所在的公司相比匹配的男性 CFO 公司盈余质量更好。黄和基斯根（Huang and Kisgen，2012）发现 CFO 为女性时，公司债务融资规模较少，并购频率低等。祝继高等（2012）的经验证据表明董事性别对公司投资行为具有影响，在金融危机期间，女性董事比例较高的公司，其投资水平下降更快。

综上所述，大量证据表明女性高管会降低公司对于风险的激进态度，倾向选择更稳健的投资。基于 R&D 活动风险较高，本节认为女性高管的风险厌恶特征将会对 R&D 投入产生抑制效应。

### （二）女性高管的自主创新意识对 R&D 投入的影响分析

高管创新意识的强弱直接影响其 R&D 投入意愿。既有研究揭示在创新活动中女性的参与度低于男性。马里昂等（Mauleòn et al.，2013）以西班牙 1990 ~ 2004 年登记在案的专利为切入点，考察女性创新活动参与度。结果显示，女性对专利的总体贡献度[①]为 9%，女性占发明者总数的比例仅为 14%。缺乏自信、担心失败和将家庭整体利益需要置于个人发展之上是影响女性创

---

① 假定每项专利的所有发明者对该项发明的贡献均等，如一项专利有 n 位发明者参与，则每位发明者的贡献值为 $1/n$。

新行为的重要障碍。此外，有学者注意到女性更愿意选择从事具体的事务性工作，而不倾向于在高科技创新型企业或部门工作。在欧洲，政府研究中心和大学的女性研究人员所占比例为 1/3，工业企业的该比例为 15%，在美国，26% 的研究人员为女性，日本的该项比例仅为 12%。上述现象被学者描述为创新活动中的性别差异（Gender Gap）。基于以上证据可以合理推测，相比男性，女性高管的创新意识较为薄弱，这在一定程度上会削弱企业的自主创新意愿，进而影响企业的 R&D 投入。

通过上述路径分析，本节提出假设 H4－9：

H4－9：限定其他条件，女性高管显著降低了企业 R&D 投入。

### （三）女性 CEO 对女性高管与 R&D 投入关系的调节作用分析

在我国，很多上市公司是由国有企业改制而来的国有控股公司，"所有者缺位"问题根深蒂固，管理层实际上掌握企业的投资决策权，而 CEO（Chief Executive Officer）在企业日常经营管理中的地位最为突出，是公司最为关键的决策制定者，有时甚至可以决定公司中高层管理团队的构成，他们通常具有较强的能力来影响公司的 R&D 投入决策。综观全球，女性管理者进入最高层领导职位的比率远不及男性。2013 年世界 500 强公司中的女性 CEO 为 17 名，其余全部为男性，女性所占比例仅为 3.4%[①]。京都天华会计师事务所在 2011 年对我国受访企业的调查显示，女性担任 CEO 一职的比例为 19%（全球平均水平为 8%）。有学者将上述现象归因为社会中存在着阻碍女性进入最高层领导职位的壁垒，即"玻璃天花板效应"[②]（Galss Ceiling Effect），这意味着女性成长为 CEO 的过程格外艰辛，在此期间会面临比男性更多的障碍，包括以男性为主导的文化和向男性倾斜的公司政策等。作为女性自身而言，则需要丰富胜任 CEO 所必需的直接阅历（Line Experience），弥补自身性格中的短板并最终具备打破"玻璃天花板"的某些特质。那么在此过程中，这部分女性不可避免的要突破对待风险过于保守和自主创新意识较为薄弱的"瓶颈"，否则难以成长为 CEO。

现有经验研究在一定程度上支持了上述观点。欧弗曼和贝尔（Offermann

---

① 资料来源：新浪财经（2013 年 7 月 8 日）。

② "玻璃天花板效应"一词最早出现在 1986 年 3 月 24 日的《华尔街日报》，后被很多学者广泛引用，旨在描述女性进入最高层领导职位的障碍。

and Beil, 1992) 注意到女性领导 (Corporate Leaders) 在工作中形成了男性行为品质，在决策质量和方式上同男性非常接近。卡瓦卡米等 (Kawakami et al., 2000) 的文献认为高层领导角色 (Senior Leadership Roles) 在过去的传统意义上为男性所主导，作者向商界人士进行问卷调查以了解女性领导力，结果显示被调查者认为女性领导需要在工作情境中培养并形成男性行为意识来保证决策的有效性，成为男性化的女性领导者 (Masculine Female Leaders) 才会获得旁人的认可与支持。莫汉等 (Mohan et al., 2004) 考察了 CEO 性别是否会成为影响投行对公司 IPO 定价的因素，通过经验研究来考察被调查者对女性 CEO 风险管控和管理方式的认知。作者向女性 CEO 和参与对上市公司定价的投行发放问卷，反馈结果显示：绝大多数的被调查者认为女性和男性 CEO 在风险偏好和管理特征上并无区别。上述文献表明，女性 CEO 在公司投资决策上未必有较强的厌恶风险的倾向，对待创新的态度较之普通女性高管更为积极。承接假设 H4 - 9 的分析，本节合理预测女性 CEO 可以缓解女性高管对 R&D 投入的敏感性。

基于上述分析，本节提出假设 H4 - 10：

H4 - 10：限定其他条件，女性 CEO 调节了女性高管对 R&D 投入的抑制效应。

## 三、样本选择与研究设计

### (一) 样本选择

本节以 2009 ~ 2012 年的全部 A 股上市公司为初始样本，并按照以下原则进行了筛选：(1) 删除了金融保险业上市公司；(2) 删除了 ST、*ST 等非正常交易状态上市公司；(3) 删除了产权不明确的上市公司；(4) 删除了上市时间不足一年的公司；(5) 删除了各变量数据缺失的上市公司。最终，本节得到 3865 个样本观测值，2009 ~ 2012 年的观测个数分别为：606、778、1027 和 1454。R&D 投入数据来自同花顺数据库，女性高管数据和财务数据来源于深圳国泰安数据库。为了消除极端值可能带来的影响，本节对所有连续变量在 1% 和 99% 分位数进行了 winsorize 处理。

## （二）模型与变量设计

为了检验上文提出的假设 H4 – 9，本节构建如下的检验模型：

$$R\&D = \alpha_0 + \alpha_1 GENDER + \alpha_2 SOE + \alpha_3 MKT + \alpha_4 GROWTH + \alpha_5 SIZE +$$
$$\alpha_6 LEV + \alpha_7 ROA + \alpha_8 AGE + \alpha_9 YEAR + \alpha_{10} INDUS + \varepsilon \qquad (4-10)$$

在模型（4 – 10）中，因变量 $R\&D$ 代表公司的研发投入，本节选用目前常用的两个指标来衡量，分别是 R&D 投入的规模（刘海洋等，2012）和 R&D 投入占总资产的比例（刘运国等，2007；卢馨，2013）。前者反映绝对数额，后者反映相对比例，二者可从不同角度衡量 R&D 投资强度，互为补充。$GENDER$ 代表女性高管，范围包括"董监高"中的所有女性高管，对应模型中的解释变量。本节用女性高管数目 $GNUM$ 和女性高管比例 $GRATIO$ 两个变量分别代入模型进行测试。

模型（4 – 10）中还控制了一些可能会影响 R&D 投入的变量：企业产权性质（吴延兵，2009）；制度环境（李丹蒙，2008），本节以公司所在地区的市场化进程指数作为制度环境的代理变量；成长性、公司规模、资产负债率、资产收益率、上市年龄在内的公司特征变量（刘运国等，2007；卢馨，2013）；行业和年度虚拟变量。各变量的具体定义如表 4 – 20 所示。

表 4 – 20                       变量定义

| 变量类型 | 变量代码 | 变量含义 | 变量取值说明 |
| --- | --- | --- | --- |
| 因变量 | LNRD | 研发投入规模 | 研发投入取自然对数 |
|  | RDRATIO | 研发投入比例 | 研发投入/总资产 |
| 解释变量 | GRATIO | 女性高管比例 | 女性高管人数/高管总人数 |
|  | GNUM | 女性高管数目 | 女性高管人数 |
|  | GCEO | CEO 是否为女性 | 虚拟变量，CEO 若为女性取 1，否则取 0 |
| 控制变量 | SOE | 产权性质 | 虚拟变量，国有企业取 0，否则取 1 |
|  | MKT | 地区的市场化进程指数 | 制度环境变量，取自"政府与市场关系指数"（樊纲等，2009） |
|  | GROWTH | 成长性 | （当年营业收入 – 上年营业收入）/上年营业收入 |

表 4 - 22

## 各主要变量的相关系数

| 变量 | LNRD | RDRATIO | GRATIO | GNUM | GCEO | SOE | MKT | GROWTH | SIZE | LEV | ROA | AGE |
|---|---|---|---|---|---|---|---|---|---|---|---|---|
| LNRD | 1 | 0.6929*** | -0.1516*** | -0.0967*** | -0.0471 | -0.0280 | 0.1395*** | 0.0693*** | 0.3977*** | 0.0295* | 0.1704*** | -0.0418*** |
| RDRATIO | 0.5621*** | 1 | 0.0385** | 0.0067 | 0.0099 | 0.2380*** | 0.2123*** | 0.0380** | -0.2965*** | -0.3365*** | 0.2016*** | -0.3134*** |
| GRATIO | -0.1437*** | 0.0217 | 1 | 0.9415*** | 0.2330*** | 0.2370*** | 0.1376*** | -0.0000 | -0.2643*** | -0.1629*** | 0.0246 | -0.1074*** |
| GNUM | -0.0913*** | 0.0016 | 0.9196*** | 1 | 0.2096*** | 0.1186*** | 0.0756*** | -0.0129 | -0.1383*** | -0.0909*** | 0.0075 | -0.0507*** |
| GCEO | -0.0436*** | 0.0008 | 0.2551*** | 0.2204*** | 1 | 0.0945*** | 0.0078 | 0.0005 | -0.0892*** | -0.0485*** | 0.0018 | -0.0608*** |
| SOE | -0.0284* | 0.1925*** | 0.2361*** | 0.1043*** | 0.0945*** | 1 | 0.2857*** | 0.0137 | -0.3602*** | -0.3321*** | 0.1482*** | -0.4514*** |
| MKT | 0.1416*** | 0.1770*** | 0.1318*** | 0.0688*** | 0.0028 | 0.2769*** | 1 | -0.0083 | -0.0923*** | -0.1195*** | 0.0876*** | -0.1518*** |
| GROWTH | 0.0638*** | 0.0271* | -0.0084 | -0.0176 | -0.0036 | -0.0021 | -0.0084 | 1 | 0.0546*** | 0.0033 | 0.3571*** | -0.1045*** |
| SIZE | 0.4111*** | -0.2468*** | -0.2715*** | -0.1430*** | -0.0933*** | -0.3690*** | -0.0906*** | 0.0727*** | 1 | 0.4989*** | -0.0095 | 0.3586*** |
| LEV | 0.0136 | -0.2897*** | -0.1658*** | -0.0836*** | -0.0488*** | -0.3362*** | -0.1264*** | -0.0421*** | 0.4837*** | 1 | -0.4159*** | 0.3760*** |
| ROA | 0.1609*** | 0.1543*** | 0.0205 | 0.0006 | 0.0143 | 0.1219*** | 0.0689*** | 0.2705*** | 0.0187 | -0.3947*** | 1 | -0.1912*** |
| AGE | -0.0599*** | -0.2702*** | -0.0949*** | -0.0320** | -0.0577*** | -0.4461*** | -0.1459*** | -0.0676*** | 0.3030*** | 0.3674*** | -0.1419*** | 1 |

注：表中上半角为 Spearman 相关系数，下半角为 Pearson 相关系数，***、**、* 分别代表在 1%、5%、10% 水平上显著（双尾检验）。

### （二）多元回归结果分析

1. 女性高管与公司 R&D 投入：假设 H4 - 9 的检验

表 4 - 23 报告了女性高管与公司 R&D 投入之间关系的 OLS 多元回归分析结果。Panel A 和 Panel B 分别对应的因变量度量指标为研发投入规模 $LNRD$ 和研发投入比例 $RDRATIO$，其中第（1）列和第（3）列对应的测试变量为女性高管比例 $GRATIO$，第（2）列和第（4）列对应的测试变量为女性高管数目 $GNUM$。各模型均在 1% 水平上显著，说明模型整体上有意义。

表 4 - 23　　　　　　　　　　　女性高管与 R&D 投入

| 变量 | Panel A：因变量度量指标 = $LNRD$ | | | | Panel B：因变量度量指标 = $RDRATIO$ | | | |
|---|---|---|---|---|---|---|---|---|
| | (1) | | (2) | | (3) | | (4) | |
| | 系数 | T 值 | 系数 | T 值 | 系数 | T 值 | 系数 | T 值 |
| $C$ | - 1.4287 *** | - 2.7926 | - 1.6432 *** | - 3.2442 | 0.0523 *** | 9.5794 | 0.0491 *** | 9.0802 |
| $GRATIO$ | - 1.0793 *** | - 4.7934 | — | — | - 0.0152 *** | - 6.3381 | — | — |
| $GNUM$ | — | — | - 0.0480 *** | - 3.8938 | — | — | - 0.0007 *** | - 4.9802 |
| $SOE$ | - 0.1037 ** | - 1.9955 | - 0.1277 ** | - 2.4710 | - 0.0016 *** | - 2.8016 | - 0.0019 *** | - 3.4332 |
| $MKT$ | 0.1248 *** | 11.1219 | 0.1229 *** | 10.9555 | 0.0009 *** | 7.3758 | 0.0009 *** | 7.1433 |
| $GROWTH$ | 0.0505 | 0.7491 | 0.0490 | 0.7262 | 0.0002 | 0.2662 | 0.0002 | 0.2370 |
| $SIZE$ | 0.7752 *** | 33.6593 | 0.7850 *** | 34.3727 | - 0.0020 *** | - 7.9474 | - 0.0018 *** | - 7.4223 |
| $LEV$ | - 0.5365 *** | - 3.6588 | - 0.5271 *** | - 3.5911 | - 0.0022 | - 1.3914 | - 0.0020 | - 1.3069 |
| $ROA$ | 3.4701 *** | 8.1211 | 3.4823 *** | 8.1401 | 0.0395 *** | 8.6569 | 0.0396 *** | 8.6725 |
| $AGE$ | - 0.0443 *** | - 9.1891 | - 0.0447 *** | - 9.2560 | - 0.0005 *** | - 10.5155 | - 0.0005 *** | - 10.5962 |
| $YEAR$ | 控制 | | 控制 | | 控制 | | 控制 | |
| $INDUS$ | 控制 | | 控制 | | 控制 | | 控制 | |
| Adj $R^2$ | 0.4257 | | 0.4245 | | 0.2998 | | 0.2930 | |
| F 值 | 131.1776 | | 130.5592 | | 74.7626 | | 73.7752 | |
| P | 0.0000 | | 0.0000 | | 0.0000 | | 0.0000 | |

注：*** 、** 和 * 分别代表在 1% 、5% 、10% 水平上显著（双尾检验）。

表 4 - 23 的 Panel A 第（1）列揭示，$LNRD$ 与 $GRATIO$ 在 1% 水平上显著负相关（系数 = - 1.0793，T 值 = - 4.7934），第（2）列揭示，$LNRD$

因可能在于：女性 CEO 在成长过程中努力克服构成自身短板的行为特征，矫正了过度规避风险和自主创新意识较为薄弱的特点，因而对 R&D 投资的态度更趋积极。

3. 稳健性测试

为了检验结论的可靠性，本节进行了以下稳健性测试（限于篇幅，具体结果未列出）：

（1）采用女性高管存在与否的虚拟变量 GDUM 重复表 4 - 23 的研究，回归结果显示：① LNRD 与 GDUM 在 1% 水平上显著负相关（系数 = - 0. 2461，T 值 = - 3. 3086）；② RDRATIO 与 GDUM 在 1% 水平上显著负相关（系数 = - 0. 0024，T 值 = - 3. 0454）。该证据支持了本节的假设 H4 - 9，即女性高管显著降低了企业 R&D 投入[①]。

（2）采用女性董事数量 GDNUM 和女性董事比例 GDRATIO 作为女性高管的测试变量。

①用女性董事数量 GDNUM 解释女性高管。LNRD 与 GDNUM 在 1% 水平上显著负相关（系数 = - 0. 0589，T 值 = - 3. 0743），说明每增加一位女性董事，研发投入的规模会降低 5. 89%，RDRATIO 与 GDNUM 在 1% 水平上显著负相关（系数 = - 0. 0011，T 值 = - 5. 6158），表明每增加一位女性董事，研发投入占总资产的比重会降低 0. 11%。上述结果支持了本节的假设 H4 - 9。LNRD 与 GDNUM × GCEO 正相关，但不显著（系数 = 0. 0921，T 值 = 1. 2721），RDRATIO 与 GDNUM × GCEO 正相关，但不显著（系数 = 0. 0006，T 值 = 0. 8385），该结果支持了本节的假设 H4 - 10。

②用女性董事比例 GDRATIO 解释女性高管。LNRD 与 GDRATIO 在 1% 水平上显著负相关（系数 = - 0. 5854，T 值 = - 2. 9949），说明女性董事比例每增加 1%，研发投入的规模会降低 58. 54%，RDRATIO 与 GDRATIO 在 1% 水平上显著负相关（系数 = - 0. 0116，T 值 = - 5. 5695），表明女性董事比例每增加 1%，研发投入占总资产的比重会降低 1. 16%。上述结果支持了本节的假设 H4 - 9。LNRD 与 GDRATIO × GCEO 正相关，但不显著（系数 = 1. 0072，T 值 = 1. 3069），RDRATIO 与 GDRATIO × GCEO 正相关，但不显著

---

① 因 GDUM 与 GCEO 高度相关，如果二者交乘则为奇异矩阵，无法进行回归分析，因此本书未对假设 H4 - 10 进行敏感性检验。

（系数 = 0.0075，T 值 = 0.9134），该结果支持了本节的假设 H4 - 10。

（3）在模型（4 - 10）基础上，将董事长是否为女性的虚拟变量 *GC-DUM* 作为调节变量，并加入其与女性高管 *GENDER* 的交乘项进行 OLS 回归分析，以观察女性董事长是否可以调节女性高管对 R&D 投入的抑制效应。①因变量度量指标为 *LNRD*，回归结果显示：*GRATIO × GCDUM* 的系数为负，不显著（系数 = - 0.4307，T 值 = - 0.3696），*GNUM × GCDUM* 的系数为正，不显著（系数 = 0.0003，T 值 = 0.0042）。②因变量度量指标为 *RDRATIO*，回归结果显示：*GRATIO × GCDUM* 的系数为负，不显著（系数 = - 0.0064，T 值 = - 0.5184），*GNUM × GCDUM* 的系数为负，不显著（系数 = - 0.0002，T 值 = - 0.2234）。

该结果表明，女性董事长不能调节普通女性高管对 R&D 投入的抑制相应。原因可能在于：董事长并不负责企业的日常经营，企业由 CEO 进行管理和运营并对战略决策负有根本责任。

## 五、研究结论与启示

当今社会，女性高管对企业的发展产生重要影响。鉴于此，本节以我国 2009 ~ 2012 年的上市公司为样本，将性别作为切入点，考察了女性高管是否会影响企业的 R&D 投入。研究结果显示，性别是潜在的影响 R&D 投资决策的重要因素。相比男性，女性高管更加厌恶风险，对创新的态度较为保守，她们显著降低了企业 R&D 投入，表现出对 R&D 投资强烈的敏感性。女性 CEO 和普通女性高管相比在风险倾向上有所区别，前者接受创新研发的态度也更为积极，女性 CEO 调节了女性高管对 R&D 投入的抑制效应。这表明：女性 CEO 在成长过程中所逐步培养并形成的一些行为意识已经突破了自身性别的束缚，本节的发现为行为财务研究提供了新的经验证据。

本节的研究具有一定启示。其一，成长型企业可能需要谨慎引入女性高管。成长型企业的竞争优势来源于技术创新，在熊彼特（1912）所阐述的竞争环境中，企业的持续成长以不断创新并促使创新有利可图为基础。女性高管在 R&D 投资决策上过于保守的态度可能会导致企业丧失成长机会。其二，我国上市公司要注重提高女性高管的创新意识，完善公司 R&D 活动的风险应对机制，使得女性高管可以更为大胆地进行 R&D 投资，通过创新保持企业的持续竞争优势。其三，目前我国的女性 CEO 仍旧较少，企业在培养女性高管的同时，要逐渐形成培养女性 CEO 的渠道，鼓励女性担任实质性领导职务。当然，R&D 活动只是企业行为的一个方面，女性高管对企业的影响涉及诸多方面，未来可以进一步研究女性高管的年龄、教育背景等个人特征对企业投资行为的影响。

# 第五章

# 女性高管与公司业绩

## 第一节　女性董事、制度环境与民营企业价值

在民营企业中，女性董事已经成为一种普遍现象。本节以 2000～2009 年的中国证券市场 A 股民营上市公司为研究样本，实证分析女性董事是否有利于提升企业价值。研究结果发现，女性董事对企业价值产生了显著的正面影响，而在市场化进程较快、制度环境良好的地区，女性董事对于企业价值的提升作用明显下降，表明女性董事和外部制度环境之间呈现替代关系。进一步采用 2SLS 控制内生性问题后，研究结论没有改变。本节为女性董事的经济后果提供了增量的经验证据，拓展了董事会结构与企业价值的关系研究。

### 一、引言

自古以来，中国人信奉"女子无才便是德"、"贤妻良母"等传统信条，女子往往被更多的定位于家庭角色，其社会角色没有受到足够的重视。随着新中国的成立特别是改革开放以来，越来越多的女性参与到经济建设中来，在促进国民经济健康有序增长中发挥着越来越重要的作用。数据显示，中国女性企业家占企业家总数的 20%，但他们所控制的企业中 98% 处于盈利状态，远低于工业企业的平均亏损率（王旭和邓胜梁，2011）。2011 年胡润女富豪榜（详见 http：//www.hurun.net/zhcn/NewsShow.aspx？nid=156）显

示，中国女富豪上榜的比例已经达到 15.5%，且全球最成功的女企业家中，中国所占的比例已经高达 2/3。相关的研究文献已经逐渐注意到女性在企业的经营管理上与男性存在系统化的差异，如女性更加厌恶风险（Martin et al.，2009），监督动机更强（Adams and Ferreira，2009；Gul et al.，2011）。我国幅员辽阔，不同地区之间的制度环境存在很大差异（樊纲等，2010），制度环境的差异会对公司治理结构的形成产生重要影响（夏立军和陈信元，2007）。在中国，与国外有所不同，女性董事更多地体现出政府主导的特征[①]，各级政府积极推动女性在经济建设中发挥重要作用，如《中国妇女发展纲要（2001~2010）》要求"结合建立现代企业制度的实践，注意培养和发现高层次的女性管理人才"。在政府的政策推动下，这一政策的效果如何一直缺乏经验证据的相关支持，因此进行深入的理论分析和实证检验显得很有必要。且在中国内部，不同地区之间的经济发展、市场化进程等均呈现出较大差异（樊纲等，2010；夏立军和陈信元，2007），以前的文献大多关注到不同国家之间的制度环境差异可能造成的影响（La Porta et al.，1998），而在一个国家内部不同的制度环境会对女性董事与企业价值之间的关系造成何种影响亦是值得关注的重要理论问题。

本节以 2000~2009 年的中国资本市场 A 股民营上市公司为研究样本，从女性董事比例和人数两个维度实证考察了女性董事对于企业价值的影响。研究结果发现，女性董事显著提升了企业价值，且在制度环境良好、市场化进程较快地区，女性董事对于企业价值的正面影响作用显著下降。由于女性董事与企业价值之间可能存在内生性关系，本节进一步采用两阶段最小二乘数法（简称"2SLS"）控制内生性问题后，研究结论基本没有改变。

本研究相较于之前文献可能的贡献之处在于：（1）董事会结构与公司价值之间的关系一直深受理论界和实务界的广泛关注（Klein，1998；白重恩等，2005），女性董事（包括比例和人数）是董事会结构的重要方面，从这一维度展开研究拓展和丰富了董事会结构与公司价值关系的相关文献。（2）现有的文献表明，制度环境与公司治理机制之间存在两种关系：替

---

① 在民营企业，尽管女性董事由于政府干预因素出现的可能性小于国有企业，但是不可否认的是通常情况下民营企业同样受到了政府相关决策的显著影响。林毅夫和李志（2004）、郭剑花和杜兴强（2011）均发现民营企业与国有企业一样承担了政策性负担、受到预算软约束的影响。

代性假说与后果假说（陈胜蓝和魏明海，2006；修宗峰，2009），本节的实证研究结果支持了替代性假说，有助于增进对制度环境与公司内部治理机制之间关系的理解。（3）我国各级政府机关和相关机构正在积极推进女性地位提升、鼓励女性在经济建设中发挥更为重要的作用，而这一政策的效果如何一直缺乏较为系统的经验检验，我们的研究可以为评价相关政策的实施效果提供一定的理论依据。

## 二、文献综述、理论分析与研究假设

### （一）文献综述

女性董事与企业价值的研究在国外颇受理论界的重视，围绕二者关系展开研究的文献一直是女性高管领域研究的核心问题之一。基本上，可以将女性董事与企业价值之间关系的研究结果分为四种类型：正面影响、负面影响、无影响和不确定性影响。大多数经验证据支持了女性董事的正面影响。如卡特等（Carter et al.，2003）和埃哈特等（Erhardt et al.，2003）的研究结果表明女性董事比例与公司价值呈现显著的正相关关系。丁和查罗恩沃恩（Ding and Charoenwong，2004）应用事件研究法对任命女性董事进行分析，结果发现在任命公告发布的两天内股票价格上涨 2.3%，且任命女性 CEO 时正面市场反应进一步增强。卡特里斯特（Catalyst，2010）研究发现女性董事与公司业绩显著正相关，表现净资产收益率（ROE）、销售收益率（ROS）和投资收益率（ROS）分别上升 53%、42% 和 66%。也有相当一部分文献表明女性董事会对企业价值产生负面影响。如李和詹姆斯（Lee and James，2007）分析在美国任命女性 CEO 的市场反应，研究表明与任命男性 CEO 相比，任命女性 CEO 的负面市场反应更加显著，且内部提拔的负面市场反应相对较小。亚当斯和费雷拉（Adams and Ferreira，2009）研究发现女性董事对业绩产生了负面影响，不完善的公司治理会降低这一负面影响，作者认为女性董事的过度监管可能是其中的重要原因（Almazan and Suarez，2003）。女性董事经常被认为是用来装点门面（Tokenism），部分文献研究发现支持了这一观点。如罗斯（Rose，2007）以丹麦上市公司为样本，实证结果表明女性董事与企业价值之间没有呈现出显著关系。弗朗科尔等（Francoeur et al.，2008）分析了女性是否加入董事会以及如何提高企业的财务绩效。研究结果显示当将女性董事单独或与女性高管联合进行考查时，并没有产生超额市场收益。换言之，女性董事没有促进经济绩效的提高，作者认为经理层和治理系统中的女性已经产生了足够的价值而使得女性董事的业绩提升作用难以发挥。此外，女性董事对于企业价值的影响可能具有不确定性。如克拉维茨（Kravitz，2003）认为当团队任务复杂且富于创造性时，性别多样性是有益的，而当任务简单、结构化时，性别多样性阻碍了业绩的提升。阿里等（Ali et al.，2009）注意到行业可能是导致女性董事对公司价值影响研究结论不一致的重要因素，作者据此比较了制造业和服务业女性董事所表现出的差异，研究结果显示在制造业女性董事对公司业绩主要是损害作用，而在服务业则表现为提升作用。

在国内，直接检验女性董事对于公司价值影响的研究文献并不多见。仅任颐和王峥（2010）以 2008 年中国民营上市公司为研究对象，检验了女性参与高管团队对企业绩效的影响。结果表明女性高管显著提升了企业绩效，且女性高管的提升作用会因其人力资本和社会资本的提高而增强。

女性董事作为企业公司治理体系的重要组成部分，其与企业价值的关系如何至今尚无定论，尤其是应用中国数据作为样本展开的实证研究更为少见，因此进行深入的理论分析和实证检验显得很有必要。本节与任颐和王峥（2010）的研究不同之处在于，他们主要关注于女性高管与企业绩效之间的关系，而本节的研究则将立足点聚焦于女性董事，董事与其他类型高管相比较而言主要履行监督功能，分析更具针对性，且主要考察女性董事对于企业价值的影响。

### （二）理论分析与研究假设

法玛和詹森（Fama and Jensen，1983）认为董事会是控制和监督经理人员的重要机制安排之一，独立性是其有效运行中至关重要的环节，原因在于独立董事有建立良好声誉的激励，而多元化的董事会（女性董事）由于背景的不同加强了董事会的活跃性（Carter et al.，2003）利于增进董事会的独立性，女性董事在监督中投入了更多的精力（Adams and Ferreira，2009），从而董事会的监督效率得以提高（Higgs，2003）。

资源依赖理论（Pfeffer，1972；Pfeffer Salancik，1978）认为组织依赖于

控制重要资源的外部环境，董事会是联系公司与外部资源的重要机制之一，多元化的董事会（女性董事）能为企业提供更为有价值的资源。女性董事的加入有助于克服领导层的同质性而导致视野狭隘问题，帮助领导层更好地理解环境的复杂性和进行更精明决策，因为女性更了解消费者的行为、需求及满足这些需求的机会（Brennan and McCafferty，1997），有利于促进对市场的理解。

综上所述，女性董事提高了董事会的监督效率，为企业提供了难以替代的宝贵资源，有利于企业更好地把握市场。因此，提出如下的假设 H5-1：

H5-1：限定其他条件，女性董事显著提升了企业价值。

制度环境是外部公司治理机制的重要组成部分，较多的研究表明制度环境与内部公司治理之间呈现出替代性关系。如拉波塔等（La Porta et al.，1998）发现一个国家或地区的投资者保护水平越低，则股权结构将会因此而更加集中，换言之，股权集中作为替代机制，可以补偿投资者保护较弱带来的负面效应，拉波塔等（1999，2000）、伯巴克里等（Boubakri et al.，2005）提供的经验证据进一步支持了上述观点。在国内，陈胜蓝和魏明海（2006）的研究发现在投资者保护较差的地区，作为广义公司治理系统重要组成部分的财务会计信息是弱投资者保护水平所造成负面影响的重要替代机制。吴等（Wu et al.，2009）以中国的法律法规变迁构建1992~2003年的投资者保护指数、并以上市公司数据展开实证分析，研究结果表明在民营上市公司中投资者保护水平与股权集中度之间呈现出替代效应。

承接假设 H5-1 的理论分析，女性董事可以提高董事会运行的有效性，改进了公司治理水平。亚当斯和费雷拉（Adams and Ferreira，2009）的研究表明女性董事与公司治理体系（制度环境是公司外部治理体系的重要组成部分）间呈现替代关系，而当上市公司处于制度环境较好、外部治理较为完善的地区时，可以合理预期女性董事的公司治理功能有所减弱，从而提升企业价值的正面影响降低。综上所述，提出假设 H5-2：

H5-2：限定其他条件，在制度环境较好地区，女性董事对于公司价值的正面影响显著降低。

## 三、样本选择与研究设计

### （一）样本选择

本节选择 2000～2009 年的全部 A 股民营上市公司作为初始样本[①]，之所以选择民营上市公司作为研究样本，是为了保证公司的女性董事是由企业为了需要积极主动设置的，而非政府通过国有企业强加的[②]。在样本选择过程中，按照如下顺序进行了筛选：（1）由于会计准则上的差异，剔除了金融行业（中国证监会行业代码 I）的上市公司；（2）剔除了 ST、* ST 等非正常交易状态的上市公司；（3）由于监管环境上的差异和计算公司价值托宾 Q 的需要，剔除了交叉上市公司；（4）剔除了财务杠杆大于 1 的上市公司；（5）剔除了数据缺失的上市公司。最终，得到 3197 个样本观测值，其中 2000～2009 年的样本观测值个数分别为 133、151、197、248、321、280、362、424、499 和 582。企业性质数据来自于北京大学中国经济研究中心和色诺芬公司联合开发的中国经济金融数据库，女性董事数据系对 CSMAR 数据库的高管简历数据进行手工处理而得，其余数据来自 RESSET 数据库。为了消除极端值可能带来的影响，对所有连续变量在 1% 和 99% 分位数进行了 winsorize 处理。

### （二）研究设计

为了检验本节的假设 H5-1，构建了模型（5-1）：

$$TQ(AJTQ) = \alpha_0 + \alpha_1 FEMALE + \alpha_2 FIRST + \alpha_3 BS + \alpha_4 DUAL + \alpha_5 SIZE +$$
$$\alpha_6 LEV + \alpha_7 ROA + \lambda INDUS + \delta YEAR + \varepsilon \quad\quad (5-1)$$

在模型（5-1）中，TQ 代表公司价值，参照汪辉（2003）、夏立军和

---

[①] 在进一步的测试中，在国有企业中，女性董事比例 FR、女性董事人数 FNUM，以及它们与制度环境 MKT 的交乘项（包括 FR × MKT 和 FNUM × MKT）均不显著。正如正文中所陈述，国有企业中的女性董事可能更多地体现为政府积极推动的结果，难以发挥作用。限于文章的研究主题，因此在文中仅选择民营企业为样本进行汇报。

[②] 如《中国妇女发展纲要（2001～2010）》要求"结合建立现代企业制度的实践，注意培养和发现高层次的女性管理人才。国有企业要积极探索在企业董事会、监事会、经理等决策、管理层发挥妇女民主参与的新形式，提高企业领导班子成员中的女性比例"。

方秩强（2005）的计算方法，等于（每股年末收盘价＊流通股股数＋每股净资产×非流通股股数＋负债账面价值）/总资产。由于在本节的研究区间内，中国股市经历了牛市和熊市的交往更替，为了减弱市场因素可能带来的影响，本节进一步采用经年度行业中位数调整的托宾 Q（AJTQ）进行了补充测试。FEMALE 代表女性董事，本节从两个维度进行测度，分别是女性董事占董事会总人数的比例（FR）和女性董事人数（FNUM）。此外，本节进一步控制了相关的公司治理变量（FIRST、BS 和 DUAL）、公司特征变量（SIZE、LEV 和 ROA）、行业和年度，具体变量定义如表 5 − 1 所示。

表 5 − 1　　　　　　　　　　　　　　变量定义

| 变量 | 简写 | 定义 |
| --- | --- | --- |
| 企业价值 | TQ | （年末每股价格×流通股数＋每股净资产×非流通股股数＋负债账面价值）/总资产 |
| 调整的企业价值 | AJTQ | 经年度行业中位数调整的托宾 Q |
| 女性董事比例 | FR | 女性董事占董事会总人数的比例 |
| 女性董事人数 | FNUM | 女性董事人数 |
| 制度环境 | MKT | 若公司注册地市场化程度超过中位数，赋值为 1，否则 0 |
| 股权结构 | FIRST | 第一大股东持股/总股数 |
| 董事会规模 | BS | 董事会总人数的自然对数 |
| 两职合一 | DUAL | 如果董事长和总经理两职合一，赋值为 1，否则 0 |
| 公司规模 | SIZE | 期末总资产的自然对数 |
| 财务杠杆 | LEV | 期末总负债/期末总资产 |
| 盈利能力 | ROA | 净利润/期末总资产 |
| 行业 | INDUS | 依据中国证监会规定，涉及 12 个行业，设置 11 个哑变量 |
| 年度 | YEAR | 涉及 10 个年度，设置 9 个哑变量 |

在模型（5 − 1）的基础上，进一步放入制度环境 MKT 以及其与女性董事 FEMALE 的交乘项，构建模型（5 − 2）：

$$TQ(AJTQ) = \alpha_0 + \alpha_1 FEMALE + \beta_1 MKT + \beta_2 MKT \times FEMALE + \alpha_2 FIRST +$$
$$\alpha_3 BS + \alpha_4 DUAL + \alpha_5 SIZE + \alpha_6 LEV + \alpha_7 ROA +$$
$$\lambda INDUS + \delta YEAR + \varepsilon \qquad\qquad (5-2)$$

其中，制度环境 MKT 参考樊纲等（2010）设计的地区市场化进程指数，本节对上市公司的制度环境赋值为注册地所在省份的市场化进程指数①，参照余明桂和潘红波（2008）的处理方法，当上市公司所在地区的制度环境超过中位数时，赋值为1，低于中位数时，赋值为0。依据假设 H5 - 2，预期系数 $\beta_2$ 小于 0。

## 四、实证研究结果

### （一）描述性统计与相关性分析

具体的各变量描述性统计如表 5 - 2 所示。*TQ* 的 25% 分位数值为 1.2473，表明在研究区间内，绝大多数（超过 75%）的上市公司市场价值超过其账面价值。*AJTQ* 的标准差等于 1.1319，是其平均值的 2 倍以上，表明不同年度和公司之间调整后的企业价值波动较为明显。在民营上市公司中，大约有 12.33% 的女性董事，每家平均人数略超过 1 人（均值 1.1999）。第一大股东持股比例平均值为 33.34%，"一股独大"的现象仍然较为突出。董事会平均大约有 8.81 人（等于 $e^{2.1756}$），由董事会规模的 50% 和 75% 分位数均为 2.1972 可知，超过 25% 的上市公司董事会由 9 名成员组成（等于 $e^{2.1972}$）。资产收益率的平均值等于 0.0381，标准差是平均值的 1.5 倍，表明在不同上市公司之间经营业绩存在较大差异。

表 5 - 2　　　　　　　　　　描述性统计结果

| 变量 | 观测值 | 均值 | 标准偏差 | 最小值 | 25% 分位 | 中位数 | 75% 分位 | 最大值 |
|---|---|---|---|---|---|---|---|---|
| *TQ* | 3197 | 2.2503 | 1.4719 | 0.9337 | 1.2473 | 1.7077 | 2.7100 | 8.8204 |
| *AJTQ* | 3197 | 0.4418 | 1.1319 | - 1.2902 | - 0.1227 | 0.0872 | 0.6500 | 6.0123 |
| *FR* | 3197 | 0.1233 | 0.1125 | 0.000 | 0.0000 | 0.1000 | 0.2000 | 0.6250 |
| *FNUM* | 3197 | 1.1999 | 1.0957 | 0.0000 | 0.0000 | 1.0000 | 2.0000 | 6.0000 |
| *MKT* | 3197 | 0.4967 | 0.5001 | 0.0000 | 0.0000 | 0.0000 | 1.0000 | 1.0000 |
| *FIRST* | 3197 | 0.3334 | 0.1389 | 0.0886 | 0.2270 | 0.2976 | 0.4254 | 0.7091 |
| *BS* | 3197 | 2.1756 | 0.2207 | 1.6094 | 2.0974 | 2.1972 | 2.1972 | 2.7081 |
| *DUAL* | 3197 | 0.1570 | 0.3639 | 0.0000 | 0.0000 | 0.0000 | 0.0000 | 1.0000 |

① 樊纲等（2010）没有提供各地区 2008～2009 年的市场化指数，由于不同地区各年之间变化不大，本书对 2008 年和 2009 年各地区的市场化指数以 2007 年该地区的市场化指数作近似替代。

续表

| 变量 | 观测值 | 均值 | 标准偏差 | 最小值 | 25%分位 | 中位数 | 75%分位 | 最大值 |
|---|---|---|---|---|---|---|---|---|
| *SIZE* | 3197 | 21.0057 | 0.8421 | 19.2537 | 20.4128 | 20.9227 | 21.5401 | 23.2782 |
| *LEV* | 3197 | 0.4575 | 0.1824 | 0.0767 | 0.3229 | 0.4671 | 0.5947 | 0.8519 |
| *ROA* | 3197 | 0.0381 | 0.0570 | -0.2190 | 0.0154 | 0.0399 | 0.0667 | 0.1835 |

　　表5-3进一步列示了女性董事比例和女性董事人数2000~2009年分布的详细情况。在2000~2009年（见 Panel A），女性董事占比平均值均超过了10%，2006年以后，女性董事的平均值和中位数较以前年度均经历了小幅增长，表现为平均值大于12%，中位数超过10%。如Panel B所示，接近30%的民营上市公司没有女性董事，在有女性董事的公司中，拥有1名的公司所占比例最高，占到公司总数的37.41%，其次是包含2名女性董事会成员，所占比例为20.33%，3名及以上女性董事的上市公司较少，比例之和仅为12.52%。

**表5-3　　　　　　　　　女性董事的详细分布**

Panel A：女性董事比例

| 年度 | 2000 | 2001 | 2002 | 2003 | 2004 | 2005 | 2006 | 2007 | 2008 | 2009 |
|---|---|---|---|---|---|---|---|---|---|---|
| 平均值（%） | 0.1057 | 0.1181 | 0.1082 | 0.1090 | 0.1182 | 0.1154 | 0.1223 | 0.1309 | 0.1310 | 0.1349 |
| 中位数（%） | 0.1000 | 0.1000 | 0.1000 | 0.1000 | 0.1000 | 0.1000 | 0.1056 | 0.1111 | 0.1111 | 0.1111 |

Panel B：女性董事人数

| 人数 | 0 | 1 | 2 | 3 | 4 | 5 | 6 |
|---|---|---|---|---|---|---|---|
| 观测值 | 951 | 1196 | 650 | 288 | 88 | 20 | 4 |
| 占比（%） | 29.75 | 37.41 | 20.33 | 9.01 | 2.75 | 0.63 | 0.13 |

　　由表5-4可知，无论是*TQ*还是*AJTQ*均与女性董事（*FR*与*FNUM*）在1%水平上显著正相关，初步支持了假设H5-1。其余各自变量之间相关系数均小于0.40，表明模型不存在严重的多重共线性问题。资产收益率*ROA*与企业价值的相关系数超过0.30，P值低于1%，表明企业的会计业绩信息会反映到市场价值当中。*MKT*与企业价值显著正相关，一定程度上支持了投资者保护会有利于企业价值的提升。上述仅是单变量分析结果，最终的结论有待于下面的多元回归分析。

表 5－4            主要变量间的 **Pearson** 相关系数

| 变量 | TQ | AJTQ | FR | FNUM | MKT | SIZE | LEV | ROA |
|---|---|---|---|---|---|---|---|---|
| TQ | 1 | | | | | | | |
| AJTQ | 0.8862 *** | 1 | | | | | | |
| FR | 0.0867 *** | 0.0828 *** | 1 | | | | | |
| FNUM | 0.0577 *** | 0.0584 *** | 0.9487 *** | 1 | | | | |
| MKT | 0.1346 *** | 0.0581 *** | 0.0285 | 0.0249 | 1 | | | |
| SIZE | − 0.2468 *** | − 0.3428 *** | − 0.0802 *** | − 0.0624 *** | 0.1227 *** | 1 | | |
| LEV | − 0.3377 *** | − 0.3404 *** | − 0.0093 | 0.0196 | − 0.0259 | 0.3641 *** | 1 | |
| ROA | 0.3455 *** | 0.3285 *** | − 0.0118 | − 0.0201 | 0.1414 *** | 0.0575 *** | − 0.4179 *** | 1 |

注：*、**、*** 分别代表在 10%、5%、1% 水平上显著（双尾）。

### （二）制度环境、女性董事与企业价值的多元回归分析

表 5－5 列示了女性董事与企业价值的 OLS 多元回归分析结果，第（1）列和第（2）列对应因变量为 $TQ$，模型的调整 $R^2$ 都超过了 0.50，第（3）列和第（4）列对应因变量 $AJTQ$，模型的调整 $R^2$ 都接近 0.30，所有模型的 F 值均在 1% 水平上显著，模型的总体回归效果良好。

表 5－5           女性董事与企业价值的 **OLS** 回归结果

| 变量 | （1） | | （2） | | （3） | | （4） | |
|---|---|---|---|---|---|---|---|---|
| | 系数 | T 值 | 系数 | T 值 | 系数 | T 值 | 系数 | T 值 |
| C | 12.9678 *** | 25.71 | 13.0656 *** | 26.09 | 10.6687 *** | 21.47 | 10.7552 *** | 21.80 |
| FR | 0.4078 *** | 2.63 | — | — | 0.3593 ** | 2.35 | | |
| FNUM | — | — | 0.0400 ** | 2.48 | — | — | 0.0351 ** | 2.21 |
| FIRST | − 0.0980 | − 0.77 | − 0.0960 | − 0.75 | − 0.0534 | − 0.43 | − 0.0517 | − 0.41 |
| BS | − 0.1248 | − 1.58 | − 0.1664 ** | − 2.06 | − 0.1155 | − 1.48 | − 0.1520 * | − 1.91 |
| DUAL | 0.0728 | 1.53 | 0.0746 | 1.57 | 0.0577 | 1.23 | 0.0594 | 1.27 |
| SIZE | − 0.4962 *** | − 21.04 | − 0.4965 *** | − 21.05 | − 0.4918 *** | − 21.17 | − 0.4920 *** | − 21.17 |
| LEV | − 0.5774 *** | − 4.85 | − 0.5802 *** | − 4.87 | − 0.5113 *** | − 4.36 | − 0.5137 *** | − 4.38 |
| ROA | 5.7505 *** | 16.54 | 5.7460 *** | 16.53 | 5.6186 *** | 16.41 | 5.6146 *** | 16.39 |
| INDUS | 控制 | | 控制 | | 控制 | | 控制 | |
| YEAR | 控制 | | 控制 | | 控制 | | 控制 | |
| NO | 3197 | | 3197 | | 3197 | | 3197 | |
| Adj R² | 0.5726 | | 0.5725 | | 0.2984 | | 0.2982 | |
| F 值（P 值） | 159.5851 (0.0000) | | 159.5182 (0.0000) | | 51.3364 (0.0000) | | 51.3017 (0.0000) | |

注：*、**、*** 分别代表在 10%、5%、1% 水平上显著（双尾）。

表 5 - 5 第（1）列报告了女性董事比例对于企业价值 *TQ* 的影响，结果
表明，女性董事比例与企业价值在 1% 的显著性水平上正相关（系数 =
0.4078，T 值 = 2.63，P 值 = 0.0085），说明女性董事比例越高，企业价值越
大。第（2）列的 FNUM 系数为 0.0400，在 5% 水平上显著为正，研究结果
进一步支持了女性董事促进了企业价值的提升。第（3）列和第（4）列的
研究发现与第（1）列和第（2）列相类似，不再赘述。上述研究发现均支
持了本节的假设 H5 - 1。

在表 5 - 6 中，进一步放入制度环境 *MKT* 及其与女性董事 *FEMALE* 的交
乘项，以观察制度环境对于女性董事与企业价值之间关系的调节作用，第
（1）列和第（2）列对应 *TQ* 的回归结果，第（3）列和第（4）列对应 *AJTQ*
的回归结果。总体上来看，*MKT* × *FR* 和 *MKT* × *FNUM* 项均在 1% 水平上显著
小于 0，假设 H5 - 2 得到了经验证据的支持。上述研究结果表明在制度环境
良好的地区，女性董事对于企业价值的积极影响有所减弱，原因可能在于制
度环境作为一种替代性的外部机制发挥了公司治理作用，从而使得企业价值
提升依赖于女性董事的程度降低。

表 5 - 6　　　　　　女性董事与企业价值：制度环境的调节作用

| 变量 | (1) | | (2) | | (3) | | (4) | |
|---|---|---|---|---|---|---|---|---|
| | 系数 | T 值 | 系数 | T 值 | 系数 | T 值 | 系数 | T 值 |
| *C* | 12.9090 *** | 25.56 | 12.9892 *** | 25.91 | 10.6004 *** | 21.30 | 10.6704 *** | 21.60 |
| *FR* | 0.8646 *** | 3.97 | — | — | 0.7861 *** | 3.66 | — | — |
| *FNUM* | — | — | 0.0893 *** | 4.02 | — | — | 0.0812 *** | 3.71 |
| *MKT* | 0.0536 | 0.99 | 0.0616 | 1.14 | 0.0362 | 0.68 | 0.0438 | 0.82 |
| *MKT* × *FR* | - 0.9117 *** | - 2.98 | — | — | - 0.8517 *** | - 2.83 | — | — |
| *MKT* × *FNUM* | — | — | - 0.1005 *** | - 3.21 | — | — | - 0.0940 *** | - 3.04 |
| *FIRST* | - 0.0934 | - 0.73 | - 0.0925 | - 0.73 | - 0.0471 | - 0.38 | - 0.0464 | - 0.37 |
| *BS* | - 0.1327 * | - 1.67 | - 0.1724 ** | - 2.14 | - 0.1221 | - 1.56 | - 0.1569 ** | - 1.98 |
| *DUAL* | 0.0842 * | 1.76 | 0.0835 * | 1.75 | 0.0697 | 1.48 | 0.0690 | 1.47 |
| *SIZE* | - 0.4959 *** | - 21.04 | - 0.4957 *** | - 21.03 | - 0.4911 *** | - 21.15 | - 0.4909 *** | - 21.14 |
| *LEV* | - 0.5841 *** | - 4.91 | - 0.5847 *** | - 4.92 | - 0.5177 *** | - 4.42 | - 0.5182 *** | - 4.43 |
| *ROA* | 5.7735 *** | 16.55 | 5.7704 *** | 16.54 | 5.6523 *** | 16.44 | 5.6496 *** | 16.44 |

续表

| 变量 | (1) | | (2) | | (3) | | (4) | |
|---|---|---|---|---|---|---|---|---|
| | 系数 | T 值 | 系数 | T 值 | 系数 | T 值 | 系数 | T 值 |
| *INDUS* | 控制 | | 控制 | | 控制 | | 控制 | |
| *YEAR* | 控制 | | 控制 | | 控制 | | 控制 | |
| NO | 3197 | | 3197 | | 3197 | | 3197 | |
| Adj $R^2$ | 0.5738 | | 0.5739 | | 0.3004 | | 0.3006 | |
| F 值（P 值） | 149.3984 (0.0000) | | 149.4524 (0.0000) | | 48.3243 (0.0000) | | 48.3567 (0.0000) | |

注：*、**、*** 分别代表在 10%、5%、1% 水平上显著（双尾）。

在表 5 - 5 和表 5 - 6 的控制变量中，董事会规模与企业价值显著负相关，这与詹森（Jensen，1993）的观点基本一致。公司规模越大，面临的代理问题可能更为严重，降低了企业价值。此外，财务杠杆比率越低，经营绩效越好，企业价值越大。

### （三）基于内生性视角的进一步经验证据

赫玛林和韦斯巴奇（Hermalin and Weisbach，1998，2002）指出董事会构成与公司价值之间可能存在内生性关系[①]，参照亚当斯和费雷拉（Adams and Ferreira，2009）、Gul 等（2011）的处理方法。本节采用两阶段最小二乘数法（2SLS）对模型的内生性予以控制。具体而言，第一步参考希尔曼等（Hillman et al.，2007）的研究，构建女性董事预测模型（5 - 3）。

$$FEMALE = c_0 + c_1ROA + c_2SIZE + c_3GROWTH + c_4AGE + c_5BS + c_6RET + c_7SIGMA + \lambda INDUS + \delta YEAR + \varepsilon \qquad (5-3)$$

其中，*GROWTH* 代表公司成长性，*AGE* 代表上市年限，*RET* 代表年度的平均周收益率，*SIGMA* 代表企业面临的风险环境，用年度周收益率的标准差予以替代，其余的变量定义与表 5 - 1 相同。应用 OLS 回归分析估计出 *FR* 和 *FNUM* 的预测值以后，分别代入模型（5 - 1）和模型（5 - 2）进行回归分析。

如表 5 - 7 所示，由于存在数据缺失，女性董事预测模型的观测值略有

---

① 本书进一步采用 *Hausman* 检验对模型的内生性加以测试，结果分别在 10%（对应 *TQ* 和 *FR*）、5%（对应 *TQ* 和 *FNUM*）、10%（对应 *AJTQ* 和 *FR*）和 5%（对应 *AJTQ* 和 *FNUM*）显著，表明采用 2SLS 控制内生性很有必要。

减少（从 3197 减少至 3169），第（1）列对应女性董事比例（FR）预测模型回归结果，第（2）列对应女性董事人数（FNUM）预测模型回归结果。研究表明公司规模与女性董事显著负相关，而上市的年限越久，女性董事所占比例和人数都越大。当董事会规模越大时，女性董事人数会相应的得以增加。此外，公司的市场收益 RET 越好，面临的市场风险（SIGMA）越大，女性董事越少。

表 5 - 7　　　　　　　　　　　女性董事预测模型回归结果

| 变量 | (1) | | | (2) | | |
|---|---|---|---|---|---|---|
| | 系数 | T 值 | P 值 | 系数 | T 值 | P 值 |
| C | 0.4870 *** | 8.72 | 0.0000 | 2.4287 *** | 4.53 | 0.0000 |
| ROA | 0.0117 | 0.31 | 0.7549 | 0.1430 | 0.40 | 0.6918 |
| SIZE | - 0.0169 *** | - 6.67 | 0.0000 | - 0.1629 *** | - 6.71 | 0.0000 |
| GROWTH | - 0.0025 | - 0.62 | 0.5349 | - 0.0186 | - 0.48 | 0.6325 |
| AGE | 0.0018 *** | 3.16 | 0.0016 | 0.0205 *** | 3.83 | 0.0001 |
| BS | - 0.0074 | - 0.81 | 0.4163 | 0.9772 *** | 11.22 | 0.0000 |
| RET | - 0.3322 * | - 1.68 | 0.0939 | - 3.2915 * | - 1.73 | 0.0841 |
| SIGMA | - 0.1768 ** | - 2.06 | 0.0397 | - 1.8582 ** | - 2.25 | 0.0244 |
| INDUS | 控制 | | | 控制 | | |
| YEAR | 控制 | | | 控制 | | |
| NO | 3169 | | | 3169 | | |
| Adj $R^2$ | 0.0399 | | | 0.0660 | | |
| F 值（P 值） | 5.8773（0.0000） | | | 9.2889（0.0000） | | |

注：*、**、*** 分别代表在 10%、5%、1% 水平上显著（双尾）。

第二阶段的回归结果如表 5 - 8 所示，Panel A 列示了女性董事与企业价值的回归分析结果，Panel B 进一步将制度环境因素纳入多元回归分析，其中第（1）列、第（2）列、第（5）列和第（6）列对应因变量 TQ，第（3）列、第（4）列、第（7）列和第（8）列对应因变量 AJTQ。在第（1）列中，女性董事比例 FR 在 5% 水平上显著为正（系数 = 5.0858，T 值 = 2.04，P 值 = 0.0412），表明在控制了内生性问题后，女性董事仍然显著提升了企业价值，假设 H5 - 1 进一步得到了经验证据的支持。第（2）列、第（3）列和第（4）列女性董事测试变量均显著为正，不再赘述。

表 5-8　　　　　　　　　　基于内生性视角的第二阶段回归分析结果

| 变量 | Panel A：女性董事与企业价值 | | | | Panel B：制度环境、女性董事与企业价值 | | | |
|---|---|---|---|---|---|---|---|---|
| | (1) | (2) | (3) | (4) | (5) | (6) | (7) | (8) |
| C | 10.7838 *** | 12.2329 *** | 8.0661 *** | 9.7258 *** | 10.8077 *** | 12.0046 *** | 8.2122 *** | 9.5689 *** |
| | (8.75) | (18.12) | (6.65) | (14.63) | (8.68) | (17.61) | (6.70) | (14.25) |
| FR | 5.0858 ** | — | 5.9511 ** | — | 5.2591 ** | — | 5.4741 ** | — |
| | (2.04) | | (2.42) | | (1.98) | | (2.09) | |
| FNUM | — | 0.4165 * | — | 0.5050 ** | — | 0.5672 ** | — | 0.5999 *** |
| | | (1.88) | | (2.31) | | (2.42) | | (2.60) |
| MKT | — | — | — | — | 0.0615 | 0.3239 ** | − 0.0673 | 0.2151 |
| | | | | | (0.33) | (2.18) | (− 0.37) | (1.48) |
| MKT × FR | — | — | — | — | − 0.8885 | — | 0.0721 | — |
| | | | | | (− 0.61) | | (0.05) | |
| MKT × FNUM | — | — | — | — | — | − 0.3073 *** | — | − 0.2246 * |
| | | | | | | (− 2.61) | | (− 1.93) |
| FIRST | − 0.0436 | − 0.0460 | 0.0092 | 0.0087 | − 0.0364 | − 0.0281 | 0.0125 | 0.0230 |
| | (− 0.33) | (− 0.35) | (0.07) | (0.07) | (− 0.28) | (− 0.21) | (0.10) | (0.18) |
| BS | − 0.0740 | − 0.5191 ** | − 0.0559 | − 0.5935 *** | − 0.0737 | − 0.5277 ** | − 0.0572 | − 0.5840 *** |
| | (− 0.89) | (− 2.32) | (− 0.68) | (− 2.69) | (− 0.88) | (− 2.34) | (− 0.70) | (− 2.62) |
| DUAL | 0.0842 * | 0.0838 * | 0.0711 | 0.0709 | 0.0880 * | 0.0828 * | 0.0758 | 0.0719 |
| | (1.75) | (1.74) | (1.50) | (1.50) | (1.82) | (1.72) | (1.59) | (1.51) |
| SIZE | − 0.4225 *** | − 0.4399 *** | − 0.4041 *** | − 0.4220 *** | − 0.4252 *** | − 0.4370 *** | − 0.4092 *** | − 0.4214 *** |
| | (9.54) | (− 11.18) | (− 9.27) | (− 10.89) | (− 9.56) | (− 11.07) | (− 9.34) | (− 10.83) |
| LEV | − 0.5845 *** | − 0.5875 *** | − 0.5239 *** | − 0.5281 *** | − 0.5855 *** | − 0.5870 *** | − 0.5231 *** | − 0.5272 *** |
| | (− 4.87) | (− 4.89) | (− 4.44) | (− 4.47) | (− 4.88) | (− 4.89) | (− 4.43) | (− 4.46) |
| ROA | 5.7551 *** | 5.7441 *** | 5.6259 *** | 5.6140 *** | 5.7941 *** | 5.7783 *** | 5.6741 *** | 5.6570 *** |
| | (16.50) | (16.47) | (16.37) | (16.35) | (16.53) | (16.52) | (16.44) | (16.41) |
| INDUS | 控制 | 控制 | 控制 | 控制 | 控制 | 控制 | 控制 | 控制 |
| YEAR | 控制 | 控制 | 控制 | 控制 | 控制 | 控制 | 控制 | 控制 |
| No. | 3169 | 3169 | 3169 | 3169 | 3169 | 3169 | 3169 | 3169 |
| Adj R$^2$ | 0.5684 | 0.5683 | 0.2946 | 0.2945 | 0.5684 | 0.5692 | 0.2947 | 0.2954 |
| F 值 (P 值) | 155.5085 (0.0000) | 155.4530 (0.0000) | 50.0071 (0.0000) | 49.9786 (0.0000) | 144.8508 (0.0000) | 145.3170 (0.0000) | 46.6404 (0.0000) | 46.7974 (0.0000) |

注：* 、** 、*** 分别代表在 10% 、5% 、1% 水平上显著（双尾），括号中报告的是 T 值。

当进一步将女性董事的预测值带入 Panel B 进行回归分析，无论是 *FR* 还是 *FNUM* 项，系数均显著为正，与 Panel A 的发现是一致的。在第（6）列，*MKT* × *FNUM* 项在 1% 水平显著为负（系数 = − 0.3073，T 值 = − 2.61，P 值 = 0.0092），表明在控制内生性以后，制度环境同样降低了女性董事与企业价值之间的相关性。同样，第（5）列中，交乘项系数小于 0，第（8）列中采用 *AJTQ* 后，*MKT* × *FNUM* 交乘项在 10% 水平上显著小于 0（系数 = − 0.2246，T 值 = − 1.93，P 值 = 0.0534），上述结果基本上支持了研究假设 H5 − 2。

此外，所有控制变量的符号及显著性与表 5 − 6、表 5 − 7 的结果基本上保持一致，不再赘述。

### （四）敏感性测试

为了进一步增强研究结论的稳健性，本节进行了以下敏感性测试：

（1）杜兴强和周泽将（2009）认为在我国经理人市场声誉机制未能有效发挥作用的前提下，而独立董事又与企业无太大的利益关系，因此女性独立董事可能难以对企业价值产生影响。遵循上述逻辑，本节仅将女性非独立董事纳入测试范围，重复表 5 − 6 和表 5 − 7 的回归分析。多元回归分析表明，在表 5 − 6 第（1）列 *FR* 项系数为 0.4409，在 5% 水平上显著（T 值 = 2.33，P 值 = 0.0200），第（2）列 *FNUM* 在 5% 水平上显著大于 0（系数 = 0.0434，T 值 = 2.23，P 值 = 0.0261），同样第（3）列 *FR* 项和第（4）列 *FNUM* 分别在 5% 和 10% 水平上显著为正（对应系数分别为 0.3773 和 0.0372，T 值分别为 2.02 和 1.94，P 值等于 0.0433 和 0.0526）。在表 5 − 7 中，第（1）列和（2）列 *MKT* × *FR* 和 *MKT* × *FNUM* 项系数均显著小于 0（相应的系数 = − 0.9104、T 值 = − 2.44、P 值 = 0.0146 和系数 = − 0.1147、T 值 = − 3.03、P 值 = 0.0025），第（3）列和第（4）列交乘项系数分别为 − 0.8724（T 值 = − 2.38，P 值 = 0.0175）和 − 0.1097（T 值 = − 2.94，P 值 = 0.0033）。上述研究结果均表明假设 H5 − 1 和假设 H5 − 2 得到了经验证据的支持。

（2）本节采用樊纲等（2010）所提供的"市场中介组织的发育和法律制度环境"指数作为地区制度环境的替代变量，重复表 5 − 7 的研究，第（1）列 ~ 第（4）列交乘项 *FEMALE* × *MKT* 系数分别等于 − 0.9406（T 值 =

- 3.06，P 值 = 0.0022）、- 0.0988（T 值 = - 3.14，P 值 = 0.0017）、
- 0.8976（T 值 = - 2.97，P 值 = 0.0030）和 - 0.0940（T 值 = - 3.13，P
值 = 0.0024），研究结论没有改变。

### 五、研究结论与进一步的研究方向

本节以中国民营上市公司 2000～2009 年的数据作为研究对象，实证分
析了女性董事对企业价值的影响。无论是采用 OLS 还是 2SLS 回归，研究结
果均表明女性董事显著提升了企业价值，且制度环境与女性董事之间呈现替
代效应，即在市场化进程较快、政府干预较少的地区，公司女性董事与企业
价值的正相关关系有所减弱。研究具有一定的现实意义。研究结果反映出在
民营企业，女性董事是改进和加强公司治理、提升企业价值的重要机制之
一，在制度环境落后的地区女性董事的公司治理功能进一步得以加强。本节
的研究能够帮助投资者更为深入地了解和评价女性董事在公司治理、提升企
业价值中的作用，从而进行合理的投资决策。

由于数据和研究主题的限制，本节的研究存在如下值得改进之处：
（1）董事会主要履行监督功能，而企业高管则负责企业的实际经营管理，
女性董事和女性高管在影响企业价值的程度和方向上是否会因职能差异而
呈现出系统性的差异；（2）董事长和总经理在企业的经营决策中拥有更多
的话语权，那么女性董事长或女性总经理是否对企业价值产生了更为显著
的影响；（3）女性董事显著提升了企业价值，但是本节并没有对女性董事
提升企业价值的路径予以探讨，如女性董事是否改进了公司治理，提高了
董事会的勤勉度。上述问题将是本节未来进一步的研究方向。

## 第二节　女性董事与企业经营业绩：内生性视角

随着女性社会地位的逐步提升，女性董事对企业的经营业绩有何影响日
益引起理论界和实务界的广泛关注。以 2000～2009 年的中国证券市场 A 股
上市公司为研究样本，实证检验了女性董事对于经营业绩的影响。在控制了
女性董事与经营业绩之间的内生性关系后，研究发现总体上女性董事显著降

低了企业的经营业绩；当进一步将女性董事区分为女性非独立董事和女性独立董事后，经验证据显示，女性非独立董事损害了经营业绩，而女性独立董事则有助于经营业绩的提升。无论在国有企业还是民营企业，上述研究结论均成立。我们的研究从女性董事视角为董事会结构与经营业绩之间的关系提供了增量的经验证据。

## 一、引言

女性董事在全世界范围内广泛存在，亚当斯和弗林（Adams and Flynn，2005）的研究表明在美国女性董事大约占到 13.6%，加拿大 11.2%，英国 8.6%，即使经济发展较为落后的南非，女性董事也占到了 7.1% 的比例。在中国，数据显示，女性企业家占企业家总数的 20%，但她们所控制的企业中 98% 处于盈利状态，远低于工业企业的平均亏损率（王旭和邓胜梁，2011）。2011 年胡润女富豪榜显示[①]，中国女富豪上榜的比例已经达到 15.5%，其中在全球 20 位拥有 10 亿美金的白手起家女富豪中，有 11 位来自中国，所占比例超过了一半。女性在国家经济建设中发挥着越来越为重要的作用，《中国妇女发展纲要（2001～2010）》更是要求"结合建立现代企业制度的实践，注意培养和发现高层次的女性管理人才。国有企业要积极探索在企业董事会、监事会、经理等决策、管理层发挥妇女民主参与的新形式，提高企业领导班子成员中的女性比例"。《中国企业家》杂志发布的中国上市公司女性高管 2010 年度报告摘要显示，拥有女性董事的上市公司所占比例已达到上市公司总数的 59.65%，聘任女性独立董事和非独立董事的人数分别为 718 和 814（施星辉和曾兰，2010）。作为上市公司高管人员的重要组成部分，女性董事将会对企业的经营活动及业绩等产生重要影响值得关注。

截至目前，女性董事对于企业的经营业绩产生何种影响尚无一致的研究结论：支持正面影响的经验证据（Carter et al.，2003；Erhardt et al.，2003；Catalyst，2010；Kang et al.，2010）、负面影响的经验证据（Adams and Ferreira，2009；Ahern and Dittmar，2012）兼而有之。造成上述结果的重要原因首先在于模型中可能存在的内生性问题（Adams et al.，2010；Ahern and

---

① 详细报道可参见 http：//www. hurun. net/zhcn/NewsShow. aspx？ nid = 156。

Dittmar，2012）；其次，中国的新兴资本市场和女性传统文化异于西方国家，因此，在这一背景下女性董事对经营业绩影响如何值得我们进行深入研究。基于此，本节以 2000~2009 年的深沪两市全部 A 股上市公司作为样本，应用两阶段最小二乘数法（以下简称"2SLS"）控制研究模型的内生性，研究表明女性董事显著降低了企业的经营业绩，当进一步将董事区分为非独立董事和独立董事两种类型后发现，女性非独立董事对经营业绩产生了显著的、负向的影响，而女性独立董事则具有显著的、正向的影响。

本节研究贡献之处可能在于：（1）尽管哈里根（Harrigan，1981）和泰耶森（Terjesen et al.，2009）注意到区分不同类型和不同职位的女性高管显得很有必要，但是之前涉及女性董事的相关文献大多没有详细区分女性董事的类型（Adams and Ferreira，2009；Ahern and Dittmar，2012），抑或即使区分了女性董事的类型（Gul et al.，2011），但是缺乏深入比较不同类型女性董事之间的异同。本节在前人的研究基础上，将女性董事区分为女性非独立董事和女性独立董事，拓展了女性董事相关的研究文献。（2）董事会结构与经营业绩之间的关系研究历来为理论界和实务界所重视，国内文献大多从董事会的构成特征（于东智，2003）、独立性（王跃堂等，2006）、规模（余怒涛等，2008）等角度展开研究，专门研究女性董事与经营业绩之间关系的文献较为少见，本节丰富和拓展了这一领域的相关研究。（3）模型内生性是困扰董事会结构与经营业绩之间关系研究的重要问题之一（Hermalin and Weisbach，1998；郝云宏和周翼翔，2009；Adams et al.，2010），如何采用有效的计量经济学方法减弱内生性问题带来的影响是研究女性董事能否改善经营业绩这一主题必须考虑的重要方面。之前国内关注于董事会结构和经营业绩关系的文献较少涉及内生性问题，本节采用 2SLS 的方法可以一定程度上控制内生性问题的影响。

## 二、理论分析与假设发展

关于女性董事与经营业绩之间的关系，存在两种截然相反的观点。一种观点认为，女性董事会通过更高的会议出席率和委员会成员任命增强董事决策参与程度，从而使得公司治理体系更加完善，表现在薪酬业绩敏感性增强和权益性激励薪酬（Equity-based Compensation）比例提高等方面

（Adams and Ferreira，2009），而公司治理的完善则有助于企业经营业绩的改善（Hermalin and Weisbach，2003；白重恩等，2005）。此外，女性董事是企业的重要资源（Carter et al.，2010），多元化的董事会（女性董事）会带入新的观点和信息并进而提高董事会讨论的质量（Gul et al.，2011），女性董事更了解消费者的行为、需求及满足这些需求的机会（Kang et al.，2007）。依据资源依赖理论（Pfeffer，1972），女性董事的上述特征无疑会对企业经营业绩提升产生积极影响。另一种观点则认为，少数者（女性董事）会降低团体凝聚力，由于社会隔阂的存在，少数者（女性董事）影响团体决策的可能性降低（Westphal and Milton，2000），甚至可能由于性别多样性增加了内部分歧、限制了董事会的执行力而降低了董事会的有效性（Gul et al.，2011），最终损害了企业经营业绩。李和詹姆斯（Lee and James，2007）认为市场对于任命女性CEO的反应可以间接反映出投资者对于女性CEO与经营业绩之间关系的预测，他们的研究结论显示任命女性CEO与任命男性CEO相比，负面市场反应更加显著。换言之，女性CEO损害了企业价值。

具体到中国的现实情况，我们预期女性董事会对企业经营业绩产生负面影响，主要理由有3个：（1）相对于男性倾向于选择支持自己一贯行为的信息而言，女性更善于处理综合性的信息，某种程度上直接导致了女性更加厌恶风险（Graham et al.，2002）。较多的经验证据揭示并支持了上述观点，如女性在财务决策中更少地投资于风险资产（Jianakoplos and Bernasek，1998）、任命女性CEO后财务风险显著降低（Martin et al.，2009）、女性董事在金融危机期间会通过减少长期借款和投资水平来规避风险（祝继高等，2012）、女性CEO降低了股价崩盘风险（李小荣和刘行，2012）。依据风险和报酬权衡原则，女性董事厌恶风险的特性将会使得公司面临的风险降低，相应地，公司获得的回报因此将相对较低。（2）中国的传统观点往往认为"女子无才便是德"、"贤妻良母"是模范女性的标准，更多的将女性定位于家庭而非社会经济事务，因此女性董事人数和比例长期持续偏低，依据本节的统计，2000～2009年，平均女性董事人数和比例仅为1.06和10.36%，如此少的女性董事难以对董事会的决策产生重要影响。相反，更多可能是出于"装点门面"需要而产生的女性董事（Catalyst，2007），将会由于人口差异而降低团体凝聚力（Westphal and Milton，2000）、可能带来更多的意见分歧①（Gul et al.，2011），内部分歧的增大降低了董事会的运行效率、损害了经营业绩。（3）埃亨和迪特玛（Ahern and Dittmar，2012）发现女性董事更年轻、缺乏经验是导致女性董事有损于公司业绩的重要原因之一，同样，中国的女性董事相对而言更为年轻，依据本节的统计，2000～2009 年男性董事的平均年龄为 47.56 岁，女性董事的平均年龄为 44.74 岁，二者之间差异的检验显示 T 值等于 48.02、在 1% 水平上显著。综上所述，提出如下的假设 H5 - 3：

H5 - 3：限定其他条件，女性董事损害了企业的经营业绩。

在我国企业的董事会中，存在两种类型的董事——独立董事和其他类型董事（统一称之为非独立董事），这两种不同类型董事发挥作用的路径是不完全一致的。

独立董事主要是在声誉机制的约束作用下，更为客观有效地履行监督职能、降低两权分离所导致的代理成本（Fama，1980；Fama and Jensen，1983）。王跃堂等（2006）研究表明我国上市公司的独立董事比例与公司绩效显著正相关，周繁等（2008）的研究则支持了我国独立董事市场声誉机制的有效性。已经有一系列研究表明女性具有以下特征：在财务决策时通常表现出更多的风险厌恶（Jianakoplos and Bernasek，1998；Francis et al.，2009）；男女性由于完全不同的道德发展历程而会表现出对待工作的不同价值倾向，价值倾向反过来会影响到男女性的道德和行为。通常，男性更偏好金钱、提拔、权力和个人表现的有形度量，而女性则更关注和谐的关系和帮助他人（Betz et al.，1989）。女性的上述特征促使女性独立董事通过更加认真负责地工作来降低其面临的风险，更加积极地履行监督职能，从而声誉约束机制作用进一步增强，有利于经营业绩的改善。

而非独立董事则是股东利益在企业中的代表，是确保股东利益实现的重要制度安排。在中国他们往往直接参与企业的经营管理（即内部董事），当非独立董事是女性时，承接假设 H5 - 3 的分析逻辑，年轻②、缺乏经验、经

---

① 有观点认为女性董事可能会调和董事会内部的分歧，本书认为在中国女性董事人数和比例偏低限制了女性董事调和分歧功能的发挥。

② 依据本书的样本统计，男性非独立董事的平均年龄 46.60 岁，女性非独立董事的平均年龄 43.98 岁，T 值等于 44.10、在 1% 水平上显著。

营管理意见分歧的增大和更加厌恶风险无疑会不利于经营业绩的改善，甚至损害了企业的经营业绩。综上所述，提出如下的假设 H5 - 4 和假设 H5 - 5：

H5 - 4：限定其他条件，女性非独立董事损害了企业的经营业绩。

H5 - 5：限定其他条件，女性独立董事提升了企业的经营业绩。

## 三、样本选择与研究设计

### （一）样本选择

本节选择深沪两市的全部 A 股上市公司 2000～2009 年的数据作为初始研究样本，并按照如下顺序进行了剔除：（1）由于会计准则上的差异，剔除了金融行业（中国证监会行业代码 I）的上市公司观测值；（2）剔除了 ST、*ST 等非正常交易状态观测值；（3）由于监管制度差异，剔除了同时发行 B/H/N 股的上市公司；（4）剔除了财务杠杆大于 1 的观测值；（5）剔除了销售收入等于 0 的观测值；（6）剔除了数据缺失的观测值。最终得到 10118 个样本观测值，其中 2000～2009 年的样本观测值个数分别为 786、860、920、968、1063、942、1013、1086、1217 和 1263。企业性质数据来自于 CCER 数据库，女性董事数据系手工整理而得，其余数据来自 RESSET 数据库。为了消除极端值可能带来的影响，对所有连续变量在 1% 和 99% 分位数进行了 winsorize 处理。

### （二）研究设计

赫玛林和韦斯巴奇（Hermalin and Weisbach，1998）指出董事会构成与公司价值之间可能存在内生性关系，郝云宏和周翼翔（2009）进一步指出内生性是导致董事会与公司绩效相关研究产生有偏结论的重要原因。参照亚当斯和费雷拉（Adams and Ferreira，2009）、古尔等（Gul et al.，2011）的处理方法，本节采用两阶段最小二乘数法（2SLS）对模型的内生性予以控制①。具体地，第一步参考希尔曼等（Hillman et al.，2007）、李小荣和刘行（2012）的研究，构建女性董事预测模型，如公式（5 - 4）所示。

---

① 下面的 Hausman 检验支持了女性董事与经营业绩之间存在内生性这一观点。

$$FEMALE = c_0 + c_1 IV + c_2 TOBINQ + c_3 SIZE + c_4 GROWTH +$$
$$c_5 AGE + c_6 BOARD + c_7 NATURE + c_8 RET +$$
$$c_9 SIGMA + \lambda INDUS + \delta YEAR + \varepsilon \qquad (5-4)$$

在公式（5-4）中，$FEMALE$ 代表女性董事，分别用女性董事比例 $FRATIO$ 和女性董事人数 $FNUM$ 表示，$IV$ 代表工具变量，依据列弗和索古尼斯（Lev and Sougiannis，1996）、罗婷等（2009）的研究设计，本节选择相应的同行业其他公司的平均女性董事（女性非独立董事或女性独立董事）比例（或数量）作为工具变量①，$TOBINQ$ 代表企业的投资机会，$SIZE$ 代表企业规模，$GROWTH$ 代表公司成长性，$AGE$ 代表上市年限，$BOARD$ 代表董事会规模，$NATURE$ 代表企业性质，$RET$ 代表市场收益率，以年度的平均周收益率代替，$SIGMA$ 代表企业面临的风险环境，用年度周收益率的标准差予以替代。此外，模型中包括年度虚拟变量和行业虚拟变量。在进行模型（5-4）估计的基础上，将女性董事 $FEMALE$ 的预测值代入模型（5-5），如下所示：

$$ROA = \alpha_0 + \alpha_1 FEMALE + \alpha_2 FIRST + \alpha_3 BOARD + \alpha_4 INDRATIO +$$
$$\alpha_5 DUALITY + \alpha_6 MEET + \alpha_7 BIG4 + \alpha_8 NATURE +$$
$$\alpha_5 SIZE + \alpha_6 LEV + \lambda INDUS + \delta YEAR + \varepsilon \qquad (5-5)$$

在上述模型（5-5）中，经营业绩用资产收益率 $ROA$ 予以度量，我们控制了影响经营业绩的相关公司治理变量（第一大股东持股比例 $FIRST$、董事会规模 $BOARD$、独立董事比例 $INDRATIO$、两职合一 $DUALITY$、董事会会议 $MEET$、外部审计师 $BIG4$、企业性质 $NATURE$）、企业规模 $SIZE$、财务杠杆 $LEV$、行业 $INDUS$ 与年度 $YEAR$。具体的变量定义如表5-9所示。

表5-9　　　　　　　　　　　　变量定义

| 变量 | 简写 | 定义 |
| --- | --- | --- |
| 经营业绩 | $ROA$ | 净利润/期末总资产 |
| 女性董事比例 | $FRATIO$ | 女性董事占董事会总人数的比例 |
| 女性董事人数 | $FNUM$ | 女性董事人数 |

① 选择工具变量的重要标准之一是工具变量与内生变量相关、与第二阶段的因变量无关，同行业其他公司的平均女性董事人数或比例对本公司的经营业绩无直接影响，且同一行业公司的女性董事人数或比例之间具有相关性，因此选用这一工具变量基本合适。

续表

| 变量 | 简写 | 定义 |
|------|------|------|
| 女性非独立董事比例 | *EFRATIO* | 女性非独立董事占董事会总人数的比例 |
| 女性非独立董事人数 | *EFNUM* | 女性非独立董事人数 |
| 女性独立董事比例 | *IFRATIO* | 女性独立董事占董事会总人数的比例 |
| 女性独立董事人数 | *IFNUM* | 女性独立董事人数 |
| 工具变量 | *IV* | 同行业其他公司的平均女性（非独立/独立）董事比例（或数量） |
| 股权结构 | *FIRST* | 第一大股东持股/总股数 |
| 董事会规模 | *BOARD* | 董事会总人数的自然对数 |
| 独立董事 | *INDRATIO* | 独立董事人数/董事会总人数 |
| 两职合一 | *DUALITY* | 如果董事长和总经理两职合一，赋值为1，否则0 |
| 公司规模 | *SIZE* | 期末总资产的自然对数 |
| 财务杠杆 | *LEV* | 期末总负债/期末总资产 |
| 市场价值 | *TOBINQ* | （年末每股价格×流通股数＋每股净资产×非流通股数）/总资产 |
| 企业性质 | *NATURE* | 若最终控制人为国有，赋值为1，否则0 |
| 市场收益率 | *RET* | 年度个股周收益率均值 |
| 市场风险 | *SIGMA* | 年度个股周收益率标准差 |
| 行业 | *INDUS* | 依据中国证监会规定，涉及12个行业，设置11个哑变量 |
| 年度 | *YEAR* | 涉及10个年度，设置9个哑变量 |

　　具体的女性董事分布情况如表5-10所示。总体上（见 Panel A），2000~2009年女性董事比例呈现上升趋势，其中在2004年以前均在10%以下，2004年及以后基本上都略超过10%，仅2005年占比接近10%（9.98%），2009年女性董事比例达到最高，达到11.63%。当将女性董事区分为女性非独立董事和女性独立董事后，数据显示女性独立董事比例从2000年最低点的0%[①]持续增长到2009年的4.54%，女性非独立董事占比在2002年及以后年度有所下降，在7%左右波动。女性董事人数分布见表5-10的 Panel B，64.52%的上市公司拥有至少1名女性董事，其中女性董事人数是1和2的上市公司比例最大，二者之和达到了55.29%，女性董事人数最多的

---

　　① 王跃堂（2003）的研究表明2000年仅56家上市公司设立了独立董事，占全部上市公司总数的5.15%[40]，因为在2001年《关于在上市公司设立独立董事制度的指导意见》出台之前，设立独立董事完全由企业决定，如此之低的独立董事设置率之下，女性独立董事比例等于0毫不为奇。

有 7 人，仅有 3 家上市公司。进一步分组后显示，没有女性非独立董事的上市公司大约占全部上市公司的 49.49%，没有女性独立董事的上市公司比例相对更高，达到 71.29%。在拥有女性非独立董事的上市公司中，人数是 1 和 2 的占比最高，分别达到 33.53% 和 13.07%，拥有女性独立董事的上市公司中人数是 1 的比例最高（达到 24.89%），女性独立董事人数大于等于 3 的上市公司仅 23 家，占据了大约 0.23% 的比例，仅有 1 家上市公司女性独立董事人数达到 4 人。

表 5 – 10　　　　　　　　　　　　　女性董事的分布

Panel A：女性董事比例分布

| 年度 | 2000 | 2001 | 2002 | 2003 | 2004 | 2005 | 2006 | 2007 | 2008 | 2009 |
|---|---|---|---|---|---|---|---|---|---|---|
| FRATIO(%) | 9.48 | 9.63 | 9.58 | 9.69 | 10.17 | 9.98 | 10.41 | 10.89 | 11.22 | 11.63 |
| EFRATIO(%) | 9.48 | 9.24 | 7.28 | 6.28 | 6.53 | 6.26 | 6.56 | 6.82 | 6.92 | 7.09 |
| IFRATIO(%) | 0.00 | 0.39 | 2.30 | 3.41 | 3.64 | 3.72 | 3.85 | 4.07 | 4.30 | 4.54 |

Panel B：女性董事人数分布

| 人数 | 0 | 1 | 2 | 3 | 4 | 5 | 6 | 7 |
|---|---|---|---|---|---|---|---|---|
| FNUM | 3590 | 3641 | 1953 | 673 | 194 | 52 | 12 | 3 |
| %(FNUM) | 35.48 | 35.99 | 19.30 | 6.65 | 1.92 | 0.51 | 0.12 | 0.03 |
| EFNUM | 5007 | 3393 | 1322 | 289 | 70 | 29 | 6 | 2 |
| %(EFNUM) | 49.49 | 33.53 | 13.07 | 2.86 | 0.69 | 0.29 | 0.06 | 0.02 |
| IFNUM | 7213 | 2518 | 364 | 22 | 1 | — | — | — |
| %(IFNUM) | 71.29 | 24.89 | 3.60 | 0.22 | 0.01 | — | — | — |

## 四、实证研究结果

### （一）描述性统计

表 5 – 11 列示了所有主要变量的描述性统计结果。表 5 – 11 表明：（1）ROA 的平均值为 0.0329，最小值和最大值分别等于 – 0.1882 和 0.1767，标准差大约是平均值的 1.6 倍，彰显出上市公司的盈亏泾渭分明。（2）在上市公司中，大约有 10.36% 的女性董事，其中女性非独立董事和女性独立董事的比例分别为 7.16% 和 3.20%，女性董事比例的最高值已经达到 2/3，女性独立董事比例的最高值也达到 40%，相应的女性董

事、女性非独立董事和女性独立董事人数最大值分别为 7、7 和 4，折射出
女性董事已经在我国上市公司中占据了相当的比重。（3）第一大股东持股
比例的均值仍然略超过 40%，"一股独大"现象较为突出；董事会成员人
数平均约为 9 人（$e^{2.2337}=9.33$），由董事会人数的中位数和 75% 分位数都是
9（$e^{2.1972}=9$），可以看出我国上市公司中董事人数等于 9 的上市公司占比超
过 25%；独立董事平均比例为 29.15%，略低于证监会 1/3 的规定标准，原
因在于研究区间包括 2000 年独立董事设置的非强制要求阶段；此外，董事
长和总经理两职合一的公司比例为 10.89%，选择"国际四大"作为审计师
的上市公司仅占到 3.62%，反映出我国资本市场上对高质量审计需求不足，
国有企业比例接近 70%，这与我国股票市场为国有企业脱贫解困的初衷是分
不开的。（4）在公司特征的相关变量中，*SIZE* 的平均值为 21.2550，标准差
等于 0.9170，总体上不同上市公司之间规模变化不大；负债比例平均达到
46.81%，*GROWTH* 的均值、最小值和最大值分别为 0.2044、-0.5736 和
2.4264，显示出上市公司成长性方面的差异；上市公司的平均上市年限和中
位数都约为 6 年。

表 5-11　　　　　　　　　　描述性统计

| 变量 | 观测值 | 均值 | 标准差 | 最小值 | 25% 分位 | 中位数 | 75% 分位 | 最大值 |
|---|---|---|---|---|---|---|---|---|
| *ROA* | 10118 | 0.0329 | 0.0535 | -0.1882 | 0.0126 | 0.0337 | 0.0577 | 0.1767 |
| *FRATIO* | 10118 | 0.1036 | 0.1035 | 0.0000 | 0.0000 | 0.1000 | 0.1667 | 0.6667 |
| *FNUM* | 10118 | 1.0570 | 1.0516 | 0.0000 | 0.0000 | 1.0000 | 2.0000 | 7.0000 |
| *EFRATIO* | 10118 | 0.0716 | 0.0877 | 0.0000 | 0.0000 | 0.0625 | 0.1111 | 0.6364 |
| *EFNUM* | 10118 | 0.7293 | 0.8925 | 0.0000 | 0.0000 | 1.0000 | 1.0000 | 7.0000 |
| *IFRATIO* | 10118 | 0.0320 | 0.0550 | 0.0000 | 0.0000 | 0.0000 | 0.0769 | 0.4000 |
| *IFNUM* | 10118 | 0.3277 | 0.5537 | 0.0000 | 0.0000 | 0.0000 | 1.0000 | 4.0000 |
| *FIRST* | 10118 | 0.4018 | 0.1660 | 0.0923 | 0.2682 | 0.3849 | 0.5317 | 0.7680 |
| *BOARD* | 10118 | 2.2337 | 0.2304 | 1.6094 | 2.1972 | 2.1972 | 2.3979 | 2.8332 |
| *INDRATIO* | 10118 | 0.2915 | 0.1360 | 0.0000 | 0.2727 | 0.3333 | 0.3636 | 0.5556 |
| *DUALITY* | 10118 | 0.1089 | 0.3116 | 0.0000 | 0.0000 | 0.0000 | 0.0000 | 1.0000 |
| *MEET* | 10118 | 1.9770 | 0.4120 | 0.6931 | 1.7918 | 1.9459 | 2.1972 | 2.9957 |
| *BIG4* | 10118 | 0.0362 | 0.1867 | 0.0000 | 0.0000 | 0.0000 | 0.0000 | 1.0000 |
| *NATURE* | 10118 | 0.6868 | 0.4638 | 0.0000 | 0.0000 | 1.0000 | 1.0000 | 1.0000 |
| *SIZE* | 10118 | 21.2550 | 0.9170 | 19.3901 | 20.6106 | 21.1446 | 21.8059 | 23.9726 |

| 变量 | 观测值 | 均值 | 标准差 | 最小值 | 25%分位 | 中位数 | 75%分位 | 最大值 |
|------|--------|------|--------|--------|---------|--------|---------|--------|
| LEV | 10118 | 0.4681 | 0.1775 | 0.0758 | 0.3371 | 0.4762 | 0.6034 | 0.8478 |
| TOBINQ | 10118 | 1.9344 | 1.3414 | 0.6596 | 1.1844 | 1.4884 | 2.1658 | 33.6624 |
| RET | 10118 | -0.0006 | 0.0162 | -0.5988 | -0.0063 | -0.0037 | 0.0105 | 0.2150 |
| SIGMA | 10118 | 0.0623 | 0.0331 | 0.0000 | 0.0043 | 0.0563 | 0.0077 | 1.2542 |
| GROWTH | 10118 | 0.2044 | 0.4099 | -0.5736 | 0.0040 | 0.1409 | 0.3217 | 2.4264 |
| AGE | 10118 | 6.2436 | 4.0347 | 0.0000 | 3.0000 | 6.0000 | 9.0000 | 19.0000 |

### （二）女性董事与经营业绩的两阶段回归结果

承接上文的分析，女性董事与经营业绩之间呈现出内生性关系，即女性董事的加入会影响到企业的经营业绩，相反，企业业绩的变化会进一步影响到女性董事的任命，二者之间互为因果。我们进一步采用 Hausman 检验对内生性关系加以分析，结果显示女性董事对所有外生变量回归的残差项均在 1% 水平上显著，表明模型确实存在内生性。具体而言：$FRATIO$ 与 ROA 的 Hausman 检验残差项系数 = 0.7750，T 值 = 8.6869，P 值 = 0.0000；$FNUM$ 与 ROA 的 Hausman 检验残差项系数 = 0.0967，T 值 = 11.2013，P 值 = 0.0000。因此，采用 2SLS 模型控制内生性问题显得很有必要。

表 5 - 12 报告了第一阶段的模型回归结果（对应公式（5 - 4）），其中第（1）列对应因变量是女性董事比例 $FRATIO$（采用 Tobit 回归），第（2）列对应因变量是女性董事人数 $FNUM$（采用 OLS 回归）。结果表明，公司规模 $SIZE$、企业性质 $NATURE$、市场收益 $RET$ 和市场风险 $SIGMA$ 与女性董事（无论是比例抑或人数）均呈现显著负相关关系，反映出公司规模越大，企业性质为国有控股，市场收益和市场风险越高，女性董事人数和比例均相应地显著下降。而公司上市年限越长，董事会规模越大，相应的女性董事比例和人数都会相应地显著得以增加。值得注意的是，工具变量 IV 在 1% 水平上显著为正，表明同行业上市公司的女性董事之间具有一定的相似性，可能的原因在于同行业的公司之间面临的经营环境相似所致，同时一定程度上支持了本节模型（5 - 4）中工具变量选择的合理性。

表 5 - 12　　　　　　　女性董事与经营业绩：第一阶段回归结果

| 变量 | （1）Dep = FRATIO | | | （2）Dep = FNUM | | |
|---|---|---|---|---|---|---|
| | 系数 | Z 值 | P 值 | 系数 | T 值 | P 值 |
| C | 0.3667 *** | 8.3475 | 0.0000 | 1.5363 *** | 5.2819 | 0.0000 |
| IV | 0.3007 *** | 3.6998 | 0.0002 | 0.2099 *** | 3.8642 | 0.0001 |
| TOBINQ | 0.0005 | 0.3196 | 0.7492 | - 0.0014 | - 0.1402 | 0.8885 |
| SIZE | - 0.0170 *** | - 8.8038 | 0.0000 | - 0.1208 *** | - 9.4035 | 0.0000 |
| GROWTH | - 0.0047 | - 1.2568 | 0.2088 | - 0.0330 | - 1.3153 | 0.1884 |
| AGE | 0.0018 *** | 4.0717 | 0.0000 | 0.0138 *** | 4.6137 | 0.0000 |
| BOARD | 0.0210 *** | 3.0828 | 0.0021 | 0.8670 *** | 19.1345 | 0.0000 |
| NATURE | - 0.0320 *** | - 9.1215 | 0.0000 | - 0.2276 *** | - 9.6600 | 0.0000 |
| RET | - 0.5454 *** | - 2.8164 | 0.0049 | - 3.6854 *** | - 2.9958 | 0.0027 |
| SIGMAF | - 0.2252 *** | - 2.9923 | 0.0028 | - 1.5312 *** | - 3.2169 | 0.0013 |
| YEAR | control | | | control | | |
| INDUS | control | | | control | | |
| NO | 10118 | | | 10118 | | |
| Adj $R^2$ | — | | | 0.0836 | | |
| F 值（P 值） | — | | | 32.8352（0.0000） | | |
| S. E. of reg | 0.1002 | | | — | | |

注：*、**、*** 分别代表在 10%、5%、1% 水平上显著（双尾）。

表 5 - 13 报告了第二阶段的模型回归结果（对应公式（5 - 5）），其中 Panel A、Panel B 和 Panel C 分别对应全部企业、国有企业和民营企业的回归结果，第（1）列、第（3）列和第（5）列对应测试变量女性董事比例 FRATIO，第（2）列、第（4）列和第（6）列对应测试变量女性董事人数 FNUM。

在 Panel A 全部企业组成的样本回归中，第（1）列 FRATIO 在 1% 水平上与经营业绩 ROA 显著负相关（系数 = - 0.4750，T 值 = - 6.8026，P 值 = 0.0000），说明女性董事比例越高，企业的经营业绩越差；在第（2）列中女性董事人数 FNUM 亦对 ROA 产生了显著的负面影响（系数 = - 0.0645，T 值 = - 9.3800，P 值 = 0.0000）。上述结果支持了假设 H5 - 3。按照企业最终控制人的性质将上市公司进一步区分为国有企业和民营企业后，经验证据与全部企业样本的回归结果基本上是一致的，不再赘述。

在我国，女性董事总体上而言何以会对经营业绩产生了显著负面影响，可能的原因在于，中国传统的男尊女卑观念使得占据较低比例的女性董事

（平均比例10.36%，详见表5-11）难以在董事会中充分表达自己的意见，或者即使得以表达也难以获得认同并通过（Westphal and Milton，2000）。此时的女性董事更多的是扮演填充门面的角色，女性董事比例越大、人数越多，相应地董事会的有效性在下降，经营业绩因此下降。此外，女性董事由于年龄而导致的商业经验匮乏和风险厌恶等进一步阻碍了经营业绩的提升。

在控制变量中，第一大股东持股比例FIRST均在1%水平上显著大于0，一定程度上表明了大股东监督的有效性（Shleifer and Vishy，1986；谢军，2006）；独立董事比例在国有企业显著促进了企业绩效的提升，这与王跃堂等（2006）的研究发现是一致的；董事会会议次数MEET在国有企业子样本中显著降低了企业绩效，但在民营企业子样本中恰恰相反，显著提高了经营业绩，表明董事会会议在国有企业更有可能是经营陷入困境、业绩降低的标志（Vafeas，1999），而在民营企业，董事会会议越频繁，董事会的勤勉度越高，促进了经济绩效的提升；此外，国有企业的经营业绩相对较差，企业的规模越大，经营业绩越好，公司负债显著损害了企业业绩。

表5-13　　　　　　　女性董事与经营业绩：第二阶段回归结果

| 变量 | Panel A. 全部企业 | | Panel B. 国有企业 | | Panel C. 民营企业 | |
|---|---|---|---|---|---|---|
| | (1) | (2) | (3) | (4) | (5) | (6) |
| C | -0.0791*** (-3.2300) | -0.1275*** (-7.8925) | -0.1371*** (-4.6349) | -0.1742*** (-9.4067) | -0.0166 (-0.3872) | -0.0808*** (-2.6961) |
| FRATIO | -0.4750*** (-6.8026) | — | -0.3729*** (-3.9521) | — | -0.5894*** (-5.4359) | — |
| FNUM | — | -0.0645*** (-9.3800) | — | -0.0505*** (-5.8957) | — | -0.0851*** (-7.2942) |
| FIRST | 0.0271*** (8.6210) | 0.0249*** (7.8969) | 0.0262*** (7.1324) | 0.0248*** (6.7554) | 0.0288*** (4.5640) | 0.0266*** (4.2227) |
| BOARD | 0.0091*** (3.9577) | 0.0577*** (9.3063) | 0.0070** (2.5199) | 0.0452*** (5.8867) | 0.0118*** (2.7918) | 0.0756*** (7.1505) |
| INDRATIO | 0.0235*** (3.1821) | 0.0229*** (3.1119) | 0.0295*** (3.3044) | 0.0292*** (3.2728) | 0.0122 (0.9235) | 0.0107 (0.8171) |
| DUALITY | 0.0002 (0.1452) | 0.0001 (0.0674) | -0.0025 (-1.2586) | -0.0025 (-1.2596) | 0.0018 (0.7410) | 0.0015 (0.6129) |

续表

| 变量 | Panel A. 全部企业 | | Panel B. 国有企业 | | Panel C. 民营企业 | |
|---|---|---|---|---|---|---|
| | （1） | （2） | （3） | （4） | （5） | （6） |
| MEET | - 0.0006 <br>（ - 0.4831） | - 0.0005 <br>（ - 0.4099） | - 0.0030 ** <br>（ - 1.9943） | - 0.0030 ** <br>（ - 1.9694） | 0.0062 *** <br>（2.5800） | 0.0064 *** <br>（2.6471） |
| BIG4 | 0.0026 <br>（1.0174） | 0.0025 <br>（0.9884） | 0.0008 <br>（0.2707） | 0.0007 <br>（0.2340） | 0.0068 <br>（1.4294） | 0.0068 <br>（1.4323） |
| NATURE | - 0.0237 *** <br>（ - 12.6142） | - 0.0273 *** <br>（ - 14.7555） | — | — | — | — |
| SIZE | 0.0093 *** <br>（9.6258） | 0.0073 *** <br>（7.5696） | 0.0109 *** <br>（9.0201） | 0.0091 *** <br>（7.6774） | 0.0064 *** <br>（3.7026） | 0.0040 ** <br>（2.3577） |
| LEV | - 0.1361 *** <br>（ - 46.3042） | - 0.1355 *** <br>（ - 46.1982） | - 0.1278 *** <br>（ - 36.0552） | - 0.1276 *** <br>（ - 36.1157） | - 0.1510 *** <br>（ - 28.2478） | - 0.1495 *** <br>（ - 28.0372） |
| INDUS | control | control | control | control | control | control |
| YEAR | control | control | control | control | control | control |
| NO | 10118 | 10118 | 6949 | 6949 | 3169 | 3169 |
| Adj R$^2$ | 0.2430 | 0.2461 | 0.2331 | 0.2352 | 0.2661 | 0.2716 |
| F 值 <br>（P 值） | 109.2294 <br>（0.0000） | 111.0629 <br>（0.0000） | 73.8287 <br>（0.0000） | 74.6910 <br>（0.0000） | 40.6124 <br>（0.0000） | 41.7237 <br>（0.0000） |

注：*、**、*** 分别代表在 10% 、5% 、1% 水平上显著（双尾），括号中对应 T 值。

### （三）女性董事与经营业绩：基于区分董事类型的进一步检验

我们进一步将女性董事区分为女性非独立董事（包括比例 EFRATIO 和人数 EFNUM）和女性独立董事（包括比例 IFRATIO 和人数 IFNUM），采用 Hausman 检验分析是否存在内生性关系。具体的检验结果如下：（1）EFRATIO 与 ROA 对应的 Hausman 检验残差项系数 = 0.1779，T 值 = 4.0404，P 值 = 0.0001，IFRATIO 与 ROA 的 Hausman 检验残差项系数 = - 6.1894，T 值 = - 14.0144，P 值 = 0.0000；（2）EFNUM 与 ROA 的 Hausman 检验残差项系数 = 0.0196，T 值 = 2.2190，P 值 = 0.0265，IFNUM 与 ROA 的 Hausman 检验残差项系数 = - 1.0274，T 值 = - 19.5823，P 值 = 0.0000。上述结果表明无论是女性非独立董事与经营业绩还是女性独立董事与经营业绩之间，均存在内生性关系。因此，我们采用 2SLS 模型控制内生性，即用模型（5 - 4）分别估计出女性非独立董事和女性独立董事的预测值，代入模型（5 - 5）进行回归分析。

第一阶段的回归结果如表 5-14 所示，其中第（1）列、第（3）列采用 Tobit 回归，第（2）列、第（4）列采用 OLS 回归，当采用 Tobit 回归、因变量是女性独立董事时，由于 2000 年、2002 年是独立董事制度的变更期，女性独立董事比例非常低（均值 0.94%），故删除这一区间的样本，剩余 7552 个观测值，否则将会由于样本变异度较少导致自由度缺失、进而无法进行回归分析。第（1）列、第（2）列、第（3）列和第（4）列分别对应因变量 *EFRATIO*、*EFNUM*、*IFRATIO* 和 *IFNUM* 的回归结果。当以女性非独立董事为因变量进行回归分析时，研究结果表明，公司成长性越高，女性非独立董事比例越低，人数越少。其余变量的回归结果基本上与表 5-12 保持一致。当以女性独立董事为因变量进行回归分析时，研究结果解释公司规模、企业性质与女性独立董事显著负相关，而上市年限则对女性独立董事的影响显著为正。

表 5-14　　　女性非独立董事、女性独立董事与经营业绩：第一阶段回归结果

| 变量 | (1) Dep = EFRATIO | | (2) Dep = EFNUM | | (3) Dep = IFRATIO | | (4) Dep = IFNUM | |
|---|---|---|---|---|---|---|---|---|
| | 系数 | Z 值 | 系数 | T 值 | 系数 | Z 值 | 系数 | T 值 |
| *C* | 0.2882 *** | 5.7573 | 1.3098 *** | 5.3118 | 0.1031 ** | 1.9923 | -0.0186 | -0.1232 |
| *IV* | 0.4918 *** | 4.0032 | 0.3485 *** | 7.2031 | -0.6424 *** | -2.8185 | -0.2071 *** | -2.9231 |
| *TOBINQ* | 0.0010 | 0.6441 | -0.0022 | -0.2678 | -0.0003 | -0.1684 | 0.0005 | 0.0984 |
| *SIZE* | -0.0160 *** | -7.2414 | -0.0913 *** | -8.4635 | -0.0106 *** | -4.5250 | -0.0259 *** | -3.8165 |
| *GROWTH* | -0.0094 ** | -1.9909 | -0.0425 ** | -2.0200 | 0.0043 | 0.8651 | 0.0140 | 1.0581 |
| *AGE* | 0.0016 *** | 3.2036 | 0.0113 *** | 4.4774 | 0.0009 * | 1.7241 | 0.0026 * | 1.6485 |
| *BOARD* | 0.0266 *** | 3.1476 | 0.6463 *** | 17.0007 | 0.0266 *** | 2.9800 | 0.2192 *** | 9.1571 |
| *NATURE* | -0.0346 *** | -8.5797 | -0.1945 *** | -9.8316 | -0.0100 ** | -2.3556 | -0.0273 ** | -2.1957 |
| *RET* | -0.7088 *** | -3.3505 | -2.9382 *** | -2.8465 | -0.2753 | -1.3068 | -0.7461 | -1.1483 |
| *SIGMAF* | -0.3292 *** | -3.7297 | -1.2777 *** | -3.1987 | -0.0957 | -1.1332 | -0.2242 | -0.8919 |
| *YEAR* | control | | control | | control | | control | |
| *INDUS* | control | | control | | control | | control | |
| NO | 7552 | | 10118 | | 7552 | | 10118 | |
| Adj R² | — | | 0.1043 | | — | | 0.0777 | |
| F 值（P 值） | — | | 41.6190 (0.0000) | | — | | 30.3934 (0.0000) | |
| S. E. of reg | 0.0786 | | — | | 0.0592 | | — | |

注：*、**、*** 分别代表在 10%、5%、1% 水平上显著（双尾）。

表 5 – 15 中的 Panel A、Panel B 和 Panel C 列示的分别是全部企业、国有企业和民营企业的第二阶段多元回归分析结果。在第（1）列中，女性非独立董事比例在 1% 水平上与 ROA 显著负相关（系数 = – 0. 4620，T 值 = – 5. 4321，P 值 = 0. 0000），表明女性非独立董事比例越高，企业的经营业绩越差，假设 H5 – 4 得到了经验证据的支持。在第（2）列 ~ 第（6）列中，女性非独立董事变量系数均在 1% 水平上显著为负，假设 H5 – 4 进一步得到支持。IFRATIO 项系数在第（2）列、第（3）列、第（4）列、第（6）列中显著为正，第（1）列、第（5）列中为正但不显著，这一结果基本上支持了假设 H5 – 5，女性独立董事促进了上市公司经营业绩的提升。

两种不同类型的女性董事与经营业绩之间的关系何以呈现出截然相反的关系，这一点不难理解。女性独立董事大多拥有一定的社会地位，如魏刚等（2007）的研究结果表明约有 46% 的独立董事来自于高等院校及研究结构，往往具有较高的学历和理论背景，相对而言，她们更重视自己的市场声誉，因此会通过认真履行监督功能予以实现，表现在经济后果上主要是促进了业绩提升。女性非独立董事往往是由民营企业的血缘关系、裙带关系或国有企业中女性代表的需要所形成，由于"玻璃天花板"效应（Glass Cliff Effect）的存在，女性往往很难通过职业经理人这一路径获得提升，因此女性非独立董事比例或人数的增加势必会降低董事会的决策效率，损害公司业绩。

控制变量方面，第（1）列 ~ 第（6）列中 FIRST 与 ROA 均在 1% 水平显著正相关，INDRATIO 在第（1）列、第（2）列、第（4）列中与经营业绩显著正相关，而在对应民营企业子样本的回归结果中不显著，NATURE 和 LEV 显著小于 0，SIZE 显著大于 0，这些与表 5 – 14 的发现基本上保持一致。

**（四）　敏感性测试**

（1）以往国内文献大多没有涉及女性董事与经营业绩之间的内生性问题，本节应用普通最小二乘数法回归（OLS）分析女性董事对于经营业绩的影响。结果表明在全部企业和国有企业中，女性董事、女性非独立董事与经营业绩显著负相关，女性独立董事符号为正、但不显著；在民营企业中，女性董事、女性非独立董事和女性独立董事均不显著（详细结果备索）。上述结果与 2SLS 的分析结果呈现出一定差异，一定程度上支持了采用 2SLS 方法控制内生性问题的必要性。

（2）中国证监会于 2001 年 8 月 16 日发布《关于在上市公司设立独立董事制度的指导意见》（证监发［2001］102 号），要求上市公司在 2002 年 6 月 30 日之前至少包括 2 名独立董事，在 2003 年 6 月 30 日之前独立董事比例要达到 1/3。这一制度的出台会对董事会结构尤其是独立董事比例和人数产生显著的影响。基于上述原因，将 2000～2002 年的样本予以剔除，重复表 5－12、表 5－13、表 5－14 和表 5－15 的回归分析，研究结论没有改变。

表 5－15　　　女性非独立董事、女性独立董事与经营业绩：第二阶段回归结果

| 变量 | Panel A. 全部企业 | | Panel B. 国有企业 | | Panel C. 民营企业 | |
|---|---|---|---|---|---|---|
| | （1） | （2） | （3） | （4） | （5） | （6） |
| C | − 0. 1810 *** ( − 6. 7345 ) | − 0. 1033 *** ( − 6. 5381 ) | − 0. 2464 *** ( − 7. 3319 ) | − 0. 1279 *** ( − 6. 8890 ) | − 0. 1242 *** ( − 2. 7457 ) | − 0. 0669 ** ( − 2. 2925 ) |
| EFRATIO | − 0. 4620 *** ( − 5. 4321 ) | — | − 0. 4037 *** ( − 3. 2297 ) | — | − 0. 6092 *** ( − 4. 9043 ) | — |
| IFRATIO | 0. 2806 ( 1. 1804 ) | — | 0. 6398 * ( 1. 8544 ) | — | 0. 1703 ( 0. 5060 ) | — |
| EFNUM | — | − 0. 0755 *** ( − 12. 1260 ) | — | − 0. 0714 *** ( − 9. 3054 ) | — | − 0. 0941 *** ( − 8. 6867 ) |
| IFNUM | — | 0. 1719 *** ( 6. 8498 ) | — | 0. 2590 *** ( 7. 4694 ) | — | 0. 1033 *** ( 2. 7969 ) |
| FIRST | 0. 0351 *** ( 9. 1916 ) | 0. 0260 *** ( 8. 2948 ) | 0. 0328 *** ( 7. 1315 ) | 0. 0257 *** ( 7. 0210 ) | 0. 0362 *** ( 5. 1398 ) | 0. 0288 *** ( 4. 5950 ) |
| BOARD | 0. 0093 *** ( 2. 7071 ) | 0. 0133 ** ( 2. 1439 ) | 0. 0037 ( 0. 8450 ) | − 0. 0088 ( − 1. 1042 ) | 0. 0146 ** ( 2. 5491 ) | 0. 0406 *** ( 3. 9767 ) |
| INDRATIO | 0. 0169 * ( 1. 7408 ) | 0. 0228 *** ( 3. 1071 ) | 0. 0175 ( 1. 4347 ) | 0. 0294 *** ( 3. 3091 ) | 0. 0165 ( 1. 0222 ) | 0. 0111 ( 0. 8522 ) |
| DUALITY | 0. 0007 ( 0. 3923 ) | 0. 0006 ( 0. 3732 ) | − 0. 0027 ( − 1. 0794 ) | − 0. 0023 ( − 1. 1822 ) | 0. 0015 ( 0. 5695 ) | 0. 0019 ( 0. 8005 ) |
| MEET | − 0. 0017 ( − 1. 0282 ) | − 0. 0009 ( − 0. 7028 ) | − 0. 0044 ** ( − 2. 2110 ) | − 0. 0034 ** ( − 2. 2607 ) | 0. 0046 * ( 1. 6567 ) | 0. 0060 ** ( 2. 5147 ) |

续表

| 变量 | Panel A. 全部企业 | | Panel B. 国有企业 | | Panel C. 民营企业 | |
| --- | --- | --- | --- | --- | --- | --- |
| | （1） | （2） | （3） | （4） | （5） | （6） |
| BIG4 | 0.0029<br>（0.9788） | 0.0025<br>（0.9996） | 0.0011<br>（0.3107） | 0.0006<br>（0.1899） | 0.0079<br>（1.4757） | 0.0073<br>（1.5423） |
| NATURE | −0.0214***<br>（−10.6827） | −0.0232***<br>（−14.3816） | — | — | — | — |
| SIZE | 0.0123***<br>（10.6037） | 0.0122***<br>（13.3031） | 0.0145***<br>（9.6804） | 0.0150***<br>（12.9651） | 0.0095***<br>（4.8605） | 0.0081***<br>（5.1120） |
| LEV | −0.1446***<br>（−41.7468） | −0.1366***<br>（−46.7366） | −0.1318***<br>（−30.6417） | −0.1281***<br>（−36.4051） | −0.1642***<br>（−27.6513） | −0.1522***<br>（−28.6858） |
| INDUS | control | control | control | control | control | control |
| YEAR | control | control | control | control | control | control |
| NO | 7552 | 10118 | 4858 | 6949 | 2694 | 3169 |
| Adj $R^2$ | 0.2547 | 0.2514 | 0.2443 | 0.2433 | 0.2792 | 0.2767 |
| F 值<br>（P 值） | 93.1557<br>（0.0000） | 110.5972<br>（0.0000） | 59.1548<br>（0.0000） | 75.4629<br>（0.0000） | 39.6361<br>（0.0000） | 41.3899<br>（0.0000） |

注：*、**、***分别代表在10%、5%、1%水平上显著（双尾），括号中对应 T 值。

## 五、研究结论与启示

尽管国外已经有较多文献涉及女性董事与经营业绩之间的关系问题，但是源于制度背景、文化传统和女性董事形成路径等方面的差异，而且区分女性董事类型在国外文献中基本较少涉及，因此国外的研究分析框架未必适合中国的现实国情。鉴于上述考虑，本节采用中国上市公司的数据，实证分析了女性董事、不同类型的女性董事对于企业经营业绩的影响。研究结果表明：经营业绩与女性董事显著负相关（含总样本、国有企业子样本、民营企业子样本）；区分女性董事类型后，女性非独立董事与女性独立董事对于经营业绩的影响呈现出不对称的关系，具体地，女性非独立董事显著降低了经营业绩，而女性独立董事则显著促进经营业绩提升。

本节的研究具有重要的理论意义和现实意义。首先，国内研究很少直接探讨女性董事及不同类型的女性董事对经营业绩的影响，因此本研究是一个初步的探索，未来的研究可以进一步拓展至比较女性高管和女性董事对于经营业绩影响有何不同以及原因、女性董事影响经营业绩的路径等方面。进一步地，女性董事级别（如董事长和普通董事）及学历等人力资本的差异可能会使得即使在同一类型的女性董事内部，她们对经营业绩的影响同样呈现出差异化，这是本节未来的另一个重要研究方向。其次，本节的研究结论对于政府部门和企业都具有重要的启示意义。党的十八大报告中首次将男女平等上升到基本国策，在这一背景下女性的经济社会地位正在日益提高，女性董事越来越普遍，如何充分发挥女性董事在公司治理中的积极作用已成为当前面临的重要问题之一。尽管中国政府在相关政策层面大力提倡男女平等、鼓励培养女性领导，但本节的经验证据揭示女性非独立董事和女性独立董事对企业经营业绩的影响结果迥异，主要原因可能在于两种不同类型董事履职素质差异所致。如果女性董事履行职能的必要素质没有得到保证，女性董事则难以发挥积极作用，相反可能会损害企业的经营业绩。只有当发挥女性自身优势的素质得以完善时，女性董事方能促进企业经营业绩的改善。因此，站在政府角度，不能简单地强调女性在管理层的代表性和所占比例的提升，而应该采取切实行动，积极创造培养女性领导的环境、提升女性领导的决策水平，从而有效地改进企业运营效率和业绩。在企业层面，应进一步发挥女性独立董事市场声誉约束的积极作用，培育有利于女性非独立董事发挥积极作用的环境，如逐步优化女性非独立董事的市场选拔机制、增强女性董事在董事会中的话语权等，从而使得我国的董事会结构更加合理，切实为股东创造更多的价值。

# 第三节　女性高管、企业性质与代理成本

女性高管能否有效降低代理成本、保护投资者利益已经引起普遍关注。本节以中国资本市场 2007～2012 年 A 股上市公司为样本，实证检验了女性高管对代理成本的影响。研究发现，女性高管显著促进了代理成本的上升，但这一促进效应在国有企业中有所降低。上述结果表明，女性高管未必会导致公司治理质量的改善，因此现阶段我国应谨慎地推动女性高管参与公司治理。

## 一、问题的提出

如何有效地降低代理成本是现代公司治理的核心问题，国内外学者先后围绕产品市场竞争、职业经理人市场、股权结构设计、董事会构成等内外部机制展开研究。近些年来，陆续有文献注意到高层管理团队特征是影响代理成本的重要因素，如松吉尼和基南（Songini and Gnan，2013）分析了家族涉入企业管理层与代理成本之间的关系，逯东等（2014）考察了高管行政出身对代理成本的影响。国外的研究表明女性高管是改进公司治理的重要机制（Adams and Ferreira，2009；Byoun et al.，2011），然而大多数实证文献均是通过间接地分析女性高管与企业经营业绩之间的关系来验证这一观点（Ahern and Dittmar，2012），直接的经验证据较为匮乏，仅尤尔克斯等（Jurkus et al.，2012）将视角定位于女性高管对代理成本的作用，以美国财富500公司作为样本，研究发现女性高管与代理成本之间呈现显著负相关关系，且这一负相关关系主要存在于外部产品市场竞争不激烈的公司当中。在转轨经济中，中国女性高管的成长路径和现实状况与国外成熟资本市场不尽相同，国有经济的重要地位使得女性高管在不同性质的企业之间也表现出较大差异，因此很有必要结合现实制度背景、深入考察中国情境下女性高管与代理成本之间的关系及企业性质的交互作用，以期为科学评价女性高管在公司治理中的作用提供直接的经验证据支持，本节正是基于上述目的展开论述。

相对于之前的研究文献而言，本节可能的贡献之处体现在以下三个层面：（1）女性高管能否改善公司治理是女性经济学的基础性命题之一，研究女性高管与代理成本之间的关系问题丰富了这一领域的相关文献。（2）中国政府大力鼓励培养和发展女性高管[①]，但是这一政策的经济后果如何却较少受到关注，本节直接考察了女性高管对代理成本的影响，有助于从代理成本视角对相关政策做出评价。（3）国外的大多数文献是以民营企业为对象展开，企业性质差异如何影响女性高管的经济后果较少有文献涉及，本节结合

---

[①]　国务院多次出台文件（如《中国妇女发展纲要（2001～2010）》、《中国妇女发展纲要（2010～2020）》等）要求在现代企业中大力培养女性管理人才。

中国的现实国情、分析女性高管在不同性质企业中的影响差异，拓展了女性高管的经济后果文献。余下的章节安排如下，第二部分是理论分析与研究假设，第三部分陈述研究模型与数据来源，第四部分报告实证研究结果及分析，第五部分是研究结论与政策启示。

## 二、理论分析与研究假设

代理成本的高低在一定程度上将会影响企业的经营业绩，直接对女性高管与代理成本之间的关系展开研究将会更好地揭示女性高管在公司治理中的作用。之前多数围绕女性高管与经营业绩之间的关系角度展开研究的文献所提供的证据尚无定论，提升、降低抑或无显著影响的发现兼而有之（周泽将等，2012）。造成上述现象的重要原因之一可能在于不同文献之间的样本公司所处环境存在较大差异。具体到中国，本节认为女性高管将会通过如下四个途径增加代理成本。（1）中国的女性高管占比持续偏低，依据本节的描述性统计，2007~2012年女性高管平均比例仅为15.12%、平均人数低于3人。当高管决策存在性别差异时，如此之低的女性高管将使得其建议难以通过，更多时候只能充当配角。甚至女性高管的存在将会由于人口性别差异而降低管理层凝聚力、带来更多的内部分歧（周泽将和修宗峰，2014），进而降低管理层的决策效率、代理成本相应上升。（2）相对于国外成熟的市场经济而言，中国的女性高管起步较晚、较为年轻且缺乏管理经验（周泽将和修宗峰，2014），这将会直接导致女性高管运营企业时效率低下，从而代理成本相应上升。（3）在国内，女性高管的形成路径主要有两条：在国有企业中更多表现为应政府部门关于高管层中女性代表的要求而产生，而在民营企业中裙带关系的因素普遍存在。无论何种路径，均会由于非市场自然选择而将显著降低女性高管的管理效率。（4）女性高管在企业运营中往往会投入过多的精力，某些情况下容易造成过度监督（Adams and Ferreira，2009），这将会直接导致代理成本增加、经营业绩下降等后果。基于上述分析，本节提出假设 H5-6：

H5-6：限定其他条件，女性高管与代理成本显著正相关。

女性高管的决策过程和经济后果高度依赖于其所处组织环境，因此在不同性质的企业中女性高管对代理成本的影响将有所不同。相对于民营企业而言，国有企业主要呈现出以下特征：（1）近些年来，各级国有资产管理机构不断完善监管办法，加强经营业绩考核，逐步推进市场化招聘企业高管人员，这一系列措施将增加国有企业中高管人员面临的约束条件。（2）产权不明晰、高管人员难以享有剩余索取权等先天缺陷使得国有企业在经营过程中逐利动机较弱，因此其风险承担意愿相应较低（余明桂等，2013）。因此，国有企业中女性高管基于风险厌恶的考量，更不愿意从事将会导致代理成本增加的相关行为。（3）部分文献揭示国有产权降低了正向盈余管理程度（薄仙慧和吴联生，2009）和大股东的利益侵占（白云霞等，2013），本节实证分析部分的结果也发现国有企业的代理成本更低（企业性质 $STATE$ 项系数显著小于0）。换言之，国有企业的公司治理质量可能更高。因此，当女性高管处于国有企业中时，更强的外部约束、较低的风险承担水平和完善的公司治理机制等将会激励女性高管为了股东的利益而更加努力工作，从而女性高管对代理成本的促进效用将有所减弱。基于上述分析，本节提出假设 H5 – 7：

H5 – 7：限定其他条件，国有企业中女性高管与代理成本之间的正相关关系显著降低。

## 三、研究模型与数据来源

### （一）研究模型

为了检验假设 H5 – 6，参考安等（Ang et al.，2000）、修宗峰和杜兴强（2011）的研究设计，本节构建如下的研究模型（5 – 6），按照预期，女性高管 $GENDER$ 项的系数 $\beta_1$ 应显著大于0。

$$AGENCY = \beta_0 + \beta_1 GENDER + \beta_2 STATE + \beta_3 FIRST + \beta_4 MKT + \beta_5 SIZE +$$
$$\beta_6 ROA + \beta_7 LEV + \beta_8 GROW + IND + YEAR + \varepsilon \qquad (5 - 6)$$

在模型（5 – 6）中，$AGENCY$ 指代理成本，本节采用管理费用与营业收入之比表示。$GENDER$ 代表女性高管，基于研究结论稳健性的考虑，本节从3个维度加以测度：①虚拟变量 $GDUM$，若女性高管人数大于其中位数2，赋值1，否则0；②比例变量 $GRAT$，等于女性高管人数/高管总人数；③赋值变量 $GNUM$，等于女性高管人数。$STATE$ 代表企业性质，若企业最终控制人为国有产权，赋值1，否则0。此外，本节控制了第一大股东持股比例

*FIRST*（等于第一大股东持股数/总股数）、制度环境 *MKT*（赋值公司注册地所在省市的市场化指数（樊纲，2011），若该年度市场化指数缺失，则取值最近年份的市场化指数）、公司规模 *SIZE*（等于年末总资产的自然对数）、盈利能力 *ROA*（等于营业利润除以期末总资产）、财务杠杆 *LEV*（等于期末负债总额与总资产之比）、成长能力 *GROW*（等于前后期营业收入之差除以上一期营业收入）、行业虚拟变量 *INDUS*（涉及 12 个行业，设置 11 个虚拟变量）和年度虚拟变量 *YEAR*（涉及 6 个年度，设置 5 个虚拟变量）。详细的变量定义如表 5 - 16 所示。

表 5 - 16                                   变量定义

| 变量性质 | 变量名称 | 变量代码 | 变量定义 |
|---|---|---|---|
| 因变量 | 代理成本 | *AGENCY* | 等于管理费用除以营业收入 |
| 测试变量 | 女性高管高低 | *GDUM* | 若女性高管人数大于其中位数 2，赋值 1，否则 0 |
| | 女性高管比例 | *GRAT* | 等于女性高管人数/高管总人数 |
| | 女性高管人数 | *GNUM* | 等于女性高管人数 |
| | 企业性质 | *STATE* | 若企业最终控制人为国有，赋值 1，否则 0 |
| 控制变量 | 大股东持股 | *FIRST* | 第一大股东持股数除以发行在外总股数 |
| | 制度环境 | *MKT* | 上市公司注册地所在地区的市场化指数 |
| | 公司规模 | *SIZE* | 公司期末总资产的自然对数 |
| | 盈利能力 | *ROA* | 营业利润除以期末总资产 |
| | 财务杠杆 | *LEV* | 期末负债总额除以期末总资产 |
| | 成长能力 | *GROW* | 等于本期营业收入与上一期营业收入之差除以上一期营业收入 |
| | 行业 | *IND* | 行业虚拟变量，涉及 12 个行业，设置 11 个虚拟变量 |
| | 年度 | *YEAR* | 年度虚拟变量，涉及 6 个年度，设置 5 个虚拟变量 |

进一步地，为了检验假设 H5 - 7，本节在模型（5 - 7）中放入交乘项 *GENDER* × *STATE*，依据理论分析，交乘项 *GENDER* × *STATE* 项系数 $\gamma$ 应显著小于 0。

$$AGENCY = \beta_0 + \beta_1 GENDER + \gamma GENDER \times STATE + \beta_2 STATE +$$
$$\beta_3 FIRST + \beta_4 MKT + \beta_5 SIZE + \beta_6 ROA + \beta_7 LEV +$$
$$\beta_8 GROW + IND + YEAR + \varepsilon \qquad (5-7)$$

### （二）数据来源

选择沪深两市 2007～2012 年全部 A 股上市公司作为初始样本，本节按照如下顺序进行样本筛选：（1）剔除金融保险行业的公司；（2）剔除同时发行外资股的公司；（3）剔除资产负债率大于 1 的公司；（4）剔除处于非正常交易状态的公司；（5）剔除数据缺失的公司。最终得到 8454 个样本观测值。为了减弱极端值可能带来的影响，本节对所有连续变量的上下 1% 分位进行了 winsorize 处理。数据处理和回归分析采用 SAS 9.1 软件，制度环境数据参考了樊纲等（2011）的研究，其余所需数据来自于北京大学 CCER 经济金融数据库。

## 四、实证研究结果及分析

### （一）描述性统计与相关性分析

表 5 - 17 报告了主要变量的描述性统计。AGENCY 的最小值和最大值分别为 0.0086 和 0.3807，揭示出不同公司之间的代理成本差异较大。GRAT 平均值为 0.1512，表明总体上而言上市公司中女性高管所占比例仅为 15.12%，反映出中国资本市场中的女性高管尚不普遍，女性高管人数 GNUM 的平均值为 2.6667 也印证了这一现象。STATE 的平均值为 0.5965，说明了在研究样本中国有企业占据了将近 60%，这与早期的上市公司大部分由国有企业改制而来是分不开的。FIRST 的 1/4 分位数和平均值分别为 0.2399 和 0.3669，说明"一股独大"现象仍然突出、股权集中度较高。制度环境 MKT 的最小值为 0.3800，远低于其最大值 11.8000，折射出不同地区之间的市场化进程差异明显。ROA 和 GROW 的标准差均大于其平均值，说明不同公司之间的盈利能力及成长能力波动较大。

表 5 - 17　　　　　　　　　　描述性统计

| 变量 | 观测值 | 平均值 | 标准差 | 最小值 | 1/4 分位 | 中位数 | 3/4 分位 | 最大值 |
|------|--------|--------|--------|--------|---------|--------|---------|--------|
| AGENCY | 8454 | 0.0828 | 0.0637 | 0.0086 | 0.0404 | 0.0670 | 0.1036 | 0.3807 |
| GDUM | 8454 | 0.4769 | 0.4995 | 0.0000 | 0.0000 | 0.0000 | 1.0000 | 1.0000 |

| 变量 | 观测值 | 平均值 | 标准差 | 最小值 | 1/4 分位 | 中位数 | 3/4 分位 | 最大值 |
|------|--------|--------|--------|--------|---------|--------|----------|--------|
| GRAT | 8454 | 0.1512 | 0.1044 | 0.0000 | 0.0667 | 0.1333 | 0.2143 | 0.6471 |
| GNUM | 8454 | 2.6667 | 1.8309 | 0.0000 | 1.0000 | 2.0000 | 4.0000 | 12.0000 |
| STATE | 8454 | 0.5965 | 0.4906 | 0.0000 | 0.0000 | 1.0000 | 1.0000 | 1.0000 |
| FIRST | 8454 | 0.3669 | 0.1540 | 0.0909 | 0.2399 | 0.3511 | 0.4818 | 0.7584 |
| MKT | 8454 | 8.9560 | 2.0595 | 0.3800 | 7.4200 | 9.0200 | 10.5800 | 11.8000 |
| SIZE | 8454 | 21.8740 | 1.2108 | 19.5381 | 20.9909 | 21.7216 | 22.5774 | 25.6517 |
| ROA | 8454 | 0.0440 | 0.0609 | -0.1465 | 0.0123 | 0.0378 | 0.0720 | 0.2390 |
| LEV | 8454 | 0.4868 | 0.1963 | 0.0603 | 0.3435 | 0.5002 | 0.6384 | 0.8717 |
| GROW | 8454 | 0.2299 | 0.5795 | -0.5790 | -0.0067 | 0.1379 | 0.3122 | 4.4061 |

主要变量之间的 Pearson 相关系数如表 5 - 18 所示。AGENCY 与 GDUM、GRAT、GNUM 之间的相关系数分别为 0.0699、0.1148、0.0806，且均在 1% 水平上显著，表明女性高管与代理成本之间显著正相关，初步印证了假设 H5 - 6。AGENCY 与 STATE 之间在 1% 水平上显著负相关（系数 = -0.1460），揭示了国有企业的代理成本较低，这与文中第二部分的理论分析相一致。此外，代理成本 AGENCY 与公司规模 SIZE、盈利能力 ROA、财务杠杆 LEV 及成长能力 GROW 之间呈现出显著负相关关系。当然，进一步的经验证据有待下文的多元回归分析。

### （二）多元回归分析

表 5 - 19 报告了女性高管影响代理成本的多元回归分析结果，第（1）列 ~ 第（3）列回归模型的调整拟合 $R^2$ 均大于 0.25，F 值在 1% 水平上显著，表明总体上模型结果良好。第（1）列中 GDUM 的回归系数等于 0.0023、10% 水平上显著（T 值 = 1.8467），第（2）列中 GRAT 的回归系数等于 0.0148、5% 水平上显著（T 值 = 2.3987），第（3）列中 GNUM 的回归系数等于 0.0009、1% 水平上显著（T 值 = 2.5827），上述经验证据联合揭示女性高管显著增加了代理成本，假设 H5 - 6 得到了经验证据的支持，一定程度上表明女性高管不一定会必然达到降低代理成本、改进公司治理的目的。

表 5 - 18　　变量的 Pearson 相关系数

| 变量 | AGENCY | GDUM | GRAT | GNUM | STATE | FIRST | MKT | SIZE | ROA | LEV | GROW |
|---|---|---|---|---|---|---|---|---|---|---|---|
| AGENCY | 1 | | | | | | | | | | |
| GDUM | 0.0699*** | 1 | | | | | | | | | |
| GRAT | 0.1148*** | 0.7645*** | 1 | | | | | | | | |
| GNUM | 0.0806*** | 0.7965*** | 0.9167*** | 1 | | | | | | | |
| STATE | -0.1460*** | -0.0981*** | -0.2189*** | -0.0969*** | 1 | | | | | | |
| FIRST | -0.1954*** | -0.0727*** | -0.1141*** | -0.1100*** | 0.2018 | 1 | | | | | |
| MKT | -0.0122 | 0.0412*** | 0.0736*** | 0.0357*** | -0.1611*** | 0.0349*** | 1 | | | | |
| SIZE | -0.3591*** | -0.0929*** | -0.2192*** | -0.1108*** | 0.3082*** | 0.2994*** | 0.0077 | 1 | | | |
| ROA | -0.1117*** | 0.0103 | 0.0168 | -0.0004 | -0.0836*** | 0.1236*** | 0.0636*** | 0.0781*** | 1 | | |
| LEV | -0.3276*** | -0.0367*** | -0.0874*** | -0.0215** | 0.2226*** | 0.0680*** | -0.0731*** | 0.4176*** | -0.3558*** | 1 | |
| GROW | -0.1309*** | -0.0007 | -0.0084 | -0.0084 | -0.0150 | 0.0877*** | -0.0344*** | 0.0800*** | 0.2027*** | 0.0709*** | 1 |

注: *、**、*** 分别代表在 10%、5%、1% 水平上显著（双尾）。

表 5 – 19                                   女性高管与代理成本

| 变量 | (1) GDUM | | (2) GRAT | | (3) GNUM | |
|---|---|---|---|---|---|---|
| | 系数 | T 值 | 系数 | T 值 | 系数 | T 值 |
| 常数项 | 0.3886 *** | 29.3117 | 0.3840 * | 28.3981 | 0.3859 *** | 28.9311 |
| GENDER | 0.0023 * | 1.8467 | 0.0148 ** | 2.3987 | 0.0009 *** | 2.5827 |
| STATE | − 0.0034 ** | − 2.4774 | − 0.0030 ** | − 2.2130 | − 0.0033 ** | − 2.4620 |
| FIRST | − 0.0375 *** | − 9.0119 | − 0.0376 *** | − 9.0306 | − 0.0371 *** | − 8.9080 |
| MKT | − 0.0013 *** | − 4.4570 | − 0.0014 *** | − 4.4821 | − 0.0013 *** | − 4.4385 |
| SIZE | − 0.0106 *** | − 16.9458 | − 0.0105 *** | − 16.5430 | − 0.0106 *** | − 16.8419 |
| ROA | − 0.1993 *** | − 17.3493 | − 0.1994 *** | − 17.3622 | − 0.1996 *** | − 17.3769 |
| LEV | − 0.0896 *** | − 22.6279 | − 0.0896 *** | − 22.6252 | − 0.0898 *** | − 22.6726 |
| GROW | − 0.0066 *** | − 6.2048 | − 0.0066 *** | − 6.1889 | − 0.0066 *** | − 6.2028 |
| IND/YEAR | Control | | Control | | Control | |
| Obs | 8454 | | 8454 | | 8454 | |
| Adj $R^2$ | 0.2705 | | 0.2707 | | 0.2708 | |
| F 值（P 值） | 131.5882（0.0000） | | 131.7223（0.0000） | | 131.7748（0.0000） | |

注：* 、** 、*** 分别代表在 10% 、5% 、1% 水平上显著（双尾）。

控制变量中，STATE、FIRST、MKT、SIZE、ROA、LEV、GROW 与 AGENCY 均显著负相关，说明第一大股东持股比例越高、制度环境越完善、公司规模越大、盈利能力越强、资产负债率越高、成长 能力越强时，代理成本越低。

表 5 – 20 列示了企业性质对女性高管与代理成本之间关系调节作用的多元回归分析结果。第（1）列中 GDUM × STATE 的系数 = − 0.0037，在接近 10% 的水平上显著小于 0（T 值 = − 1.5232，P 值 = 0.1277），第（2）列中 GRAT × STATE 在 1% 水平上显著小于 0（系数 = − 0.0380，T 值 = − 3.2233），第（3）列中 GNUM × STATE 在 1% 水平上显著小于 0（系数 = − 0.0025，T 值 = − 3.7338），上述结果联合表明国有产权显著降低了女性高管与代理成本之间的正相关关系，假设 H5 – 7 得到经验证据的支持。控制变量的符号基本上与表 5 – 19 保持一致，不再赘述。

表 5 – 20 女性高管与代理成本：企业性质的调节作用

| 变量 | (1) GDUM | | (2) GRAT | | (3) GNUM | |
|---|---|---|---|---|---|---|
| | 系数 | T 值 | 系数 | T 值 | 系数 | T 值 |
| 常数项 | 0.3874 *** | 29.1705 | 0.3822 *** | 28.2543 | 0.3819 *** | 28.5617 |
| GENDER | 0.0044 ** | 2.3585 | 0.0335 *** | 3.9586 | 0.0023 *** | 4.5133 |
| GENDER × STATE | – 0.0037 | – 1.5232 | – 0.0380 *** | – 3.2233 | – 0.0025 *** | – 3.7338 |
| STATE | – 0.0015 | – 0.8110 | 0.0030 | 1.3047 | 0.0036 | 1.5536 |
| FIRST | – 0.0378 *** | – 9.0631 | – 0.0382 *** | – 9.1716 | – 0.0377 *** | – 9.0527 |
| MKT | – 0.0013 *** | – 4.3887 | – 0.0013 *** | – 4.3139 | – 0.0013 *** | – 4.2581 |
| SIZE | – 0.0106 *** | – 16.9429 | – 0.0105 *** | – 16.6676 | – 0.0106 *** | – 16.8850 |
| ROA | – 0.1996 *** | – 17.3693 | – 0.1998 *** | – 17.4009 | – 0.2004 *** | – 17.4572 |
| LEV | – 0.0897 *** | – 22.6536 | – 0.0895 *** | – 22.6193 | – 0.0898 *** | – 22.6969 |
| GROW | – 0.0066 *** | – 6.1865 | – 0.0066 *** | – 6.1291 | – 0.0066 *** | – 6.1388 |
| IND/YEAR | Control | | Control | | Control | |
| Obs | 8454 | | 8454 | | 8454 | |
| Adj R$^2$ | 0.2706 | | 0.2715 | | 0.2719 | |
| F 值（P 值） | 126.4372（0.0000） | | 127.0099（0.0000） | | 127.2557（0.0000） | |

注：* 、** 、*** 分别代表在 10%、5%、1% 水平上显著（双尾）。

### （三）稳健性测试

借鉴部分学者的研究（Ang et al.，2000；修宗峰和杜兴强，2011），本节从经营效率角度采用资产周转率作为代理成本的逆向度量指标，重复表 5 – 19 和表 5 – 20 的回归分析（限于篇幅，略去具体结果）。研究结果揭示：（1）在表 5 – 19 的回归分析中，GDUM 的系数等于 – 0.0456（T 值 = – 4.3276，P 值 = 0.0000），GRAT 的系数等于 – 0.2477（T 值 = – 4.6782，P 值 = 0.0000），GNUM 的系数等于 – 0.0119（T 值 = – 4.0545，P 值 = 0.0001）；（2）在表 5 – 20 的回归分析中，GDUM × STATE 的系数等于 0.0048（T 值 = 0.2267，P 值 = 0.8207），GRAT × STATE 的系数等于 0.1162（T 值 = 1.1469，P 值 = 0.2514），GNUM × STATE 的系数等于 0.0124（T 值 = 2.1672，P 值 = 0.0302）；上述结果基本表明女性高管增加了代理成本（资产周转率降低），且国有企业中这一效应有所降低，假设 H5 – 6 和假设 H5 – 7 进一步得到支持。

## 五、研究结论与政策启示

在世界各国纷纷推动女性参与企业管理的背景下，女性高管能否有效改进公司治理受到理论界和实务界的广泛关注。本节选择 2007～2012 年中国资本市场 A 股上市公司作为样本，实证分析女性高管与代理成本之间的关系及企业性质的交互影响。研究发现无论采用虚拟变量、比例变量还是赋值变量，女性高管与代理成本之间均呈现出显著正相关关系，且在国有企业中这一正相关关系显著减弱。本节为女性高管的公司治理作用提供了直接的经验证据，有助于深入理解和科学评价中国现实情境下政府部门鼓励发展和壮大女性高管阶层的经济后果。

本节研究结论具有重要的政策启示意义，具体而言：（1）中国情境下女性高管导致了代理成本的上升，说明我国政府在鼓励甚至强制要求企业管理层中女性代表占据一定比例时需要慎重，与此同时，完善女性高管的履职环境、提高女性高管的管理经验等必不可少；（2）国有企业中女性高管对代理成本的正向影响相对较低，这主要是与国有企业的决策情境相关，未来可以适当加大国有企业中引入女性高管的力度，甚至可以考虑参考国有企业的某些成功机制来改进民营企业的激励约束设计。限于研究主题，本节仅考察了女性高管对第一类代理成本的影响，且未详细区分不同类型女性高管间的差异，这将是本节未来进一步研究的方向。

| 第六章 |

# 结论、启示与未来进一步的研究方向

## 第一节　主要研究结论

本书以中国资本市场上市公司为研究对象，综合应用经济学、管理学、心理学、女性学等学科基础理论，从女性这个独特视角系统研究了女性高管对于会计行为、投资决策及经营业绩的影响。研究发现主要包括：

（1）在对国内外相关文献进行回顾的基础之上，结合中国所处的制度背景和研究现状，明确指出当前情境下如何开展女性高管问题研究。具体如下：

①应注意不同层级女性高管之间的影响差异，同时需要综合采用虚拟变量法、比例法和赋值法等多种度量方式。

②国有企业和民营企业中的女性高管形成路径存在巨大差异，这也是造成女性高管的决策行为差异的重要内在原因。

③内生性是困扰女性高管研究的重要因素，如何减弱内生性的影响贯穿了本书的众多研究主题。

本书正是基于上述三大方向逐步展开相关的实证研究，并形成了一系列颇具中国特色的研究发现和政策启示。

（2）基于女性惯有的决策特点，女性高管对会计行为产生了重要影响，主要包括：

①在会计稳健性方面，女性财务高管的存在显著促进了企业财务报告稳健性的提升，而且这一促进作用主要存在于国有企业，主要原因在于国有企

业中财务高管的独立性和监督力正在逐步增强，相应权限受限于企业的程度正在不断降低。

②在盈余管理方面，女性高管显著增加了企业的盈余管理程度，但女性关键高管（董事长和总经理）调节了上述正相关关系，且这一调节效应在国有企业中显著增强。形成上述现象的基本机理包括：女性高管比例偏低、人数偏少是盈余管理程度上升的直接诱因，而女性关键高管的女性领导风格会对上述行为起到调节作用，且这一调节作用会由于国有企业近些年来的风险预防、责任承担等意识增加而得以增强。

③在财务舞弊方面，总体上女性高管显著抑制了财务舞弊行为，当区分女性高管类型后发现，女性 CFO、女性 CEO 和女性其他高管表现出的作用迥异，分别呈现出抑制作用、促进作用和无显著影响，并且女性 CEO 的影响力高于女性 CFO。进一步地，上述效应主要存在于《企业会计准则》（2006）实施后阶段。这些发现揭示出区分女性高管类型和完善外部制度的重要性。

④在审计努力程度方面，由于女性董事在监督管理层行为中更加积极和不同公司治理机制之间呈现出互补性，因此女性董事显著降低了审计努力程度，但是女性董事决策中风险厌恶特征将会致使随着法律环境的完善，女性董事降低审计努力程度的效应有所减弱。细分董事类型后发现，主要是女性独立董事在其中发挥作用。

⑤在社会责任信息披露方面，基于女性更强烈的社会责任导向意识，女性高管与社会责任信息披露之间显著正相关，进一步地，信任环境和国有属性将显著促进上述正相关关系的提升。这些证据有力地支持了女性高管的决策效率高度依赖于所处外部环境。

（3）具体到投资决策领域，女性高管同样表现出女性特有的决策风格，主要体现在以下方面：

①基于风险规避考虑，女性董事显著降低了企业的经营多元化程度，细分董事类型后发现：女性独立董事对经营多元化无显著影响，而主要是女性非独立董事降低了经营多元化，且这其中女性关键职位董事（包括董事长和总经理）降低经营多元化的程度最大，这反映出不同职位间女性董事的决策影响力差异。

②女性董事显著增加了企业慈善捐赠水平，细分董事类型后发现主要是

女性非独立董事表现出促进效应，且这一促进效应在国有企业中显著减弱。这些证据表明，在中国女性关怀主义伦理已经影响到企业的情境决策，而国有企业的经济理性制约了女性关怀主义伦理的作用发挥。

③相较于男性高管而言，女性高管显著增加了现金持有水平，这主要是由于持有较多的现金可以在一定程度上降低企业面临的财务风险。而宏观经济环境将会直接影响到微观企业行为，具体地，良好的宏观经济环境将会降低现金补足可能带来的机会成本，因此，当宏观经济环境上升时，女性高管的现金增持效应将显著降低。

④女性高管厌恶风险的决策特征导致她们对创新投入的态度较为保守，进而表现出较男性高管更为强烈的对 R&D 投资敏感性。而女性 CEO 在成长过程中所逐步培养并形成的一些行为意识已经突破了自身性别的束缚，呈现出在接受创新研发的态度相对于一般女性高管而言更为积极，这将使女性 CEO 会对女性高管之于 R&D 投入的抑制效应起到调节作用。

(4) 女性高管对会计行为和投资决策的最终影响将会体现在企业业绩方面，本书的研究发现包括：

①以民营上市公司为研究对象，女性董事的加入可以更为有效率地监督管理层行为和为企业决策提供女性所特有的宝贵资源，因此其将为企业价值提升发挥积极作用。但是由于制度环境与内部治理机制之间的替代性关系，这会导致制度环境的完善降低了女性董事和企业价值之间的正相关关系。

②可能存在的内生性关系是造成女性董事将如何影响经营业绩这一问题未有一致研究结论的重要原因之一，鉴于此，本书采用两阶段最小二乘法控制内生性问题后发现，总体上女性董事显著降低了企业的经营业绩；当进一步将女性董事区分为女性非独立董事和女性独立董事后，经验证据显示，女性非独立董事损害了经营业绩，而女性独立董事则有助于经营业绩的提升，二者之间呈现出明显的非对称性关系。

③作为企业经营业绩的逆向度量指标，从代理成本角度考察女性高管的经济后果将会更有助于加深对女性高管公司治理效应这一问题的理解。研究发现，无论采用虚拟变量、比例变量还是赋值变量，女性高管与代理成本之间显著正相关，但是这一关系在国有企业中会显著下降。

# 第二节　政策启示与建议

本书结合中国的制度背景，在围绕女性高管的会计行为、投资决策和企业业绩的三大效应研究过程中，形成了一系列的研究结论，这无疑将会对现行的相关政策具有一定的政策启示意义。主要包括：

（1）女性高管具备独特的决策优势，一定程度上有助于提升企业的决策质量。具体地，女性高管会以其独特的敏锐性为企业决策讨论过程中引入若干新颖的观点，这是极其珍贵的资源，同时女性高管的风险规避、道德伦理等特征也将会降低企业面临的风险，某种程度上改善企业外部形象。因此，在当前女性高管比例不高、人数不多的情形下，政府可适度出台鼓励女性高管发展的细则，大力培养合格的女性高管人才，而不仅仅是要求发展女性高管来充当门面。

（2）不同层级和不同类型的女性高管在决策过程中所发挥的作用迥异，这就要求企业应依据不同岗位特点和发展过程中现实需要配置女性高管人员。如女性 CFO 更为不可能参与财务舞弊、报告了更为稳健的会计信息，这些都将有助于投资者利益的改善，因此可以适度考虑结合实际情况，推动女性 CFO 的培养工作。而女性关键高管在企业决策中的话语权明显高于其他类型高管，若企业现阶段更倾向于保守的发展战略，选聘企业高管时适度考虑女性董事长或 CEO 可能是较为理想的选择。

（3）产权性质差异将会导致女性高管的决策效应差异，鉴于此，不可将女性高管的推行政策一概而论，在政策执行层面应关注女性高管的形成路径。如国有企业在近期的改革过程中不断明晰责任主体意识，这对于女性高管的决策行为已形成较为明显的影响，这种情形下女性决策特点体现得更为明显，因此更应注重发挥女性所特有的决策优势。

（4）在制定女性高管培养方案时，应依据企业发展的不同阶段做出相应调整。本书的第四章研究结果揭示，女性董事会显著降低经营多元化程度，女性高管更倾向于持有更多现金，若企业处于迅速扩张的初期阶段，一味地强调推行女性高管或女性董事，上述效应将会导致企业决策层内部的分歧加大，不利于扩张政策的制定与执行。若企业目前的风险已经过大，适度地发展女性高管或女性董事则恰到好处，这将有利于企业的风险控制。

（5）女性高管的决策效应高度依赖于所处内外部环境，不可一概而论。如本书研究发现女性高管的现金增持效应在宏观经济环境良好时期显著降低，因此若不考虑外部宏观经济环境一味地推行女性高管，某些时候可能结果并不理想。外部的制度环境同样会影响到女性董事的企业价值增值效应，结合书中女性董事促进民营企业价值提升作用在制度环境完善地区显著降低的研究结论，相应地我们应考虑当地区制度环境不完善时加大民营企业的女性董事发展力度，以弥补外部环境缺陷形成的负面影响。

（6）即使在具有基本相同特质的女性高管内部，同样会存在截然相反的决策效应，这主要是由于不同职位间差异所导致。因此，在企业职位安排过程中应考虑到这一潜在影响。本书的经验证据揭示出女性 CEO 和女性 CFO 在财务舞弊的过程中发挥了完全不同的作用，女性独立董事和女性非独立董事在影响企业经营业绩时提升效应和降低效应并存，鉴于上述情况，企业在人事安排时应尽可能发挥女性高管的积极作用，降低可能的负面影响。换言之，在考虑任命女性高管时应依据职位特点而定。

综上所述，如何发展和培养女性高管、充分发挥其所特有的决策优势不可依据固定模式一成不变地生搬硬套，我们应结合企业所处的具体内外部环境、发展阶段及不同职位的具体要求而定。大样本的经验研究往往会面临仅是概率事件而非真理的困境，这就更需要企业在决策时更为谨慎，更应结合企业实际情况做出合理决策。

## 第三节　未来进一步的研究方向

尽管本书已较为系统地试图构建女性高管与会计行为、投资决策及企业业绩之间的分析框架并提供经验证据，但是受限于研究主题和数据的可获得性，未来可以考虑从以下方面进一步拓展：

（1）研究内容方面。会计行为和投资决策所包含的内容非常丰富，本书仅选取其中的若干角度展开分析，肯定会存在诸多尚未涉及的领域，这给未来研究提供了较大的空间。具体而言：①审计师作为外部监督的重要力量，聘用审计师将会影响到企业会计信息生产的诸多方面。未来可考虑审计委员会中女性成员将如何通过审计师选择和审计沟通来影响审计行为并进而影响到会计信息质量。②国外研究文献大多认为 CEO 和 CFO 是关系会计信息生产的重要决策方，而在中国的"一把手"文化传统中董事长的决策可能更为重要，换言之，如何区分董事长、CEO 和 CFO 的影响差异也是未来值得关注的重要领域。③除审计行为外，会计行为还包括会计信息可比性、盈余及时性、信息含量等多维特征，投资决策包括投资效率、风险投资、资源配置等众多方面，女性高管是如何影响这些行为的，本书尚未涉及，延续上述范畴拓宽相关研究内容，将是未来值得关注的另一个重要研究领域。

（2）研究方法方面。改进研究方法势必将增强文章研究结论的可靠性，未来可以考虑采用田野研究法进行完善。仅仅依靠虚拟变量法、比例法和赋值法来度量女性高管大多时候是间接的，具体的女性高管决策方式方法大多难以直接通过数据库获取，这也是本书的重要缺陷之一。田野研究法（Field Study）则可以有效弥补上述缺陷。首先，可以考虑采取实地访谈、问卷调查、调研等方式获取女性高管决策方式的第一手资料，并加以分析，这样可以获取支持女性决策模式的直接证据，将会是经验研究的必要补充。其次，尽管本书已注意到不同职位之间女性高管之间的差异，但是单从职位差异之间进行分析尚不够深入，未来可以借助观察职位的长期变迁，以检验职位差异对决策行为的影响，当然这需要相当长的时间窗口。最后，仅仅粗线条地将女性高管划分为是否独立董事、是否关键高管等不足以全面反映女性高管研究中的客观现实，这主要是受限于数据的获取，如何科学细分女性高管类型将会使得研究更加深入和细致。

（3）理论基础方面。归根到底，女性高管问题是一个交叉学科知识融合的新颖问题，研究这一问题必将涉及女性学、社会学、经济学、管理学甚至心理学等诸多学科知识，受笔者的理论水平和知识面所限，本书很难全面系统的应用多学科的知识，其中肯定还存在诸多疏漏之处，这一方面会导致理论基础的薄弱，另一方面可能还存在较大的应用基础理论去开拓新研究领域的空间。综上所述，综合应用不同学科知识来拓宽女性高管的研究范畴，必将丰富女性高管的内涵和深度，同时也将会为女性经济学乃至女性学的研究从会计财务视角提供增量贡献。在适当时候，甚至可以考虑融合其他学科知识，构建和发展独立的女性会计学、财务学学科。

（4）考察多元特征。究其本质而言，本书中关于女性高管的度量实际上仅仅关注了高管的性别这一维特征，不足以全面反映女性高管问题。除年龄、学历等外在可以纳入模型直接进行控制的特征外，高管个人的阅历可能是企业决策的重要影响变量（Malmendier et al.，2011；Benmelech and Frydman，2014）。更深层次地，若不控制高管阅历的影响可能会由于遗漏变量问题进一步影响到研究结论的稳健性。但是阅历这一特征过于多元化而难以全面考察，因此未来可系统观察某一典型经历的系统性影响。实际上，限于数据，女性高管的很多其他特征都没有在本书的研究设计中加以检验，如何进一步发掘给未来研究留下较大空间，甚至可以进一步分析其他特征与女性高管的交互效应，这又将进一步丰富女性高管的研究内涵。

# 参考文献

[1] Adams, R. A. , Ferreira, D. Women in the Boardroom and their Impact on Governance and Performance [J]. Journal of Financial Economics, 2009, 94 (2): 291 – 309.

[2] Adams, R. B. , Ferreira, D. Gender Diversity in the Boardroom [R]. ECGI (European Corporate Governance Institution) Working Paper Series in Finance, 2004, http: //ssrn. com/abstract = 594506.

[3] Adams, R. B. , Hermalin, B. E. , Weisbach, M. S. The Role of Boards of Directors in Corporate Governance: A Conceptual Framework and Survey [J]. Journal of Economic Literature, 2010, 48 (1): 58 – 107.

[4] Adams, S. M. , Flynn, P. M. Local Knowledge Advances Women's Access to Corporate Boards [J]. Corporate Governance, 2005, 13 (6): 836 – 846.

[5] Agrawal, A. , Chadha, S. Corporate Governance and Accounting Scandals [J]. Journal of Law and Economics, 2005, 48 (2): 371 – 406.

[6] Ahern, K. R. , Dittmar, A. K. The Changing of the Boards: The Impact on Firm Valuation of Mandated Female Board Representation [J]. The Quarterly Journal of Economics, 2012, 127 (1): 137 – 197.

[7] Ali, M. , Metz, I. , Kulik, C. T. The Organizational Gender Diversity – Performance Link: Does Industry Type Matter [R]. Working Paper of University of Melbourne, 2009.

[8] Almazan, A. , Suarez, J. Entrenchment and Severance Pay in Optimal Governance Structures [J]. Journal of Finance, 2003, 58 (2): 519 – 547.

[9] Amihud, Y. , Lev, B. Does Corporate Ownership Structure Affect Its Strategy towards Diversification [J]. Strategic Management Journal, 1999, 20 (11): 1063 – 1069.

[10] Ang, J. S. , Cole, R. A. , Lin, J. W. Agency Cost and Ownership Structure [J]. Journal of Finance, 2000, 55 (1): 81 – 106.

［11］Arano, K. , Parker, C. , Terry, R. Gender – Based Risk Aversion and Retirement Asset Allocation ［J］. Economic Inquiry, 2010, 48 (1): 147 – 155.

［12］Atkinson, L. , Galaskiewicz, J. Stock Ownership and Company Contributions to Charity ［J］. Administrative Science Quarterly, 1988, 33 (1): 82 – 100.

［13］Ball, L. , Shivakumar, L. Earnings Quality in UK Private Firms: Comparative Loss Recognition Timeliness ［J］. Journal of Accounting and Economics, 2005, 39 (1): 83 – 128.

［14］Barber, B. M. , Odean, T. Boys Will Be Boys: Gender, Overconfidence, and Common Stock Investment ［J］. The Quarterly Journal of Economics, 2001, 116 (1): 261 – 292.

［15］Barker, V. L. , Mueller, G. C. CEO Characteristics and Firm R&D Spending ［J］. Management Science, 2002, 48 (6): 782 – 801.

［16］Bartkus, B. , Morris, S. , Seifert, B. Governance and Corporate Philanthropy ［J］. Business and Society, 2002, 41 (3): 319 – 344.

［17］Bartov, E. , Mohanram, P. Private Information, Earnings Manipulation, and Executive Stock – Option Exercises ［J］. The Accounting Review, 2004, 79 (4): 889 – 920.

［18］Barua, A. , Davidson, L. F. , Rama, D. V. , Thiruvadi, S. CFO Gender and Accruals Quality ［J］. Accounting Horizons, 2010, 24: 25 – 39.

［19］Baum, C. F. , Caglayan, M. , Ozkan, N. , Talavera, O. The Impact of Macroeconomic Uncertainty on Non – Financial Firms' Demand for Liquidity ［J］. Review of Financial Economics, 2006, 15 (4): 289 – 304.

［20］Beasley, M. S. An Empirical Analysis of the Relation between the Board of Director Composition and Financial Statement Fraud ［J］. The Accounting Review, 1996, 71 (4): 443 – 465.

［21］Benmelech, E. , Frydman, C. Military CEOs ［J］. Journal of Financial Economics, 2014, 117 (1): 43 – 59.

［22］Bernardi, R. A. , Arnold, D. F. An Examination of Mordal Development Within Public Accounting by Gender, Staff level and Firm ［J］. Contemporary Accounting Research, 1997, 14 (4): 653 – 668.

［23］Bernardi, R. A. , Bosco, S. M. , Columb, V. L. Does Female Representation on Boards of Directors Associate with the 'Most Ethical Companies' list? ［J］. Corporate Reputation Review, 2009, 25 (3): 270 – 280.

［24］Bernasek, A. , Shwiff, S. Gender, Risk, and Retirement ［J］. Journal of Economic Issue, 2001, 35 (2): 345 – 356.

［25］Betz, J. , O'Connell, L. , Shepard, J. M. Gender Difference in Proclivity for Unethical Behavior [J]. Journal of Business Ethics, 1989, 8 (5): 321 – 324.

[26] Bhagat , S. , Black, B. S. The Non – Correlation between Board Independence and Long – Term Firm Performance [J]. Journal of Corporation Law, 2002, 27: 231 – 274.

[27] Blake, M. K. , Hanson, S. Rethinking Innovation: Context and Gender [J]. Environment and Planning, 2005, 37 (4): 681 – 701.

[28] Blau, P. M. 1977. Inequity and Heterogeneity [M]. New York: Free Press.

[29] Boubakri, M. , Cosset, J. , Guedhami, O. Postprivatization Corporate Governance: The Role of Ownership Structure and Investor Protection [J]. Journal of Financial Economics, 2005, 76 (2): 369 – 399.

[30] Boulouta, I. Hidden Connections: The link between Board Gender Diversity and Corporate Social Performance [J]. Journal of Business Ethics, 2013, 113 (2): 185 – 197.

[31] Boyd, B. K. Board Control and CEO Compensation [J]. Strategic Management Journal, 1994, 15 (5): 335 – 344.

[32] Brammer, S. , Millington, A. Corporate Reputation and Philanthropy: An Empirical Analysis [J]. Journal of Business Ethics, 2005, 61 (1): 29 – 44.

[33] Brammer, S. , Millington, A. , Pavelin, S. Corporate Reputation and Women on the Board [J]. British Journal of Management, 2009, 20 (1): 17 – 29.

[34] Brennan, N. , McCafferty, J. Corporate Governance in Irish Companies [J]. Irish Journal of Management, 1997, 17 (1): 116 – 135.

[35] Brown, W. O. , Helland, E. , Smith, J. K. Corporate Philanthropic Practice [J]. Journal of Corporate Finance, 2006, 12 (5): 855 – 877.

[36] Buckalew, E. A. , Konstantinopoulos, Russell, J. , El – SherbiniSeif. The Future of Female CEOs and Their Glass Ceiling [J]. Journal of Business Studies Quartely, 2012, 3 (4): 145 – 153.

[37] Burton, B. K. , Dunn, C. P. Feminist Ethics as Moral Grounding for Stakeholder Theory [J]. Business Ethics Quarterly, 1996, 6 (2): 133 – 147.

[38] Bushman, R. M. , Smith, A. J. Financial Accounting Information and Corporate Governance [J]. Journal of Accounting and Economics, 2001, 32 (1 – 3): 237 – 333.

[39] Byard, D. , Li, Y. , Yu, Y. The Effect of Mandatory IFRS Adoption on Financial Analysts' Information Environment [J]. Journal of Accounting Research, 2011, 49 (1): 69 – 96.

[40] Byoun, S. , Chang, K. , Kim, Y. Does Corporate Board Diversity Affect Corporate Payout Policy [EB/OL]. 2011, http: //papers. ssrn. com/sol3/papers. cfm? abstract_id = 1786510.

[41] Carrasco, C. Gender Gap in Innovation: An Institutionalist Explanation [J]. Manage-

ment Decision, 2014, 52 (2): 410 – 424.

[42] Carter, D. A. , D'souza, F. , Simkins, B. J. , Simpson, W. G. The Gender and Ethnic Diversity of US Boards and Board Committees and Firm Financial Performance [J]. Corporate Governance: An International Review, 2010, 18 (5): 396 – 414.

[43] Carter, D. A. , Simkins, B. J. , Simpson, W. G. Corporate Governance, Board Diversity, and Firm Value [J]. Financial Review, 2003, 38 (1): 33 – 53.

[44] Catalyst. Census of Women Board Directors of the Fortune 1000 [R]. Catalyst, New York, 2007.

[45] Catalyst. The bottom Line: Corporate Performance and Women's Representation on Boards [EB/OL]. 2010, http: //www. catalyst. org.

[46] Catalyst. Women in accounting [EB/OL]. http: //www. catalyst. org/publication/204/women-in-accounting, 2011 (December).

[47] Catalyst. Women in the U. S. Management [EB/OL]. http: //www. catalyst. org/page/64/browse-research- knowledge, 2010.

[48] Charness, G. , Gneezy, U. Strong Evidence for Gender Difference in Risk Taking [J]. Journal of Economic Behavior & Organization, 2012, 83 (1): 50 – 58.

[49] Chava, S. , Purnanandam, A. CEOs Versus CFOs: Incentives and Corporate Policies [J]. Journal of Financial Economics, 2010, 97 (2): 263 – 278.

[50] Chen, G. , Firth, M. , Gao, D. N. , Rui, O. M. Ownership Structure, Corporate Governance, and Fraud: Evidence from China [J]. Journal of Corporate Finance, 2006, 12 (3): 424 – 448.

[51] Chen, H. , Chen, J. Z. , Lobo, G. J. , Wang, Y. Association between Borrower and Lender State Ownership and Accounting Conservatism [J]. Journal of Accounting Research, 2010, 48 (5): 973 – 1014.

[52] Chen, H. , Hsu, W. , Huang, Y. Top Management Team Characteristics, R&D Investment and Cpaital Structure in IT Industry [J]. Small Business Economics, 2010, 35 (3): 319 – 333.

[53] Chen, Q. , Chen, X. , Schipper, K. , XU, Y. , XUE, J. The Sensitivity of Corporate Cash Holdings to Corporate Governance [J]. The Review of Financial Studies, 2012, 25 (12): 3610 – 3644.

[54] Coase, R. H. The Problem of Social Cost [J]. Journal of Law and Economics, 1960, 3: 1 – 44.

[55] Cotter, D. A. , Hermsen, J. M. , Ovadia, S. , Vanneman, R. The Glass Ceiling Effect [J]. Social forces, 2001, 80 (2): 655 – 681.

[56] Cowen S. S. , Ferreri, L. B. , Parker, L. D. The Impact of Corporate Characteristics on Social Responsibility Disclosure: A Typology and Frequency – Based Analysis [J]. Accounting, Organizations and Society, 1987, 12 (2) : 111 – 122.

[57] Croson, R. , Gneezy, U. Gender Differences in Preferences [J]. Journal of Economic Literature, 2009, 47 (2): 1 – 27.

[58] Davies – Netzley, S. A. Women above the Glass Ceiling: Perceptions on Corporate Mobility and Strategies for Success [J]. Gender & Society, 1998, 12 (3): 339 – 355.

[59] Dechow, P. , Ge, W. , Schrand, C. Understanding Earnings Quality: A Review of the Proxies, Their Determinants and Their Consequences [J]. Journal of Accounting and Economics, 2010, 50 (2 – 3): 344 – 401.

[60] Dechow, P. M. , Sloan, R. G. , Sweeney, A. P. Detecting Earnings Management [J]. The Accounting Review, 70 (2): 193 – 225.

[61] Denis, D. J. , Denis, D. K. Sarin, A. Agency Problem, Equity Ownership, and Corporate Diversification [J]. The Journal of Finance, 1997, 52 (1): 135 – 160.

[62] Ding, D. , Charoenwong, C. Women on Board: Is It Boon or Bane? [C]. 2004, FMA European Conference, Zürich.

[63] Dittmar, A. , Mahrt – Smith, J. , Servaes, H. International Corporate Governance and Corporate Cash Holdings [J]. Journal of Financial and Quantitative Analysis, 2003, 38 (1): 111 – 133.

[64] Doctor, R. N. , Newton, D. P. , Pearson, A. Managing Uncertainty in Research and Development [J]. Technovation, 2001, 21 (2): 79 – 90.

[65] Dollar, D. , Fisman, R. , Gatti, R. Are Women Really the "Fairer" Sex? Corruption and Women in Government [J]. Journal of Economic Behavior & Organization, 2001, 46 (4): 423 – 429.

[66] Dyck, A. , Morse, A. , Zingales, L. Who Blows the Whistle on Corporate Fraud? [J]. The Journal of Finance, 2010, 65 (6): 2213 – 2253.

[67] Eagly, A. H. , Crowley, M. Gender and Helping Behavior: A Meta – Analytic Review of the Social Psychological Literature [J]. Psychological Bulletin, 1986, 100 (3): 283 – 308.

[68] Eckel, C. C. , Grossman, P. J. Men, Women and Risk Aversion: Experimental Evidence [J]. Handbook of Experimental Economics Results, 2008, 1: 1061 – 1073.

[69] Erhardt, N. L. , Werbel, J. D. , Shrader, C. B. Board of Director Diversity and Firm Financial Performance [J]. Corporate Governance, 2003, 11 (2): 102 – 111.

[70] European Commission. Women in Science: Statistics and Indicators on Gender Equal-

ity in Science [R]. Luxembourg: Publications Office of the European Union, 2009.

[71] Faccio, M., Marchica, M., Mura, R. CEO Gender and Corporate Risk Taking [R]. SSRN Working Paper, http://papers. ssrn. com. sci-hub. org/sol3/papers. cfm? abstract_ id = 2021136.

[72] Fama, E. F. Agency Problems and the Theory of the Firm [J]. The Journal of Political Economy, 1980, 88 (2): 288 – 307.

[73] Fama, E, F., Jensen, M. C. Separation of Ownership and Control [J]. Journal of Law and Economics, 1983, 26 (2): 301 – 325.

[74] Fan, J. P. H., Wong, T. J. Do External Auditors Perform a Corporate Governance Role in Emerging Markets? Evidence from East Asia [J]. Journal of Accounting Research, 2005, 43 (1): 35 – 72.

[75] Farrell, K. A., Hersch, P. L. Additions to Corporate Boards: The Effect of Gender [J]. Journal of Corporate Finance, 2005, 11 (1 – 2): 85 – 106.

[76] Feng, M., Ge, W., Luo, S., Shevlin, T. Why Do CFOs Become Involved in Material Accounting Manipulations? [J]. Journal of Accounting and Economics, 2011, 51 (1): 21 – 36.

[77] Fernandez – Feijoo, B., Romero, S., Ruiz, S. Does Board Gender Composition Affect Corporate Social Responsibility Reporting? [J]. International Journal of Business and Social Science, 2012, 3 (1): 31 – 38.

[78] Fiegener, M. K. Locus of Ownership and Family Involvement in Small Private Firms [J]. Journal of Management Studies, 2010, 47 (2): 296 – 321.

[79] Firth, M., Lin, C., Zou, H. Friend or Foe? The Role of State and Mutual Fund Ownership in the Split Share Structure Reform in China [J]. Journal of Financial and Quantitative Analysis, 2010, 45 (3): 685 – 706.

[80] Fishman, P. M. Interaction: The Work Women Do [J]. Soclai Problems, 1978, 25 (4): 397 – 406.

[81] Fombrun, C. J., Gardberg, N. A., Barnett, M. L. Opportunity Platforms and Safety Nets: Corporate Citizenship and Reputational Risk [J]. Business & Society Review, 2000, 105 (1): 85 – 106.

[82] Francis, B., Hasan, I., Park, J. C., Wu, Q. Gender Difference in Financial Reporting Decision – Making [EB/OL]. Working paper, 2009, http://papers. ssrn. com/ sol3/papers. cfm? abstract_id = 1471059.

[83] Francis, B., Hasan, I., Park, J. C., Wu, Q. Gender – Difference in Financial Reporting Decision – Making: Evidence form Accounting Conservatism [J]. Contemporary Ac-

counting Research, forthcoming, 2014, doi: 10.1111/1911 – 3846.12098.

[84] Francoeur, C., Labelle, R., Sinclair – Desgagné, B. Gender Diversity in Corporate Governance and Top Management [J]. Journal of Business Ethics, 2008, 81 (1).

[85] Freeman, R. E., Jr. Gilbert, D. R. Business, Ethics and Society: A Critical Agenda [J]. Business & Society, 1992, 31 (1): 9 – 17.

[86] Gavious, I., Segev, E., Yosef, R. Female Directors and Earnings Management in High – Technology Firms [J]. Pacific Accounting Review, 2012, 24 (1): 4 – 32.

[87] Gilligan, C. In a Different Voice: Psychological Theory and Women's Development [M]. Cambridge, Mass.: Harvard University Press, 1993.

[88] Glover, S. H., Bumpus, M. A., Logan, J. E., Ciesla, J. R. Reexamining the Influence of Individual Values on Ethical Decision – Making [J]. Journal of Business Ethics, 1997, 16 (12/13): 1319 – 1329.

[89] Goertzel, T. G. That Gender Gap: Sex, Family Income, and Political Opinions in the Early 1980s [J]. Journal of Political and Military Sociology, 1983, 11 (2): 209 – 222.

[90] Goetz, M. R., Laeven, L., Levine, R. Identifying the Valuation Effects and Agency Costs of Corporate Diversification: Evidence from the Geographic Diversification of U. S. Banks [J]. Review of Financial Studies, 2013, 26 (7): 1787 – 1823.

[91] Graham, J. F., Jr, E. J. S., Myers, J. K., Graham, M. J. Gender Differences in Investment Strategies: an Information Processing Perspectives [J]. The International Journal of Bank Marketing, 2002, 20 (1): 17 – 26.

[92] Gu, J., Weng, Q., Xie, F. Leadership, Team and Decision Speed: Empirical Study Using Cross – Provincial Data [J]. Chinese Management Studies, 2012, 6 (4): 598 – 609.

[93] Gul, F. A., Min, C., Srinidhi, B. Gender Diversity on US Corporate Boards and Cost of Capital [R]. 2008, http://tigger. uic. edu/cba/accounting/Documents/Srinidhi-paper – Fa09. pdf.

[94] Gul, F. A., Srinidhi, B., Ng, A. C. Does Board Gender Diversity Improve the Informativeness of Stock Price [J]. Journal of Accounting and Economics, 2011, 51 (3): 314 – 338.

[95] Gul, F. A., Srinidhi, B., Tsui, J. Do Female Directors Enhance Corporate Board Monitoring? Some Evidence from Earnings Quality [R]. 2007. http://www. isb. edu/AccountingResearchConference/File/ GulSrinidhiTsui. pdf.

[96] Hambrick, D. C., Mason, P. A. Upper Echelons: Organization as a Reflection of its Managers [J]. Academy Management Review, 1984, 9 (2): 193 – 206.

［97］Han, S., Qiu, J. Corporate Precautionary Cash Holdings ［J］. Journal of Corporate Finance, 2007, 13 (1): 43 – 57.

［98］Harford, J., Mansi, S. A., Maxwell, W. F. Corporate Governance and Firm Cash Holdings in the U. S. ［M］. Corporate Governance: Recent Developments and New Trends. Berlin Heidelberg: Springer, 2012: 107 – 138.

［99］Harrigan, K. R. Numbers and Positions of Women Elected to Corporate Boards ［J］. The Academy of Management Journal, 1981, 24 (3): 619 – 625.

［100］Haushalter, D., Klasa, S., Maxwell, W. F. The Influence of Product Market Dynamics on a Firm's Cash Holdings and Hedging Behavior ［J］. Journal of Financial Economics, 2007, 84 (3): 797 – 825.

［101］Hemingway, C. A., Maclagan, P. W. Managers' Personal Values as Drivers of Corporate Social Responsibility ［J］. Journal of Business Ethics, 2004, 50 (1): 33 – 44.

［102］Hermalin, B. E., Weisbach, M. S. Boards of Directors as an Endogenously – Determined Institution: A Survey of the Economic Literature ［J］. FRBNY Economic Policy Review, 2003, 9 (5): 7 – 26.

［103］Hermalin, B. E., Weisbach, M. S. Endogenously Chosen Boards of Directors and Their Monitoring of the CEO ［J］. American Economic Review, 1998, 88 (1): 96 – 118.

［104］Hermalin, B. E., Weisbach, M. S. The Effects of Board Composition and Direct Incentives on Firm Performance ［J］. Financial Management, 1991, 20 (4): 101 – 112.

［105］Hess, D., Rogovsky, N., Dunfee, T. W. The Next Wave of Corporate Community Involvement: Corporate Social Initiatives ［J］. California Management Review, 2002, 44 (2): 110 – 125.

［106］Higgs. Review of the Role and Effectiveness of Non – Executive Directors ［R］. London: Department of Trade and Industry, 2003.

［107］Hillman, A. J., Shropshire, C., Cannella, A. A. Organizational Predictors of Women on Corporate Boards ［J］. Academy of Management Journal, 2007, 50 (4): 941 – 952.

［108］Hofer, C. W. Toward a Contingency Theory of Business Strategy ［J］. Academy of Management Journal, 1975, 18 (4): 784 – 810.

［109］Holthausen, R. W., Larcker, D. F., Sloan, R. G. Annual Bonus Schemes and the Manipulation of Earnings ［J］. Journal of Accounting and Economics, 1995, 19 (1): 29 – 74.

［110］Horton. J., Serafeim, G., Serafeim, I. Does Mandatory IFRS Adoption Improve the Information Environment? ［J］. Contemporary Accounting Research, 2013, 30 (1):

388 - 423.

[111] Hribar, P. , Nichols. , D. C. The Use of Unsigned Earnings Quality Measures in Tests of Earnings Management [J] . Journal of Accounting Research, 2007, 45 (5): 1017 - 1053.

[112] Huang, J. , Kisgen, D. J. Gender and Corporate Finance: Are Male Executives Overconfident Relative to Female Executive? [J]. Journal of Financial Economics, 2013, 108 (3): 822 - 839.

[113] Ibrahim, N. A. , Angelidis, J. P. Effect of Board Members' Gender on Corporate Social Responsiveness Orientation [J] . Journal of Applied Business Research, 1994, 10 (1): 35.

[114] Jensen, M. C. Agency Costs of Free Cash Flow, Corporate Finance and Takeovers [J]. American Economic Review, 1986, 76 (2): 323 - 329.

[115] Jensen, M. C. , Meckling, W. H. Theory of the Firm: Managerial Behavior, Agency Cost and Ownership Structure [J] . Journal of Financial Economics, 1976, 3 (4): 305 - 360.

[116] Jensen, M. C. The Modern Industrial Revolution, Exit, and the Failure of Internal Control Systems [J]. The Journal of Finance, 1993, 48 (3): 831 - 880.

[117] Jianakoplos, N. A. , Bernasek, A. Are women more Risk Averse [J]. Economic Inquiry, 1998, 36 (4): 620 - 630.

[118] Jiang, J. K. , Petroni, R. , Wang, I. Y. CFOs and CEOs: Who Have the Most Influence on Earnings Management? [J]. Journal of Financial Economics, 2010, 96 (3): 513 - 526.

[119] Jiraporn, P. , Kim, Y. S. , Davidson, W. N. Corporate Governance, Shareholder Rights and Firm Diversification: An Empirical Analysis [J]. Journal of Banking and Finance, 2006, 30 (3): 947 - 963.

[120] Jokipii, A. Determinants and Consequences of Internal Control in Firms: a Contingency Theory Based Analysis [J] . Journal of Management & Governance, 2010, 14 (2): 115 - 144.

[121] Jurkus, A. F. , Park, J. C. , Woodard, L. S. Women in Top Management and Agency Cost [J]. Journal of Business Research, 2011, 64 (2): 180 - 186.

[122] Kang, E. , Ding, D. K. , Charoenwong, C. Investor Reaction to Women Directors [J]. Journal of Business Research, 2010, 63 (8): 888 - 894.

[123] Kang, H. , Cheng, M. , Gray, S. J. Corporate Governance and Board Composition: Diversity and Independence of Australian Boards [J]. Corporate Governance: An Interna-

tional Review, 2007, 15 (2): 194 – 207.

[124] Kawakami, C., White, J. B., Langer, E. J. Mindful and Masculine: Freeing Women Leaders from the Constraints of Gender Roles? [J]. Journal of Social Issues, 2000, 56 (1): 49 – 63.

[125] Keynes, J. M. The General Theory of Employment, Interest and Money [M]. 1936. London: McMillan.

[126] Kim, K., Al – Shammari, H. A., Kim, B., Lee, S. CEO Duality Leadership and Corporate Diversification Behavior [J]. Journal of Business Research, 2009, 62 (11): 1173 – 1180.

[127] Klein, A. Firm Performance and Board Committee Structure [J]. Journal of Law and Economics, 1998, 41 (1): 275 – 304.

[128] Kravitz, D. A. More Women in the Workplace: Is There a Payoff in Firm Performance? [J]. The Academy of Management Executive, 2003, 17 (3): 148 – 149.

[129] Krishnan, G. V., Parsons, L. M. Getting to the Bottom Line: An Exploration of Gender and Earnings Quality [J]. Journal of Business Ethics, 2008, 78 (1 – 2): 65 – 76.

[130] Lang, L. H. P., Stulz, R. M. Tobins'Q, Corporate Diversification and Firm Performance [J]. Journal of Political Economy, 1994, 102 (6): 1248 – 1280.

[131] La Porta, R., Lopez-de – Silanes, F., Shleifer, A. Corporate Ownership around the World [J]. Journal of Finance, 1999, 54 (2): 471 – 517.

[132] La Porta, R., Lopez-de – Silanes, F., Shleifer, A., Vishny, R. Investor Protection and Corporate Governance [J]. Journal of Financial Economics, 2000, 58 (1 – 2): 3 – 27.

[133] La Porta R., Lopez – De – Silanes, F., Shleifer, A., Vishny, R. Law and Finance [J]. Journal of Political Economy, 1998, 106 (6): 1113 – 1155.

[134] Lara, J. M., Osma, B. G., Penalva, F. Accounting Conservatism and Corporate Governance [J]. Review of Accounting Studies, 2009, 14: 161 – 201.

[135] Lee, P. M., James, E. H. She-e-os: Gender Effects and Investor Reactions to the Announcements of Top Executive Appointments [J]. Strategic Management Journal, 2007, 28 (3): 227 – 241.

[136] Lennox, C. S., Francis, J. R. Wang, Z. Selection Model in Accounting Research [J]. The Accounting Review, 2012, 87 (2): 589 – 616.

[137] Lev, B., Sougiannis, T. The Capitalization, Amortization, and Value – Relevance of R&D [J]. Journal of Accounting and Economics, 1996, 21 (1): 107 – 138.

[138] Levi, M., Li, K., Zhang, F. Director Gender and Mergers and Acquisitions [J].

Journal of Corporate Finance, 2014, 28: 185 – 200.

[139] Levi, M. , Li, K. , Zhang, F. Mergers and Acquisitions: The Role of Gender [EB/OL]. 2008, http: //pape r. ssrn. com/sol3/papers. cfm? abstract_id = 1123735.

[140] Malmendier, U. , Tate, G. , Yan, J. Overconfidence and Early – Life Experiences: The Effect of Managerial Traits on Corporate Financial Policies [J]. The Journal of Finance, 2011, 66 (5): 1687 – 1733.

[141] Manner, M. H. The Impact of CEO Characteristics on Corporate Social Performance [J]. Journal of Business Ethics, 2010, 93 (1): 53 – 72.

[142] Marlow, S. , McAdam, M. Analyzing the Influence of Gender Upon High – Technology Venturing Within the Context of Business Incubation [J]. Entrepreneurship Theory and Practice, 2012, 36 (4): 655 – 676.

[143] Martin, A. D. , Nishikawa, T. , Williams, M. A. CEO Gender: Effects on Valuation and Risk [J]. Quarterly Journal of Finance and Accounting, 2009, 48 (3): 23 – 40.

[144] Mauleòn, E. , Daraio, C. , Bordons, M. Exploring Gender Differences in Patenting in Spain [J]. Research Evaluation, 2013, 18: 1 – 17.

[145] Miller, D. , Lester, R. H. Stewardship or Agency? A Social Embeddedness Reconciliation of Conduct and Performance in Public Family Businesses [J]. Organization Science, 2011, 22 (3): 704 – 721.

[146] Mohan, N. J. , Chen, C. R. Are IPOS Priced Differently Based upon Gender? [J]. The Journal of Behavioral Finance, 2004, 5 (1): 57 – 65.

[147] Murphy, K. J. Corporate Performance and Managerial Remuneration: An Empirical Analysis [J]. Journal of Accounting and Economics, 1985, 7 (1): 11 – 42.

[148] Nählinder, J. Where Are All the Female Innovators? Nurses as Innovators in a Public Sector Innovation Project [J]. Journal of Technology Management & Innovation, 2010, 5 (1): 13 – 29.

[149] National Science Foundation. Women, Minorities, and Persons with Disabilities in Science and Engineering [R]. Stockholm: Division of Science Resources Statistics, 2011.

[150] Nielsen, S. , Huse, M. The Contribution of Women on Boards of Directors: Going Beyond the Surface [J]. Corporate Governance: An International Review, 2010, 18 (2): 136 – 148.

[151] Nissan, E. , Carrasco, I. , Castano, M. S. Women Entrepreneurship, Innovation and Internationalization [M]. New York: Springer, 2012.

[152] Oakley, J. G. Gender – Based Barriers to Senior Management Positions: Understanding the Scarcity of Female CEOs [J]. Journal of Business Ethics, 2000, 27: 321 – 334.

[153] Offermann, L. R., Beil, C. Achievement Styles of Women Leaders and Their Peers: toward an Understanding of Women and Leadership [J]. Psychology of Women Quarterly, 1992, 16: 37 – 56.

[154] Olsen, R. A., Cox, C. M. The Influence of Gender on the Perception and Response to Investment Risk: The Case of Professional Investors [J]. The Journal of Psychology and Financial Markets, 2001, 2: 29 – 36.

[155] Ones, D. S., Viswesvaran, C. Gender, Age, and Race Differences on Overt Integrity Tests: Results across Four Large – Scale Job Applicant Data Sets [J]. Journal of Applied Psychology, 1998, 83 (1): 35 – 42.

[156] Opler, T., Pinkowitz, L., Stulz, R., Williamson, R. Corporate Cash Holdings [J]. Journal of Applied Corporate Finance, 2001, 14 (1): 55 – 67.

[157] Opler, T., Pinkowitz, L., Stulz, R., Williamson, R. The Determinants and Implications of Corporate Cash Holdings [J]. Journal of Financial Economics, 1999, 52 (1): 3 – 46.

[158] Ozkan, N., Ozkan, A. Corporate Cash Holdingg: An Empirical Investigation of UK Companies [J]. Journal of Banking and Finance, 2004, 28 (9): 2103 – 2134.

[159] Palvia, A., Vahamma, E., Vamma, S. Are Female Ceos and Chairwomen More Conservative and Risk Averse? Evidence from the banking industry during the financial crisis [EB/OL]. 2013. www. researchgate. net.

[160] Peng, W. Q., Wei, K. C. Women Executives and Corporate Investment: Evidence from S&P 1500 [EB/OL]. 2007, http: //69.175.2.130/ ~ finman/Barcelona/Papers/Women_Executives_and_Corporate_Investment. pdf.

[161] Peni, E., Vähämaa, S. Female Executives and Earnings Management [J]. Managerial Finance, 2010, 36 (7): 629 – 645.

[162] Peterson, R. A. Directive Leadership Style in Group Decision – Making Can Be Both Virtue and Vice: Evidence from Elite and Experimental Groups [J]. Journal of Personality and Social Psychology, 1997, 72 (5): 1107 – 1121.

[163] Pfeffer, J., Salancik, G. R. The External Control of Organizations: A Resource Dependence Perspective [M]. New York: Harper & Row, 1978.

[164] Pfeffer, J. Size and Composition of Corporate Boards of Directors: The Organization and Environment [J]. Administrative Science Quarterly, 1972, 17 (2): 218 – 229.

[165] Powell, M., Ansic, D. Gender Difference in Risk Behavior in Financial Decision-making: An Experimental Analysis [J]. Journal of Economic Psychology, 1997, 18 (6): 605 – 628.

［166］ Reiss, M. C. , Mitra, K. The Effects of Individual Difference Factors on the Acceptability of Ethical and Unethical Workplace Behaviors ［J］. Journal of Business Ethics, 1998, 17 (14): 1581 – 1593.

［167］ Rezaee, Z. Causes, Consequences, and Deterrence of Financial Statement Fraud ［J］. Critical Perspective on Accounting, 2005, 16 (3): 277 – 298.

［168］ Roberts, R. W. Determinants of Corporate Social Responsibility Disclosure: An Application of Stakeholder Theory ［J］. Accounting, Organisations and Society, 1992, 17 ( 6): 595 – 612.

［169］ Romer, P. M. Increasing Return and Long-run Growth ［J］. Journal of Political Economy, 1986, 94: 1002 – 1037.

［170］ Rose, C. Does Female Board Representation Influence Firm Performance? The Danish Evidence ［J］. Corporate Governance, 2007, 15 (2): 404 – 413.

［171］ Sevenhuijsen, S. The Relevance of the Feminist Ethics of Care for Social Policy ［J］. Feminist Theory, 2003, 4 (2): 179 – 197.

［172］ Shleifer, A. , Vishy, R. W. Larger Shareholders and Corporate Control ［J］. Journal of Political Economy, 1983, 94 (3): 461 – 488.

［173］ Sitkin, S. B. , Weingart, L. R. Determinants of Risky Decisionmaking Behavior: A Test of the Mediating Role of Risk Perceptions and Propensity ［J］. Academy of Management Journal, 1995, 38 (6): 1573 – 1592.

［174］ Songini, L. , Gnan, L. Family Involvement and Agency Cost Control Mechanisms in Family Small and Medium-sized Enterprises ［J］. 2013. Journal of Small Business Management, forthcoming.

［175］ Srinidhi, B. , Gul, F. A. , Tsui, J. Female Directors and Earnings Quality ［J］. Contemporary Accounting Research, 2011, 28 (5): 1610 – 1644.

［176］ Stanwick, P. A. , Stanwick, S. D. The Determinants of Corporate Social Performance: An Empirical Examination ［J］. American Business Review, 1998, 16 (1): 86 – 93.

［177］ Subramaniam, V. , Tang, T. T. , Yue, H. , Zhou, X. Firm Structure and Corporate Cash Holdings ［J］. Journal of Corporate Finance, 2011, 17 (3): 759 – 773.

［178］ Terjesen, S. , Sealy, R. , Singh, V. Women Directors on Corporate Boards: A Review and Research Agenda ［J］. Corporate Governance: An International Review, 2009, 17 (3): 320 – 337.

［179］ Thiruvadi, S. , Huang, H. Audit Committee Gender Differences and Earnings Management ［J］. Gender in Management: An International Journal, 2011, 26 (7): 483 – 198.

[180] Thomas, A. S. , Simerly, R. L. Internal Determinants of Corporate Social Performance: The Role of Top Managers [J]. Academy of Management Proceedings, 1995: 411 – 415.

[181] Tong, Z. CEO Risk Incentives and Corporate Cash Holdings [J]. Journal of Business Finance & Accounting, 2010, 37 (9 – 10): 1248 – 1280.

[182] Vafeas, N. Board Meeting Frequency and Firm Performance [J]. Journal of Financial Economics, 1999, 53 (1): 113 – 142.

[183] Wang, J. , Coffey, B. S. Board Composition and Corporate Philanthropy [J]. Journal of Business Ethics, 1992, 11 (10): 771 – 778.

[184] Wang, P. Brokers Still Treat Men Better than Women [J]. Money, 1994, 23 (6): 108 – 110.

[185] Watson, J. , Mcnaughton, M. Gender Difference in Risk Aversion and Expected Retirement Benefits [J]. Financial Analysts Journal, 2007, 63 (4): 52 – 62.

[186] Watts, R. W. Conservatism in Accounting Part I : Explanations and Implications [J]. Accounting Horizons, 2003, 17 (3): 207 – 221.

[187] Werbel, J. D. , Carter, S. M. The CEO's Influence on Corporate Foundation Giving [J]. Journal of Business Ethics, 2002, 40 (1): 47 – 60.

[188] Westphal, J. D. , Milton, L. P. How Experience and Network Ties Affect the Influence of Demographic Minorities on Corporate Boards [J]. Administrative Science Quarterly, 2000, 45 (2): 366 – 398.

[189] Williams, R. J. Women on Corporate Boards of Directors and Their Influence on Corporate Philanthropy [J]. Journal of Business Ethics, 2003, 42 (1): 1 – 10.

[190] Womenable. Innovation and Women's Entrepreneurship: An Exploration of Current Knowledge [R]. United Nations Conference on Trade and Development, London, 2010.

[191] Wu, S. , Xu, N. , Yuan, Q. State Control, Legal Investor Protection, and Ownership Concentration: Evidence from China [J]. Corporate Governance: An International Review, 2009, 17 (2): 176 – 192.

[192] Yip, R. W. Y. , Young, D. Does Mandatory IFRS Adoption Improve Information Comparability? [J]. The Accounting Review, 2012, 87 (5): 1767 – 1789.

[193] Zhang, L. Board Demographic Diversity, Independence, and Corporate Social Performance [J]. Corporate Governance: The International Journal of Effective Board Performance, 2012, 12 (5): 686 – 700.

[194] Zhang, R. , Rezaee, Z. , Zhu, J. Corporate Philanthropic Disaster response and Ownership Type: Evidence from Chinese Firms' Response to the Sichuan Earthquake [J]. Jour-

nal of Business Ethics, 2009, 91 (1): 51 – 63.

[195] Zook, C., Allen, J. The Facts about Growth [M]. 1999. New York: Bainand Company.

[196] 安同良, 施浩. 中国制造业企业 R&D 行为模式的观测与实证——基于江苏省制造业企业问卷调查的实证分析 [J]. 经济研究, 2006 (2): 21 – 30.

[197] 白重恩等. 中国上市公司治理结构的实证研究 [J]. 经济研究, 2005 (2): 81 – 91.

[198] 白重恩, 刘俏, 陆洲, 宋敏, 张俊喜. 中国上市公司治理结构的实证研究 [J]. 经济研究, 2005 (2): 81 – 91.

[199] 步丹璐, 郁智. 政府补助给了谁: 分布特征实证分析 [J]. 财政研究, 2012 (8): 59 – 63.

[200] 白云霞, 林秉旋, 王亚平, 吴联生. 所有权、负债与大股东利益侵占 [J]. 会计研究, 2013 (4): 66 – 72.

[201] 薄仙慧, 吴联生. 国有控股与机构投资者的治理效应: 盈余管理视角 [J]. 经济研究, 2009 (2): 81 – 91.

[202] 陈传明, 孙俊华. 企业家人口背景特征与多元化战略选择 [J]. 管理世界, 2008 (5): 124 – 133.

[203] 陈德球, 李思飞, 王丛. 2011. 政府质量、终极产权与公司现金持有 [J]. 管理世界 (11): 127 – 141.

[204] 陈金龙, 谢琦君. 社会责任、产权属性与融资约束 [J]. 南京审计学院学报, 2014 (3): 96 – 103.

[205] 陈胜蓝, 魏明海. 投资者保护与会计信息质量 [J]. 会计研究, 2006 (10): 28 – 35.

[206] 陈武朝. 经济周期、行业周期性与盈余管理程度 [J]. 南开管理评论, 2013 (3): 26 – 35.

[207] 陈玮. 论利益相关者利益最大化财务目标 [J]. 会计研究, 2006 (4): 63 – 67.

[208] 蔡祥, 李志文, 张为国. 中国实证会计研究述评 [J]. 中国会计与财务研究, 2003 (2): 155 – 183.

[209] 陈信元, 黄俊. 政府干预、多元化经营与公司业绩 [J]. 管理世界, 2007 (1): 92 – 97.

[210] 陈艳. 宏观经济环境、投资机会与公司投资效率 [J]. 宏观经济研究. 2013, (8): 66 – 73.

[211] 陈羽, 李小平, 白澎. 市场结构如何影响 R&D 投入——基于中国制造业行业

面板数据的实证分析 [J]. 南开经济研究, 2007 (1): 135 – 145.

[212] 董炳和. 论增强自主创新能力与我国知识产权制度的完善——从知识产权保护的制度功能入手进行分析 [J]. 苏州大学学报, 2006 (3): 25 – 31.

[213] 杜兴强, 杜颖洁. 公益性捐赠、会计业绩与市场绩效: 基于汶川大地震的经验证据 [J]. 当代财经, 2010 (2): 113 – 122.

[214] 杜兴强, 冯文滔. 女性高管、制度环境与慈善捐赠 [J]. 经济管理, 2012 (11): 53 – 63.

[215] 杜兴强, 周泽将, 杜颖洁. 政治联系、参政议政与盈余管理的不对称性 [C]. 2010, 武汉: 中国会计学会财务成本分会 2010 年会论文集.

[216] 杜兴强, 周泽将. 高管变更、继任来源与盈余管理 [J]. 当代经济科学, 2010 (1): 23 – 33.

[217] 杜兴强, 周泽将. 政治联系层级与中国民营上市公司真实业绩 [J]. 经济与管理研究, 2009 (7): 37 – 43.

[218] 戴治勇. 法治、信任与企业激励薪酬设计 [J]. 管理世界, 2014 (2): 102 – 110.

[219] 林永坚, 王志强, 李茂良. 高管变更与盈余管理 [J]. 南开管理评论, 2013 (1): 4 – 14.

[220] 樊纲, 王小鲁, 朱恒鹏. 中国市场化指数 [M]. 北京: 经济科学出版社, 2010.

[221] 樊纲, 王小鲁, 朱恒鹏. 中国市场化指数: 各地区市场化相对进程 2009 年报告 [M]. 北京: 经济科学出版社, 2009.

[222] 樊纲, 王小鲁, 朱恒鹏. 中国市场化指数——各地区市场化相对进程 2011 年报告 [M]. 北京: 经济科学出版社, 2011.

[223] 郭剑花, 杜兴强. 政治联系、预算软约束与政府补助的配置效率 [J]. 金融研究, 2011 (2): 114 – 128.

[224] 高勇强, 何晓斌, 李路路. 民营企业家社会身份、经济条件与企业慈善捐赠 [J]. 经济研究, 2011 (12): 111 – 123.

[225] 黄辉. 制度导向、宏观经济环境与企业资本结构调整 [J]. 管理评论, 2009 (3): 10 – 19.

[226] 何威风, 刘启亮. 我国上市公司高管背景特征与财务重述行为研究 [J]. 管理世界, 2010 (7): 144 – 155.

[227] 胡旭阳, 史晋川. 民营企业的政治资源与民营企业多元化投资 [J]. 中国工业经济, 2008 (4): 5 – 14.

[228] 郝玉贵, 陈奇薇. 上市公司财务舞弊受罚程度与审计风险定价 [J]. 杭州电

子科技大学学报，2012（3）：7 - 12.

　　［229］郝云宏，周翼翔. 基于动态内生视角的董事会与公司绩效关系研究综述［J］. 外国经济与管理，2009，（12）：58 - 64.

　　［230］韩忠雪，周婷婷. 产品市场竞争、融资约束与公司现金持有［J］. 南开管理评论，2011（4）：149 - 160.

　　［231］姜付秀. 我国上市公司多元化经营的决定因素研究［J］. 管理世界，2006（5）：128 - 134.

　　［232］姜国华，饶品贵. 宏观经济政策与微观企业行为［J］. 会计研究，2011（3）：9 - 18.

　　［233］江龙，刘笑松. 经济周期波动与上市公司现金持有行为研究［J］. 会计研究，2011（9）：40 - 46.

　　［234］蒋尧明，章丽萍. 中小企业高层管理者特征与企业可持续增长——基于管理防御理论的分析［J］. 经济评论，2012（5）：69 - 77.

　　［235］况学文，陈俊. 董事会性别多元化、管理者权力与审计需求［J］. 南开管理评论，2011（6）：48 - 56.

　　［236］李常青，赖建清. 董事会特征影响公司绩效吗［J］. 金融研究，2004（5）：64 - 77.

　　［237］罗党论，唐清泉. 中国民营上市公司制度环境与绩效问题研究［J］. 经济研究，2009（2）：106 - 118.

　　［238］林大庞，苏冬蔚. CEO 与 CFO 股权激励的治理效应之比较：基于盈余管理的实证研究［J］. 南方经济，2012（6）：15 - 31.

　　［239］李丹蒙，夏立军. 股权性质、制度环境与上市公司 R&D 强度［J］. 财经研究，2008（4）：93 - 102.

　　［240］逯东，余磊，林高. 高管行政出身、双重成本与公司业绩［J］. 财经科学，2014（3）：39 - 50.

　　［241］刘海洋，汤二子. 中国制造业企业利润来源及其作用：2005 ~ 2008［J］. 科学学与科学技术管理，2012（3）：143.

　　［242］梁建，陈爽英，盖庆恩. 民营企业的政治参与、治理结构与慈善捐赠［J］. 管理世界，2010（7）：109 - 118.

　　［243］柳建华. 多元化投资、代理问题与企业绩效［J］. 金融研究，2009（7）：104 - 120.

　　［244］李培功，肖珉. CEO 任期与企业资本投资［J］. 金融研究，2012（2）：127 - 141.

　　［245］李世刚. 女性高管、过度投资与企业价值［J］. 经济管理，2013

（7）：74 – 84.

[246] 李世刚. 女性高管、过度自信与上市公司融资偏好 [J]. 经济经纬，2014（2）：92 – 96.

[247] 李四海，陆琪睿，宋献中. 亏损企业慷慨捐赠的背后 [J]. 中国工业经济，2012（8）：148 – 160.

[248] 李姝，赵颖，童婧. 社会责任报告降低了企业权益资本成本吗？[J]. 会计研究，2013（9）：64 – 70.

[249] 罗婷，朱青，李丹. 解析 R&D 投入和公司价值之间的关系 [J]. 金融研究，2009（6）：100 – 110.

[250] 李心丹. 行为金融理论：研究体系及展望 [J]. 金融研究，2005（1）：175 – 190.

[251] 李晓玲，任宇，刘中燕. 大股东控制、产权性质对慈善捐赠的影响 [J]. 安徽大学学报，2012（6）：137 – 145.

[252] 李小荣，刘行，傅代国. 女性 CFO 与资金配置 [J]. 经济管理，2013（12）：100 – 110.

[253] 李小荣，刘行. CEO vs CFO：性别与股价崩盘风险 [J]. 世界经济，2012（12）：102 – 130.

[254] 卢馨，郑阳飞，李建明. 融资约束对企业 R&D 投资的影响研究——来自中国高新技术上市公司的经验证据 [J]. 会计研究，2013（5）：51 – 58.

[255] 刘运国，刘雯. 我国上市公司的高管任期与 R&D 支出 [J]. 管理世界，2007（2）：128 – 136.

[256] 刘玉廷. 中国企业会计准则体系：架构、趋同与等效 [J]. 会计研究，2007（3）：2 – 8.

[257] 陆正飞，王雄元，张鹏. 国有企业支付了更高的职工工资吗？[J]. 经济研究，2012（3）：28 – 39.

[258] 陆正飞，祝继高，樊铮. 银根紧缩、信贷歧视与民营上市公司投资者利益损失 [J]. 金融研究，2009（8）：124 – 136.

[259] [美] Wooldridge, J. M. Introductory Econometrics 著，费建平，林相森译. 计量经济学导论 [M]. 北京：中国人民大学出版社，2003.

[260] 毛洪涛，沈鹏. 我国上市公司 CFO 薪酬与盈余质量的相关性研究 [J]. 南开管理评论，2009（5）：82 – 93.

[261] 孟晓华，曾赛星，张振波，李超. 高管团队特征与企业环境责任 [J]. 系统管理学报，2012（11）：825 – 834.

[262] 任颋，王峥. 女性参与高管团队对企业绩效的影响 [J]. 南开管理评论，

2010（5）：81－91.

[263] 孙德升．高管团队与企业社会责任：高阶理论的视角 [J]．科学学与科学技术管理，2009（4）：188－193.

[264] 施星辉，曾兰．股市上的木兰方正 [J]．中国企业家，2010（5）：92－94.

[265] 沈洪涛．公司特征与公司社会责任信息披露 [J]．会计研究，2007（3）：9－16.

[266] 沈洪涛，杨熠，吴奕彬．合规性、公司治理与社会责任信息披露 [J]．中国会计评论，2010（3）：363－374.

[267] 孙杰．宏观经济波动对现金持有量的影响：来自我国上市公司的经验证据 [J]．投资研究，2013（5）：83－93.

[268] 田虹，姜雨峰．企业社会责任履行的动力机制研究 [J]．审计与经济研究，2014（6）：65－74.

[269] 唐清泉，甄丽明．管理层风险偏爱、薪酬激励与企业 R&D 投入——基于我国上市公司的经验研究 [J]．经济管理，2009（5）：56.

[270] 文芳．上市公司高管团队特征与 R&D 投资研究 [J]．山西财经大学学报，2008（8）：77－83.

[271] 王福胜，宋海旭．终极控制人、多元化战略与现金持有水平 [J]．管理世界，2012（7）：124－136.

[272] 魏刚，肖泽忠，Nick Travlos，邹宏．独立董事背景与公司经营绩效 [J]．经济研究，2007（3）：92－105.

[273] 王化成，胡国柳．股权结构与投资多元化关系：理论与实证分析 [J]．会计研究，2005（8）：56－62.

[274] 汪辉．上市公司债务融资、公司治理与市场价值 [J]．经济研究，2003（8）：28－35.

[275] 巫景飞，何大军，林炜，王云．高层管理者政治网络与企业多元化战略：社会资本视角 [J]．管理世界，2008（8）：107－118.

[276] 王旭，邓胜梁．中国女性创业的制度环境和个人特征 [J]．吉林大学社会科学学报，2011（5）：132－137.

[277] 王欣，王磊．基于财务权变理论的资本结构调整问题研究 [J]．会计研究，2012（10）：65－70.

[278] 王霞，薛跃，于学强．CFO 的背景特征与会计信息质量 [J]．财经研究，2011（9）：123－133.

[279] 吴延兵．中国工业 R&D 投入的影响因素 [J]．产业经济研究，2009（6）：13－21.

[280] 王跃堂. 独立董事制度的有效性: 基于自愿设立独立董事行为的初步评价 [J]. 经济科学, 2003 (2): 87-97.

[281] 王跃堂, 赵子夜, 魏晓雁. 董事会的独立性是否影响公司绩效 [J]. 经济研究, 2006 (5): 62-73.

[282] 谢军. 第一大股东、股权集中度和公司业绩 [J]. 经济评论, 2006 (1): 70-76.

[283] 夏立军, 陈信元. 市场化进程、国企改革策略与公司治理结构的内生决定 [J]. 经济研究, 2007 (7): 82-95.

[284] 夏立军, 方轶强. 政府控制、治理环境与公司价值 [J]. 经济研究, 2005 (5): 40-51.

[285] 辛清泉, 黄曼丽, 易浩然. 上市公司虚假陈述与独立董事监管处罚 [J]. 管理世界, 2013 (5): 131-143.

[286] 肖淑芳, 张晨宇, 张超, 轩然. 股权激励计划公告前的盈余管理 [J]. 南开管理评论, 2009 (4): 113-119.

[287] 薛爽, 肖星. 捐赠: 民营企业强化政治关联的手段 [J]. 财经研究, 2011 (11): 102-112.

[288] 薛有志, 彭华伟, 李国栋. 执行董事、多元化程度与公司绩效的研究 [J]. 经济问题探索, 2010 (4): 62-68.

[289] 修宗峰, 杜兴强. 幸福感、社会资本与代理成本 [J]. 中国工业经济, 2011 (7): 107-117.

[290] 修宗峰. 制度环境、制度变迁与决策有用性 [D]. 厦门大学博士论文, 2009.

[291] 于东智. 董事会、公司治理与绩效 [J]. 中国社会科学, 2003 (3): 50-59.

[292] 于东智, 王化成. 独立董事与公司治理: 理论、经验与实践 [J]. 会计研究, 2003 (8): 8-13.

[293] 余明桂, 李文贵, 潘红波. 民营化、产权保护与企业风险承担 [J]. 经济研究, 2013 (9): 112-124.

[294] 余明桂, 潘红波. 政治关系、制度环境与民营企业银行贷款 [J]. 管理世界, 2008 (8): 9-21.

[295] 余怒涛, 沈中华, 黄登仕, 刘孟晖. 董事会规模与公司价值关系的进一步检验 [J]. 中国会计评论, 2008 (3): 237-254.

[296] 约瑟夫·熊彼特. 经济发展理论 [M]. 北京: 商务印书馆, 2011.

[297] 杨兴全, 曾春华. 市场化进程、多元化经营与公司现金持有 [J]. 管理科学,

2012 (6)：43 – 54.

[298] 杨清香，俞麟，陈娜．董事会特征与财务舞弊 [J]．会计研究，2009 (7)：64 – 70.

[299] 杨忠莲，谢香兵．我国上市公司财务报告舞弊的经济后果 [J]．审计研究，2008 (1)：67 – 74.

[300] 张敦力，李四海．社会信任、政治关系与民营企业银行贷款 [J]．会计研究，2012 (8)：17 – 24.

[301] 周繁，谭劲松，简宇寅．声誉激励还是经济激励 [J]．中国会计评论，2008 (2)：177 – 192.

[302] 祝继高，陆正飞．货币政策、企业成长与现金持有水平变化 [J]．管理世界，2009 (3)：52 – 58.

[303] 祝继高，叶康涛，严冬．女性董事的风险规避与企业投资行为研究：基于金融危机的视角 [J]．财贸经济，2012 (4)：50 – 58.

[304] 朱健刚，曈凯．工作、权力与女性认同的建构 [J]．清华社会学评论，2001 (1)：75 – 103.

[305] 周黎，安罗凯．企业规模与创新：来自中国省级水平的经验证据 [J]．经济学，2005 (4)：623 – 637.

[306] 张敏，黄继承．政治关联、多元化与企业风险 [J]．管理世界，2009 (7)：156 – 164.

[307] 张然，陆正飞，叶康涛．会计准则变迁与长期资产减值 [J]．管理世界，2007 (8)：77 – 84.

[308] 朱松．企业社会责任、市场评价与盈余信息含量 [J]．会计研究，2011 (11)：27 – 34.

[309] 张维迎，柯荣住．信任及其解释：来自中国的跨省调查分析 [J]．经济研究，2002 (10)：59 – 70.

[310] 赵莹，韩立岩，胡伟洁．治理机制、特殊治理水平与财务报告的稳健性 [J]．会计研究，2007 (11)：24 – 31.

[311] 曾亚敏，张俊生．国际会计公司成员所的审计质量 [J]．审计研究，2014 (1)：96 – 104.

[312] 周泽将，刘文惠，刘中燕．女性高管对公司财务行为与公司价值的影响研究述评 [J]．外国经济与管理，2012 (2)：73 – 80.

[313] 周泽将．女性报告了更加稳健的会计信息吗 [J]．安徽大学学报，2012 (5)：145 – 151.

[314] 周泽将．女性董事影响了企业慈善捐赠吗 [J]．上海财经大学学报，2014

（3）：78 – 85.

［315］周泽将，修宗峰．女性董事对企业经营绩效影响的实证研究［J］．财经理论与实践，2014（3）：91 – 97.

［316］张正勇，吉利．企业家人口背景特征与社会责任信息披露［J］．中国人口·资源与环境，2013（4）：131 – 138.